कत्थक नृत्य परम्परा
में
गुरु लच्छू महाराज

मांडवी सिंह

B.R. Rhythms

Delhi-110052

Published by:

B.R. Rhythms

425, Nimri Colony, Ashok Vihar, Phase-IV

Delhi-110 052

E-Mail : brpc@vsnl.com

2017

ISBN 9788188827091

Printed at Balaji Offset, Delhi

Cataloging in Publication Data--DK

Courtesy: D.K. Agencies (P) Ltd. <docinfo@dkagencies.com>

Simha, Māṇḍavī, 1964- author.

Katthaka nṛtya paramparā meṃ Gurū Lacchū Mahārāja / Māṇḍavī Siṃha.

pages cm

In Hindi.

Originally presented as the author's thesis (Ph. D.)--Indira Kala Sangeet Vishwavidyalaya.

On the life of Lacchū Mahārāja, 1901-1978, Kathak dancer and his contribution to the Kathak dance tradition.

Includes bibliographical references.

ISBN 9788188827091

1. Lacchū Mahārāja, 1901-1978. 2. Kathak dancers--Biography. 3. Kathak (Dance) I. Title.

GV1785.L23S56 2017 DDC 792.78092 23

मेरे गुरु स्व. प्रो. पी.डी. आशिर्वादम

को

सादर समर्पित

...8/7/72

Tuesday 8

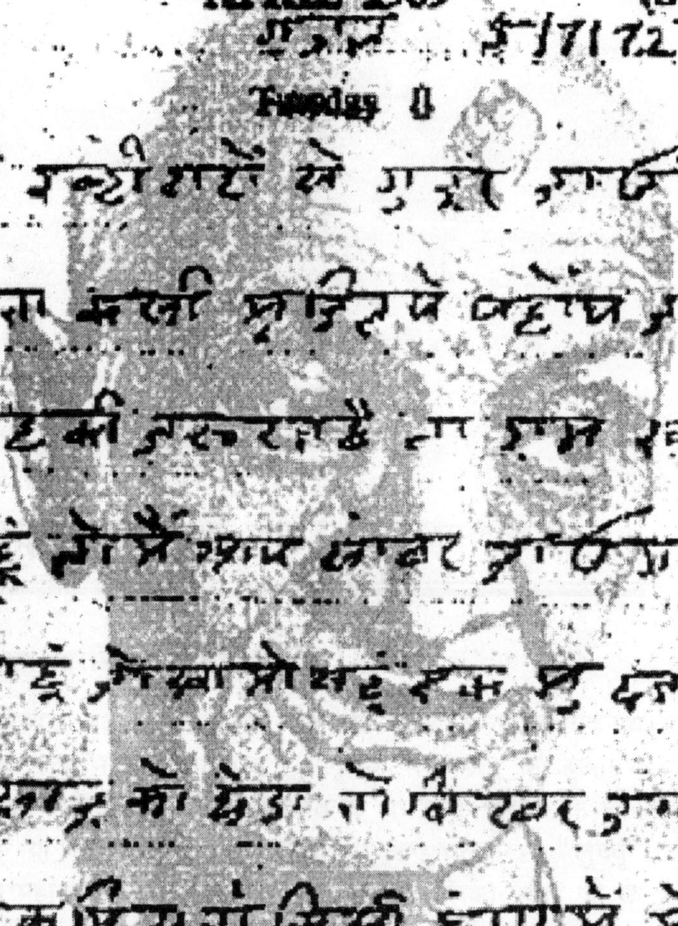

हैं पर्दे [illegible] से गुज़रे [illegible]

[illegible] रफ़्तार [illegible]

...को नारे हैं की [illegible]

...कि उड़ा हूँ तो मैं [illegible]

...हूँ [illegible]

...को छोड़ा तो [illegible]

...[illegible] किसी [illegible]

...हूँ क्या हूँ मैं दुनिया को मैं [illegible]

...[illegible]

...को [illegible] मैं [illegible]

भूमिका

लगभग तेरह वर्ष की उम्र में मैं इंदिरा कला संगीत विश्वविद्यालय, खैरागढ़ में कत्थक नृत्य विभाग में मध्यमा में अध्ययनरत थी। विश्वविद्यालय के दीक्षांत समारोह (सन् 1978) की तैयारियाँ जोरों से चल रही थीं। हम बच्चों में भी काफी उत्सुकता थी, विशेषकर नृत्य विभाग के विद्यार्थियों में। गुरु लच्छू महाराज अपने शिष्यों के साथ आने वाले थे। सितारा देवी के आने की भी सूचना थी। विश्वविद्यालय द्वारा इन दोनों को डाक्टरेट की मानद उपाधि दिया जाने वाला था। हमें इस संबंध में कोई ज्यादा समझ तो नहीं थी, केवल नृत्य कार्यक्रम देखने की उत्सुकता, दिन पर दिन बढ़ती जा रही थी।

लच्छू महाराज जी अपनी शिष्याओं के साथ पधारे, सितारा देवी भी आईं और धूमधाम से दो शाम कत्थक नृत्य का बोलबाला रहा। भीड़-इतनी थी कि हम अच्छी तरह से कार्यक्रम देख नहीं सके फिर भी एक ऐसी अनुभूति हुई, जिसका वर्णन करना कठिन है। मेरे माता पिता कार्यक्रमों की कई दिनों तक सराहना करते रहे, जिससे महाराज जी की कला के संबंध में एक जिज्ञासा बनती गई।

सन् 1982 में गुरु लच्छू महाराज के गंडाबंध शिष्य डॉ॰ पी.डी. आशिर्वादम विश्वविद्यालय में नृत्य विभाग के अध्यक्ष बन गये और लच्छू महाराज जी की शैली की शिक्षा देने लगे। तब तक मैं बी.ए में प्रवेश कर

चुकी थी। उन्हीं के शिष्यत्व में मैंने नृत्य में कोविद और एम.ए. विश्वविद्यालय में प्रवीण्य सूची में प्रथम स्थान पाकर पूर्ण किया। महाराज जी की शैली के प्रति मैं पुनः आकर्षित हुई और डॉ॰ आशिर्वादम से गंडा बंधाकर उनकी शिष्या बन गई। डॉ॰ आशिर्वादम अपने गुरु लच्छू महाराज जी के व्यक्तित्व उनकी शिक्षण शैली, उनके स्वभाव आदि के सम्बन्ध में अनवरत अपने शिष्यों को सुनाते थे। ऐसा प्रतीत होता था कि उनके जीवन में नृत्य और लच्छू महाराज के अतिरिक्त कुछ भी नहीं है। वे हर वर्ष सितम्बर को अपने गुरु का जन्म दिवस भी बड़े धूमधाम से मनाते थे। इन सब घटनाओं से गुरु लच्छू महाराज के प्रति मेरे हृदय में एक अपूर्व भक्ति एवं निष्ठा जागृत हुई।

मुझे महाराज जी की प्रायः सभी रचनाओं की शिक्षा विधिवत रूप से मेरे गुरु द्वारा प्राप्त हुई। मुझे कई स्थानों पर नृत्य प्रदर्शन कर महाराज जी के रचनाओं की सार्थकता की अनुभूति भी हुई महाराज जी के सिद्धांतों को केवल शास्त्र रूप में नहीं वरन क्रियात्मक रूप में भी काफी हद तक मुझे जानने का सौभाग्य प्राप्त हुआ।

एम.ए की उपाधि के बाद जब पी.एच.डी. के लिए विषय चयन की बात आई तो मेरे मन में सहसा इस महान विभूति के ऊपर कार्ग करने की इच्छा हुई। मेरे गुरु ने रायगढ़ के राजा चक्रधर सिंह के य गदान विषय पर अपना शोध प्रबंध प्रस्तुत किया था। मुझे ऐसा लगा कि महाराज जी के व्यक्तित्व एवं कृतित्व का प्रचार कत्थक जगत में होना आवश्यक है अत इस विषय में मैंने पी-एच.डी. के लिए पंजीयन करा लिया।

चूंकि महाराज जी के सभी शिष्यों से मेरा अच्छा परिचय था। अतः इस शोध कार्य को सम्पन्न करने में मुझे अधिक कठिनाई नहीं हुई।

मुम्बई में 'कल के कलाकार' सम्मेलन और 'हरिदास' सम्मेलन में मेरे नृत्य प्रदर्शन के पश्चात् लच्छू महाराज जी की शिष्यायें सितारा देवी, पदमा शर्मा और महाराज जी की पत्नि श्रीमति रमा देवी मिश्र ने मुझे बहुत प्रोत्साहित किया उनसे मेरे सम्बंध इतने प्रगाढ़ हो गये कि इन

तीनों ने महाराज जी की जीवनी एवं योगदान से सम्बन्धित भरपूर सामग्री मुझे प्रदान की। महाराज जी को प्रमुख शिष्या श्रीमती कपिला राज द्वारा इस शोध कार्य को सम्पन्न करने में महत्वपूर्ण सहयोग रहा।

महाराज जी के अन्य शिष्य जैसे– श्वेनी दलाल, श्रीमती रोहिणी भाटे, श्रीमति कुमकुमधर आदि और महाराज जी के मित्र तथा विधि सलाहकार शशि सिन्हा जी ने भी इस कार्य को आगे बढ़ाने में मुझे सहयोग दिया। अंततः मेरा यह शोध कार्य सम्पन्न हुआ और इ.क.स.वि. खैरागढ़ द्वारा पी.एच.डी. की उपाधि प्रदान की गई।

इस ग्रंथ को छः अध्यायों में विभक्त किया गया है।

प्रथम अध्याय में बाल्याकाल से लेकर मृत्यु पर्यन्त महाराज जी की जीवनी से सम्बंधित यथा संभव जानकारी दी गई है। साथ ही साथ उनके जीवन की हर उपलब्धियों के सम्बंध में विस्तृत चर्चा की गई है।

द्वितीय अध्याय में महाराज जी के व्यक्तित्व के प्रत्येक पक्ष को काफी विस्तार पूर्वक प्रस्तुत किया गया है। महाराज जी की जीवनी एवं उपलब्धियों की तरह उनका व्यक्तित्व भी अनुकरणीय है। अतः उनकी उपलब्धियों की पृष्ठभूमि में उनके व्यक्तित्व सम्बंधी जानकारी भी कत्थक नृत्य के विद्यार्थियों एवं कलाकार के लिए तो आवश्यक है। साथ ही साथ अन्य पाठकों के लिए भी लाभदायक एवं रोचक है।

तीसरे अध्याय में महाराज जी की नृत्त रचनाओं का संकलन एवं विश्लेषण किया गया है। हर संभव यह प्रयत्न किया है कि उन रचनाओं के अंतरंग में स्थित विशेषताओं को उजागर किया जाये। इस अध्याय में महाराज जी द्वारा रचित आमद, तोड़े, टुकड़े, प्रिमलू, परन और ततकार आदि को विधिवत लिपिबद्ध भी किया गया है।

चौथे अध्याय में महाराज जी की नृत्य रचनाओं पर प्रकाश डाला गया है, जिनके अंतर्गत गुरु वंदना से लेकर गत निकास, गत-भाव, छंद, ठुमरी, गजल, चतुरंग आदि के साथ-साथ उनके द्वारा अविष्कृत आमद

एवं तोड़े परन आदि में अभिनय प्रस्तुत करने के नवीन प्रयोग का भी सविस्तार वर्णन किया गया है। उनकी स्वयं की रचनाओं के अतिरिक्त बिन्दादीन महाराज जी की जिन रचनाओं पर वे अधिकांशतः अभिनय स्वयं करते थे एवं अपने शिष्यों को सिखाते थे, उनका भी समावेश किया गया है।

पाँचवे अध्याय में उनकी शिष्य परम्परा एवं शिक्षण पद्धति के सम्बंध में लिखा गया है। उनके प्रायः सभी शिष्यों का संक्षिप्त परिचय एवं उपलब्धियों का भी यथा संभव उल्लेख किया है। इसी अध्याय में महाराज जी की शिक्षण पद्धति के सम्बंध में भी विस्तृत जानकारी दी गई है।

छठवाँ अर्थात् अंतिम अध्याय उपसंहार है, जिसमें शोध प्रबंध का निष्कर्ष प्रस्तुत करते हुए महाराज जी द्वारा कत्थक नृत्य के सम्बन्ध में अलग-अलग समय एवं स्थान पर प्रकट किये विचारों का संकलन एवं विश्लेषण किया गया है।

कृतज्ञता

सर्वप्रथम मैं श्रद्धा एवं भक्ति के साथ स्व. गुरु लच्छू महाराज जी को श्रद्धांजली अर्पित करती हूँ, जिनकी पवित्र एवं महान जीवनी तथा योगदान ने मुझे इस कार्य को करने की प्रेरणा दी।

तदुपरांत कृतज्ञता व्यक्त करती हूँ मेरे गुरु एवं लच्छू महाराज जी के गंडाबंध शिष्य स्व. डॉ॰पी.डी. आशिर्वादम भूतपूर्व प्रोफेसर, तथा अधिष्ठाता नृत्य संकाय, इंदिरा कला संगीत विश्वविद्यालय खैरागढ़ के प्रति, जो मेरे इस शोध प्रबंध के निर्देशक भी थे। इस शोध प्रबंध को सम्पन्न करने में हर पल मुझे उनकी प्रेरणा एवं उचित मार्ग दर्शन मिला।

"मेरी दादी स्व. श्रीमति सोना देवी, जिन्होंने हमेशा मुझे उच्च शिक्षा के लिए प्रेरित किया उनके सहयोग से ही शोध कार्य के लिए मेरा पंजीयन संभव हुआ था। उनके प्रति मैं अपनी श्रद्धा सुमन अर्पित करती हूँ।

इस शोध प्रबंध को पूरा करने में जिन लोगों ने हर प्रकार से सहयोग दिया।

मैं आभारी हूँ गुरु लच्छू महाराज जी की धर्म पत्नी श्रीमती रमा देवी मिश्र के प्रति जिन्होंने इस महान कार्य में अत्यंत सहयोग दिया। स्व. गुरु लच्छू महाराज जी की शिष्यायें श्रीमती सितारा देवी, श्रीमती पदमा शर्मा, श्रीमती कपिला राज, श्रीमती रोहिणी भाटे, श्रीमती श्वेनी दलाल

एवं श्रीमती कुमकुम धर आदि ने भी महाराज जी की जीवनी एवं योगदान से सम्बंधित विविध प्रकार की सामग्री प्रदान कर मुझे सहयोग दिया।

महाराज जी से मित्रवत सम्बंध रखने वाले महानुभाव श्री टी. एन. धर एवं श्री सरकार साहब के प्रति भी मैं आभारी हूँ जिन्होंने महाराज जी के सम्बंध में अपने विचारों से मुझे अवगत कराया।

महाराज जी के विशेष सलाहकार लखनऊ के अधिवक्ता एवं पत्रकार श्री शशि सिन्हा ने महाराज जी से सम्बंधित कई उपयोगी घटनाओं की जानकारी एवं तत्ससम्बंधी प्रमाण देकर इस शोध प्रबंध को समृद्ध किया।

"लच्छू महाराज कथक अकादमी" लखनऊ के निर्देशक एवं श्रीमती कपिला राज के पति पं॰ राज खुशीराम ने महाराज जी के निजी एवं कला यात्रा से सम्बंधित कई अमूल्य छाया-चित्र उपलब्ध कर मुझे अनुग्रहित किया। उनको भी मैं अपना आभार व्यक्त करती हूँ।

इंदिरा कला संगीत विश्वविद्यालय, खैरागढ़ के भूतपूर्व उप-कुलपति स्व॰ डॉ॰ अरुण कुमार सेन, जिनके कार्यकाल में महाराज जी को डाक्टरेट की मानद उपाधि प्रदान की गई थी, तत्सम्बंधी जानकारी एवं छाया-चित्र देकर मुझे अनुग्रहीत किया। इन्होंने एवं इनकी धर्म पत्नी स्व. श्रीमति अनिता सेन ने हमेशा मेरा उत्साहवर्धन भी किया इनके प्रति भी मैं हार्दिक आभार प्रकट करती हूँ।

मेरी माँ श्रीमती सुशीलकान्ति एवं पिता लाल सुरेश सिंह के आशीर्वाद एवं सहयोग से इस महान कार्य को सम्पन्न करने में मुझे कोई असुविधा नहीं हुई। उन्हें नमन करती हूँ।

अंत में मैं भारतीय उच्च अध्ययन संस्थान, शिमला के फेलो प्रो. डा. सच्चिदानंद सहाय के प्रति हार्दिक कृतज्ञता ज्ञापित करती हूँ जिन्होंने इस ग्रंथ को प्रकाशित करने की प्रेरणा दी।

विषय सूची

भूमिका	vii
कृतज्ञता	xi
चित्र-सूची	xv
प्रथम अध्याय-लच्छू महाराज की जीवनी एवं उपलब्धियां	1
द्वितीय अध्याय-गुरु लच्छु महाराज का व्यक्तित्व एवं जीवन दर्शन	59
तृतीय अध्याय-महाराज जी का नृत्त रचनाएं	88
चतुर्थ अध्याय-लच्छु महाराज के नृत्यांग	139
पंचम अध्याय- गुरु लचछु महाराज की शिष्य परम्परा एवं शिक्षण पद्धति	177
षष्ठम अध्याय-उपसंहार	218
चित्र	

चित्र सूची

चित्र-1 : लच्छू महाराज युवावस्था में

चित्र-2 : लच्छू महाराज की पत्नि श्रीमती रमा देवी मिश्र

चित्र-3 : मेनका पार्टी विदेश जाते समय

चित्र-4 : 'मौसमें बहार' नृत्यनाटिका की प्रदर्शन में दर्शक दीर्घा में रूखमणी देवी अरूण्डेल के साथ महाराज जी

चित्र-5 : आम्रपाली नृत्यनाटिका में 'श्रीमती पद्मा शर्मा'

चित्र-6 : नृत्यनाटिका 'राधा प्रिच प्यारी' में नव ज्ञात यौवना के दृश्य में पद्मा शर्मा एवं जय श्री वैद्य क्रमशः नायिका एवं कृष्ण की भूमिका में

चित्र-7 : नृत्यनाटिका 'राधा प्रिय प्यारी' में उत्कंठिता मध्या नायिका के दृश्य में प्रेमा एवं पद्मा शर्मा क्रमशः मुख्य सखी एवं राधा की भूमिका में

चित्र-9 : हरिदास सम्मेलन में बिरजू महाराज के नृत्य के उपरांत लच्छू महाराज, बृज नारायण, सुंदर प्रसाद जी, रमा देवी मिश्र, निशि एवं सितारा देवी आदि के मध्य बिरजू महाराज

चित्र-10 : महाराज जी द्वारा निर्देशित एक नृत्यनाटिका में श्रीमती रमा देवी मिश्र एवं कौशल्या देवी

चित्र-12 : गुरु लच्छू महाराज एवं श्रीमती रमा देवी मिश्र क्रमशः कृष्ण एवं राधा के रूप में

चित्र-11 : गुरु लच्छू महाराज एवं श्रीमती कौशल्या देवी क्रमशः कृष्ण एवं राधा के रूप में

चित्र-13 : बासु भट्टाचार्य के साथ गले मिलते हुए गुरु लच्छू महाराज

चित्र-15 : फिल्म 'मुझे जीने दो' में महाराज जी को प्राप्त सर्वश्रेष्ठ नृत्य निर्देशक पुरस्कार

चित्र-14 : फिल्म मुगल-ए-आजम में नृत्य निर्देशन हेतु महाराज जी को प्राप्त पुरस्कार

चित्र-16 : फिल्म जगत में महाराज जी के पुरस्कार संग्रह

चित्र-17 : कल के कलाकार सम्मेलन 1967 में बांये से बनारस के एक पखावज वादक, महाराज जी का एक विदेशी शिष्य जोजफ लीविन, सितारा देवी, पद्मा शर्मा, लच्छू महाराज एवं ब्रजनारायण आदि

चित्र-18 : कत्थक केन्द्र लखनऊ में युवा पत्रकार शशि सिन्हा को साक्षात्कार देते हुए महाराज जी

चित्र-19 : पत्रकार सम्मेलन लखनऊ में प्रदर्शनात्मक व्याख्यान देते हुए महाराज जी साथ में युवा पत्रकार शशि सिन्हा

चित्र-20 : लखनऊ कथक केन्द्र कैसर बाग

चित्र-21 : लखनऊ कथक केन्द्र में लच्छू महाराज

चित्र-22 : लखनऊ कथक केन्द्र में बांये से डागर बंधु, संगीत नाटक अकादमी के सचिव नरेन्द्र मोहन मेहरोत्र, महाराज जी एवं गिरिजा शंकर

चित्र-23 : लखनऊ कथक केन्द्र के संगतकार बांये से सारंगी वादक बहादुर खां, गायक शीतल प्रसाद मिश्र एवं परवावज वादक पं0 राज खुशीराम

चित्र-24 : गुरु लच्छू महाराज द्वारा अपनी शिष्या पद्मा शर्मा की खींची गयी तसवीर

चित्र-24 : रायपुर के कार्यक्रम में महाराज जी द्वारा भाव प्रदर्शन बांयें से-गायक धर्मनाथ मिश्रा, ओम प्रकाश मिश्रा, महाराज जी कपिला शर्मा एवं सारंगी वादक बहादुर खां

चित्र-25 : रायपुर के रंगमंदिर में कपिला शर्मा एवं लच्छू महाराज के भाव प्रदर्शन के पश्चात् लिया गया चित्र

चित्र-26 : रंगमंदिर, रायपुर कार्यक्रम के पश्चात् महाराज जी, कपिला शर्मा, डा. आशिर्वादम एवं अन्य

चित्र-27 : गुरु लच्छू महाराज नृत्य निकेतन की छात्राओं के साथ मालविका सरकार

चित्र-28 : उ0प्र0 के तत्कालीन राज्यपाल चेन्ना रेड्डी जी के साथ महाराज जी

चित्र-29 : राजभवन में भाव प्रदर्शन करते हुए महाराज जी

चित्र-30 : राजभवन में कार्यक्रम के पश्चात राज्यपाल चेन्ना रेड्डी के साथ महाराज जी एवं उनकी शिष्यायें

चित्र-31 : बुटैनिकल गार्डन लखनऊ में कार्यक्रम के पश्चात बांये से – पं. राज खुशीराम, श्री खुश साहब, पं. लच्छू महाराज, श्री जुनेजा, कपिला शर्मा, कुमकुम धर एवं कुमकुम श्रीवास्तव

चित्र-32 : 1 सितम्बर 1973 रविन्द्रालय लखनऊ में कथक केन्द्र लखनऊ के निर्देशक के रूप में अपने प्रथम जन्मदिवस समारोह में भाव प्रदर्शन करते हुए महाराज जी

चित्र-34 : इं.क.सं. विश्वविद्यालय खैरागढ़ के दीक्षांत समारोह (1978) में उपकुलपति डा. अरूण कुमार सेन के हाथों डाक्टरेट की मानद उपाधि प्राप्त करते हुए गुरु लच्छू महाराज

चित्र-33 : महाराज जी अपने किसी मित्र का हाथ देखते हुए

चित्र-35 : इं.क.सं. विश्वविद्यालय, खैरागढ़ के दीक्षांत समारोह (1978) में भाषण देते हुए महाराज जी

चित्र-36 : डाक्टरेट की मानद उपाधि प्राप्त करने के उपरांत रानी पद्मावती (बांयें) एवं सितारा देवी (दांयें) के मध्य गुरु लच्छू महाराज

चित्र-37 : दीक्षांत समारोह (1978) के मंच पर उपस्थित गुरु लच्छू महाराज एवं श्रीमती सितारा देवी

चित्र-38 : गुरु लच्छू महाराज को माल्यार्पण करते हुए डा. अरूण कुमार सेन (1978)

चित्र-39 : खैरागढ़ विश्वविद्यालय के तत्कालीन उपकुलपति डा. अरूण कुमार सेन के साथ महाराज जी

चित्र-40 : इं.क.सं. विश्वविद्यालय खैरागढ़ में बिन्दादीन स्मृति समारोह का उद्घाटन करते हुए लच्छू महाराज साथ में डा. श्रीमती अनिता सेन (1978)

चित्र-41 : इं.क.सं. विश्वविद्यालय खैरागढ़ के दीक्षांत समारोह में कपिला शर्मा के नृत्य कार्यक्रम का संचालन करते हुए महाराज जी। बांयें से – परवावज वादक श्री राज खुशीराम, तबला वादक श्री इलमास खां, महाराज जी, शशि भारद्वाज, कुमकुम धर एवं गायक शीतल प्रसाद मिश्र

चित्र-42 : कथक सेमिनार, दिल्ली का प्रतिनिधित्व करते हुए महाराज जी

चित्र-43 : कत्थक सेमिनार दिल्ली बांयें से – पं. गौरी शंकर, गुरु लच्छू महाराज, डा. कपिला वात्स्यायन, श्रीमती कमला देवी चटोपाध्याय एवं पं. बिरजू महाराज

चित्र-44 : कथक सेमिनार दिल्ली में नृत्य प्रदर्शन करते हुए महाराज जी

चित्र-45 : कपिला शर्मा एवं पं. राज खुशीराम के मध्य महाराज जी

चित्र-46 : कपिला शर्मा एवं पं. राज खुशीराम को उनकी सगाई के उपरांत आशीर्वाद देते हुए महाराज जी

चित्र-47 : महाराज जी की मृत्यु से शोक मग्न उनका परिवार दांये से-श्रीमती रमा देवी मिश्र, सितारा देवी. पं.राज खुशीराम, बिरजू महाराज की माता अम्मां जी एवं मुन्ना शुक्ला आदि

चित्र-48 : प्रयाग में महाराज जी का अस्थि विसर्जन करते हुए बांये से – कपिला शर्मा, मालविका सरकार, श्रीमती रमा देवी मिश्र, डा. आशिर्वादम एवं बिरजू महाराज की माता अम्मां जी

चित्र-49 : महाराज जी का अस्थिविसर्जन

चित्र-50 : महाराज जी के दशगात्र के उपरांत लखनऊ के गोमती नदी में बांयें से – पं. राम मोहन, डा. आशिर्वादम एवं मालविका सरकार

चित्र-52 : महाराज जी का पुराना चौक, बिस्तर, छड़ी, ऊंगलदान एवं चप्पल

चित्र-51 : महाराज जी की मृत्यु के उपरांत किसी चित्रकार द्वारा बनाया गया उनका पोर्ट्रेट, जिसे कथक केन्द्र लखनऊ में पूर्व में लगाये गये शम्भू महाराज, बिन्दादीन महाराज एवं अच्छन महाराज के चित्रों के नीचे लगाया गया।

चित्र-53 : महाराज जी के पूजा का स्थान एवं सामग्री

चित्र-54 : सितारा देवी

चित्र-55 : गौरी शर्मा

चित्र-56 : डा. श्वेनी पंड्या

चित्र-57 : कपिला राज

चित्र-58 : कपिला राज घूंघट की मुद्रा में

चित्र-59 : कपिला शर्मा गंगावरण की एक नृत्य भंगिमा में

चित्र-60 : श्रीमति रोहिणी भाटे

चित्र-61 : ओम प्रकाश मिश्र

चित्र-62 : कुमकुम धर घूंघट की मुद्रा में

चित्र-63 : मालविका सरकार

चित्र-64 : शशि भारद्वाज नृत्य की एक भंगिमा में

चित्र-65 : महाराज जी साथ में क्रमशः पं. कल्याण पुरकर पं. राज खुशीराम एवं आशिर्वादम जी

चित्र-66 : प्रो.पी.डी. आशिर्वादम परिसंवाद, दिल्ली में पत्रवाचन करते हुए

चित्र-67 : संगीत नाटक अकादमी समारोह (1975) बांये से–रामेश्वर प्रसाद मिश्र, श्यामू, राज खुशीराम, ठाकुर जयदेव सिंह, पं. लच्छू महाराज, गिरिजा देवी, एव प्रणाम करते हुए गोपी कृष्ण।

चि-68 : डा० पी.डी. आशिर्वादम के गंडाबंधन के अवसर का चित्र

प्रथम अध्याय

लच्छू महाराज की जीवनी एवं उपलब्धियाँ

लखनऊ का प्रारम्भिक जीवन

कत्थक नृत्य के लखनऊ घराने के मूर्धन्य कलाकार बैजनाथ प्रसाद मिश्र लच्छू महाराज का जन्म 1 सितम्बर, सन् 1901 को हुआ। ये बचपन से ही शरारती और नटखट स्वभाव के थे। इनके परिवार के लोग इन्हें 'लच्चू' या "लुचुवा" कहकर पुकारते थे। आगे चलकर ये "लुच्चू" से "लच्छू महाराज" के नाम से प्रसिद्ध हो गये। कालिका प्रसाद जी के तीन पुत्रों में लच्छू महाराज मंझले थे। इनके बड़े भाई जगन्नाथ प्रसाद मिश्रा (अच्छन महाराज) व छोटे भाई शम्भू महाराज थे। इनके ताऊ अर्थात् बिन्दादीन महाराज, इन तीनों भाईयों को परम्परागत रूप से गंडा बांध कर नृत्य की शिक्षा दिये।

"लच्छू महाराज जी की नृत्य-शिक्षा का प्रारम्भ पांच वर्ष की आयु में बिन्दादीन महाराज के सान्निध्य में हुआ। बारह वर्ष की उम्र में ही लखनऊ में इनके नृत्य का पहला कार्यक्रम हुआ।"[1] इनको गायन की प्रारम्भिक शिक्षा उस्ताद मियाँ जान से मिली। "पटियाला घराने के उस्ताद अमीर खाँ के द्वारा भी इन्हें गायन की शिक्षा प्राप्त हुई थी।"[2] बिन्दादीन महाराज के अतिरिक्त इनके पिता कालिका प्रसाद एवं बड़े भाई अच्छन

महाराज ने भी इन्हें नृत्य की शिक्षा दी। नर्तकों के खानदान में जन्म लेने के बाद भी नृत्य को व्यवसाय बनाने की उनकी हार्दिक इच्छा नहीं थी। इन्होंने कला को आत्म-संतुष्टि के लिए ही ग्रहण किया। अपने भ्राता अच्छन महाराज जी की तरह कठोर परिश्रम भी नहीं किये। बचपन से ही खेलकूद एवं बाल-सुलभ शरारतों की ओर इनका अधिक आकर्षण रहा। ये शरारती इतने अधिक थे कि लखनऊ मे आये दिन बिन्दादीन महाराज के पास इनकी शिकायतें आती रहती थीं। अच्छन महाराज जितने सीधे थे, लच्छू महाराज उतने ही शरारती थे। तीनों भाइयों में लच्छू महाराज सबसे अधिक खूबसूरत थे और बिन्दादीन महाराज के अत्यधिक चहेते भी। अतः उनकी सभी इच्छाओं की पूर्ति होती थी। बिंदादीन महाराज उन्हें नाराज नही करना चाहते थे। लच्छू महाराज जी स्वयं कहते थे कि अब्बा (बिंदादीन महाराज) के लाड़ प्यार के कारण ही वे बिगड़ गये। "अच्छन महाराज जी को जितना पैसा रोजाना जेब खर्च के लिए मिलता था, उससे कई गुना अधिक लच्छू महाराज जी को दिया जाता था, क्योंकि उनका खर्चा ही ऐसा था फिर भी प्रायः उनको वे रुपये पर्याप्त नहीं होते थे और बिन्दादीन महाराज से सैकड़ों रुपयों की मांग करते थे। उनके मना करने पर मांस का एक छोटा टुकड़ा हथेली पर रखकर बिन्दादीन महाराज से कहते थे, अगर रुपये नहीं दिये तो ये गाय का मांस मैं खा लूंगा यह कहकर अपनी उंगली मांस में लगाते थे, जैसे कि अभी खाने वाले हों। बिन्दादीन महाराज धर्म में सच्ची आस्था रखने वाले साधु-पुरुष थे। अपने कुल को धर्म-भ्रष्ट होते नहीं देख सकते थे, और उनकी जो मांग होती, उसे पूरा करते थे। हालांकि वह मांस का टुकड़ा गाय का न होकर बकरे का ही होता था लेकिन बिन्दादीन महाराज इतने भोले थे कि उनकी झूठी बातों में भी विश्वास करके डर जाते थे।[3] बचपन से ही उन्हें नाटक देखने का बहुत शौक था। वे छुप-छुप कर थियेटर जाते थे और रातों में देर से लौटते, घर वाले इस बात पर बहुत नाराज होते थे।

इस प्रकार लच्छू महाराज का बचपन शरारती क्रिया-कलापों में व्यतीत हुआ। जब इच्छा होती तभी नृत्याभ्यास करते थे। किसी की जोर

जबरदस्ती से नहीं। कुशाग्र बुद्धि के कारण कम अभ्यास करने के बाद भी वे बारह वर्ष की उम्र से ही कुशल नृत्यप्रदर्शन करने लगे थे। उस समय बिंदादीन महाराज जीवित थे तो स्वाभाविक है कि उनकी देखरेख में ही ये योग्य बलाकार बन चुके थे।

महाराज जी जब युवावस्था को प्राप्त हुए, उनका मन मोहक व्यक्तित्त्व अनायास ही लोगों को आकर्षित करने लगा। (चित्र नं. 01)

कत्थक जगत की प्रसिद्ध नृत्यांगना एवं उनकी अग्रगण्य शिष्या सितारा देवी महाराज जी से अपनी मुलाकात के संबंध में कहती हैं–"एक खूबसूरत आदमी, गोरा रंग, छरहरा बदन, लखनऊ से आये थे। उन्हें देखकर ऐसे मालूम हो जैसे कोई– आभा है। क्या बताऊँ बहुत छोटी थी उस वक्त, ऐसा मुझे अनुभव हुआ मानों कोई सफेद नागिन बैठी हो और लहरा रही हो। हमारे पिता जी से बात कर रहे थे। चूड़ीदार कुर्ता पहने हुए थे। कुर्ता में कढ़ाई ऐसी थी कि अब वैसी कढ़ाई देखने को मिलती नहीं। चुस्त चूड़ीदार पायजामा उनकी पिंडलियों से चिपका हुआ था।"[4]

आकर्षक व्यक्तित्व के साथ-साथ वे विलासी प्रवृत्ति के व्यक्ति थे। अनेक दरबारों से बिन्दादीन महाराज को इतना अधिक धन प्राप्त हुआ था कि लखनऊ में ये लोग खानदानी रईस माने जाते थे। इस रईसी का भरपूर लाभ इनके खानदान में केवल लच्छू महाराज जी ने उठाया।

"लखनऊ के अदबी माहौल में पलने के कारण उर्दू शायरी में इनकी बहुत दिलचस्पी थी। वे स्वयं एक अच्छे शायर थे। इनके शाम नाच गाने के महफिलों, मुशायरों और तवायफों के कोठों पर गुजरते थे। उन दिनों में लखनऊ की कई तवायफ बिन्दादीन महाराज की शागिर्द भी थीं, जिनमें गौहर जान और जोहराबाई ने उनसे गंडा भी बंधवाया था। ये दोनों तवायफ अभिनय कला में पारंगत थीं। गौहरजान महाराज जी को पुत्रवत चाहती थी। और महाराज जी भी उनकी बहुत इज़्ज़त करते थे। उन्हें अम्मीजान कहते थे। महाराज जी कहते थे कि वे गौहरजान से भी अभिनय सीखे।"[5]

लखनऊ की नज़ाकत शेरो-शायरी में रुचि एवं गौहर जान से अभिनय सीखने के कारण, शायद इनके नृत्य में लास्य-अंग अधिक पाया जाता था। लास्य प्रधान होने से ही इनकी नृत्य शैली स्त्रियों के लिए अधिक उपयुक्त है।

इनके सिगरेट शराब पीने एवं रात-रात भर गायब रहने से बिंदादीन महाराज बहुत चिंतित होते थे और मजबूर होकर उनसे कहते–"बेटा जिन चीजों के लिए तू बाहर जाता है, उन्हें घर में ही ले आ, ताकि तू हमारी आंखों के सामने रहे।" इतना अधिक चाहते थे बिन्दादीन महाराज लच्छू महाराज को। उपर्युक्त सभी बातें महाराज जी अपने शिष्यों को समय समय पर प्रसन्नता पूर्वक बताते थे। वे अपनी निजी जीवन की न कोई बात छिपाते थे और न ही किसी बात के लिए पश्चाताप करते थे।

लच्छू महाराज जी का ब्याह यौवनावस्था में ही हो गया था। पति-पत्नी का आपस में बहुत स्नेह था। दुर्व्यसनों में लिप्त होने पर भी पतिव्रता स्त्री महाराज जी को कभी अप्रिय लगने वाली कोई बात नहीं कहीं। महाराज जी प्रायः बताते थे कि उन्होंने बिंदादीन महाराज से जो कुछ सीखा उसका अभ्यास तो ज्यादा नहीं किया। किन्तु उसको खूबसूरत बनाने के लिए सदैव प्रयास किया वे अपनी धर्मपत्नी से कहते–"मैं तुम्हारे सामने जो कुछ करके बताऊँगा उसमें तुमको कौन-सी चीज अच्छी लगती है और कौन सी चीज अच्छी नहीं लगती उसको तुम बताना।" इस प्रकार महाराज जी बहुत पहले से ही अपनी एक अलग शैली बनाने में रुचि रखते थे। उसमें उनकी धर्म पत्नी का पर्याप्त सहयोग रहा। किन्तु उनकी पत्नी को अल्प आयु ही प्राप्त हुई थी। अतः वह अधिक दिनों तक उनका साथ नहीं दे सकी।

रामपुर दरबार

सन् 1918 में बिन्दादीन महाराज की मृत्यु हो गई। उनकी मृत्यु के कुछ समय बाद अच्छन महाराज अपने दोनों भाइयों के साथ रामपुर दरबार गये। अच्छन महाराज जी रामपुर के नवाब हामिद अली के दरबारी

नर्तक बन गये। लच्छू महाराज जी हामिद अली के पुत्र नवाब रजा अली के ए.डी.सी बन गये। शम्भू महाराज बहुत छोटे थे, और वे वहाँ अपने भाईयों के साथ आया जाया करते थे।

"महाराज जी कहते थे–रामपुर में ही मैंने अभ्यास किया, उसके बाद मैं नृत्य करने बाहर निकला। इसके पहले मैंने नाचना छोड़ दिया था। उन्होंने रामपुर मैं ए.डी.सी. की नौकरी की। अच्छन महाराज, शम्भू महाराज आदि सभी दरबार जाते थे और वहाँ नाचते थे। किन्तु लच्छू महाराज रामपुर के नवाब के बाजू में बैठकर उनका नृत्य देखते थे। महफिल में वे नहीं नाचते थे। लेकिन नवाब साहब जब विशेष आग्रह करते तो उनकी निजी सभा में वे नाचते थे। नवाब साहब उनके एक से एक सुंदर भाव देखकर बहुत प्रसन्न होते। अच्छन महाराज, शम्भू महाराज, थिरकवाँ खाँ साहब, सुखदेव महाराज, और हबीबुद्दीन खाँ साहब आदि नीचे बैठते थे। सब के सिर में कपड़ा, साफा या टोपी का रहना अनिवार्य था, नहीं तो अशिष्टता समझी जाती थी। नवाब हामिद अली के पुत्र रजा अली भी महाराज जी का भाव देखकर और उनके साथ पन्द्रह वर्ष रहकर अच्छा भाव बताने लगे थे। वे जहां भी जाते तो महाराज जी भी उनके साथ होते थे। महाराज जी का जीवन बहुत ऊंचा था। वे स्वयं एक नवाब के समान रहते थे।"[6]

बिन्दादीन महाराज के विपरीत लच्छू महाराज जी की हर धर्म में आस्था थी। उन्होंने लखनऊ शहर एवं रामपुर दरबार के मुसलमानी वातावरण से प्रभावित होकर कुछ समय के लिए इस्लाम धर्म को अपना लिया था। मस्जिद में नमाज़ पढ़ने के साथ ही अपना नाम भी 'इकबाल हुसैन' रख लिया था।

रामपुर के नवाब का एक निजी थियेटर था। उसमें महाराज जी भी विभिन्न भूमिकाओं का निर्वाह करते थे। प्राय: आगा हशर के ड्रामें खेले जाते थे। ड्रामें में नायक-नायिका दोनों के शेर महाराज जी को याद होते थे। महाराज जी के अनुसार उन्हें कम से कम एक लाख शेर याद थे।

रामपुर के नवाब हामिद अली भी एक उच्च कोटि के गायक थे। एक किंवदंती के अनुसार इनको एक लाख ध्रुपद याद थे। लय के विषय में उस समय हिन्दुस्तान में दो ही व्यक्ति प्रख्यात थे, एक बिन्दादीन महाराज, दूसरे नवाब हामिद अली। इनके दरबार में नाचने, गाने और बजाने वालों का जमघट रहता था। नवाब वाजिद अली शाह के दरबार में कलाकारों को विशेष सम्मान प्राप्त था। इसके विपरीत नवाब हामिद अली के दरबार में संगीतकारों को कठोर नियमों में रहना पड़ता था। "इनके दरबार में कलाकारों को घंटों एक ही आसन में बैठना पड़ता था, क्योंकि नवाब के सामने आसन बदलना अभद्रता समझी जाती थी। वे कलाकरों को भृत्य के समान समझते थे।"[7]

"एक बार रामपुर के नवाब से महाराज जी का किसी बात पर मतभेद हो गया। बात कलह के स्तर पर पहुंच गई। रात्रि के समय में प्राण बचाकर उन्हें वहाँ से भागना पड़ा। रामपुर की राजसीमा पार करने के लिए उन्हें बैलगाड़ी में लादी हुई सूखी घास में छिपकर जाना पड़ा क्योंकि उन्हें बन्दी बनाने के लिए नवाब ने आदेश दे दिया था।"[8]

रायगढ़ दरबार–कत्थक नृत्य के विकास में रायगढ़ दरबार का महत्त्वपूर्ण योगदान है रायगढ़ के शासकों में संगीत एवं नृत्य के प्रति विशेष अनुराग था। महाराज भूपदेव सिंह के समय 1918 में लच्छू महाराज ने रायगढ़ में अपने नृत्य का प्रदर्शन किया था।

राजा भूपदेव सिंह के पुत्र महाराज चक्रधर सिंह के शासन काल (1923-1947) में कलाकारों मनीषियों को बहुत अधिक प्रोत्साहन मिला और कत्थक जगत में नये इतिहास का शुभारंभ हुआ। रायगढ़ दरबार कत्थक के इतिहास में आखिरी दरबार रहा। इसकी विशेषता यह थी कि यहाँ जयपुर और लखनऊ दोनों घरानों में मूर्धन्य कलाकारों को समान सम्मान प्राप्त था। जयपुर के शिवनारायण जी, शिव लाल जी, जयलाल जी और नारायण प्रसाद जी; एवं लखनऊ के अच्छन महाराज जी, लच्छू महाराज जी, शम्भू महाराज जी एवं बिन्दादीन महाराज के शिष्य सीताराम

जी आदि महान् कलाकारों ने रायगढ़ के साधकों को कत्थक नृत्य में दीक्षित किया था। इन नर्तकों के अतिरिक्त उस जमाने के उच्च कोटि के गायक– अब्दुल करीम खाँ, अलाउद्दीन खाँ साहब, छोटे रामदास जी, छन्नू मिश्र, दिलीपचन्द्र वेदी, मोहम्मद खाँ साहब आदि, वादकों में अहमद जान थिरकवा साहब, अनोखे लाल जी, बाबा ठाकुर दास, कादिर बख्श, कण्ठे महाराज, मुनीर खाँ साहब और नत्थू खाँ साहब आदि जो लम्बे समय तक रायगढ़ दरबार में रहे। कलाकारों के साथ साहित्यकारों में पं० बलदेव प्रसाद मिश्र, मुकुटधर पाण्डेय तथा कई संस्कृत विद्वान् उस दरबार में थे इन सब के सहयोग से राजा चक्रधर सिंह ने संगीत के कई ग्रंथों की रचना की, जिनमें "नर्तन सर्वस्वम्", "मुरज परन पुष्पाकर", "ताल तोय निधि" एवं "राग रत्न मंजूषा" आदि मुख्य हैं। महान कत्थक गुरुओं द्वारा राजा चक्रधर सिंह ने अपने दरबारी नर्तक श्री अनुजरामजी, कार्तिक राम जी, कल्याण दास जी, फिरतू दास जी एवं बर्मन लाल जी को नृत्य की शिक्षा दिलाई। इनमें से श्री बर्मन लाल जी को लच्छू महाराज के सान्निध्य में नृत्य शिक्षा प्राप्त हुई।

रायगढ़ में महाराज जी को रहने के लिए स्टेशन के पास एक नया बंगला दिया गया था जबकि अन्य नृत्य-गुरुओं को बादल महल के सामने वाले सर्वेन्ट क्वाटर्स (भृत्यावास) दिये गये थे। उन्हें अन्य कलाकारों की तरह दरबार में उपस्थिति देने की आवश्यकता नहीं थी। राजा चक्रधर सिंह गुरु लच्छू महाराज जी के गत-निकास एवं गत भाव से इतने प्रभावित थे कि वे नये-नये कथानकों पर नृत्य रचना करने के लिए महाराज जी से अनुरोध करते। जब बर्मन लाल जी किसी कथानक पर नृत्य सीख लेते तो राजा के सम्मुख उसे प्रस्तुत किया जाता था। राजा चक्रधर सिंह महाराज जी के कार्य की बहुत प्रशंसा करते थे। इन नृत्य-रचनाओं में "श्रवण कुमार" की कथा श्री बर्मन लाल जी बहुत कुशलता से प्रस्तुत करते थे और लच्छू महाराज जी को याद करके रोने लगते थे।

राजा चक्रधर सिंह स्वयं एक उच्च कोटि के कवि थे वे उर्दू-शायरी के भी बहुत शौकीन थें "जोश-ए-फरहत", "निगार-ए-फरहत"

और "नग़मा-ए-फरहत" आदि इनके उर्दू शायरी के ग्रंथ हैं। रायगढ़ दरबार में आये दिन मुशायरे भी हुआ करते थे। शायर होने कारण राजा साहब उनकी बहुत इज़्ज़त करते थे। लच्छू महाराज जी यहाँ भी राजा के मित्र और दरबारी रहे। राजा साहब के विशेष आग्रह पर ही वे अपना नृत्य प्रदर्शन करते थे। महाराज जी के साथ मुन्नी और पुतली नाम की दो शिष्यायें रहती थीं। रायगढ़ निवासी कहते हैं कि रायगढ़ में सायंकाल महाराज जी चूड़ीदार पायजामा, काली शेरवानी, रूमी टोपी पहनकर अपने पार्श्व में मुन्नी एवं पुतली दोनों रूपवती शिष्याओं को लेकर जब परिभ्रमण के लिए निकलते थे तो ऐसा लगता था मानो कोई नवाब जा रहे हों। ऐसे वैभवविलास से परिपूर्ण था लच्छू महाराज का रायगढ़ दरबार में जीवन।

हैदराबाद दरबार

हैदराबाद के नवाब उस्मान अली खाँ बहादुर (निज़ाम) के छोटे लड़के मौअज़म जाह बहादुर भी गुरु लच्छू महाराज के मित्र थे, उनके बुलाने पर महाराज जी सन् 1936 में रायगढ़ से सीधा हैदराबाद गये। उन दिनों हैदराबाद के बेल्लावेस्टा पैलेस में मौअज़म शाह बहादुर रहते थे। वे विलासप्रिय नवाब थे। उनका दरबार दिन रात नाचने, बजाने और गाने वालों का केन्द्र बना रहता था। लगभग डेढ़ दो सौ सुन्दरियाँ उनके निवास में थीं उनको नृत्य और गान की शिक्षा देने के लिए सुयोग्य शिक्षक नियुक्त किये जाते थे। महाराज जी को अतिथि क्रे रूप में ससम्मान बुलाया गया था।

रामपुर, पटियाला, रायगढ़ हैदराबाद आदि दरबारों में कार्य करते समय उन्होंने भारत के क़ई स्थानों में अपना नृत्य कार्यक्रम प्रस्तुत किया तथा नृत्यकार और संगीत प्रेमी प्रेक्षकों को अपनी कला से अनुरञ्जित किया। अभिनय की अप्रतिम क्षमता के साथ ही महाराज जी विविध तालों के अनुरूप भी आकर्षक नृत्य प्रस्तुत करने में सक्षम थे। भाव प्रदर्शन के समय श्रृंगार की विविध भाव भङ्गिमाओं का मूर्त रूप प्रेक्षकों के अन्तःपटल में चिरकाल के लिए अङ्कित हो उठता था। उनके कतिपय कर्यक्रमों का प्रसंङ्गानुसार उद्धरण प्रस्तुत हैं।

"बनारस के एक कार्यक्रम में प्रेक्षकों ने महाराराज जी से नृत्य करने को कहा, महाराज जी बोले कि यदि मेरी इच्छा के अनुरूप मञ्च निर्मित किया जायेतो मैं अपना नृत्य प्रस्तुत कर सकूंगा। तत्पश्चात् व्यवस्थापकों ने अभीष्ट मञ्च का निर्माण किया और बनारस में स्थित 'बांस के फाटक' में महाराज जी का कार्यक्रम हुआ। आज भी उस स्थान का नाम बांस का फाटक है। इस नृत्य का जनमानस पर अमिट प्रभाव पड़ा। पर्दा में रहने वाली महिलाएं भी आनन्द विभोर हो उठी।"[9]

सितारा देवी बताती हैं कि उनके पिता गुणग्राही थे। उनका स्पष्ट कथन था कि लच्छू महाराज जी के आदेशों का श्रद्धा पूर्वक पालन करो तभी अभीष्ट कला की प्राप्ति होगी।

"उन दिनों बड़ी चहल पहल रहती थी। हास-परिहास से सम्पूर्ण वातावरण ओतप्रोत रहता था। आये दिन किसी न किसी वरिष्ठ कलाकार का आगमन होता था। कभी गुलाब जान तो कभी थिरकवां खाँ साहब के दर्शन होते थे। गाने बजाने की गोष्ठियाँ आयोजित होती थीं। जिनमें किशन महाराज के पिता श्री कण्ठे महाराज, सिद्धेश्वरी देवी एवं उनकी फूफी प्रसिद्ध गायिका विद्या देवी, कमलेश्वरी तथा राजेश्वरी बहनें और अन्यान्य कलाकार सम्मिलित होते थे। सभी कलाकारों में महाराज जी का भाव देखने की तीव्र लालसा रहा करती थी।"[10]

"आरा" में भी महाराज जी का कार्यक्रम हुआ। वहाँ मञ्च न होने के कारण एक दालान जैसे स्थान में ही नृत्य की प्रस्तुति हुई। आरा में भी कुछ दिनों तक महाराज जी ने निवास किया था। पहले ऐसा होता था कि कला से प्रभावित होकर जमींदार या अन्य समर्थक जन सभागत कलाकारों के आग्रहपूर्वक रोक लेने थे और महीनों बैठकें चलती रहतीं थीं।"[11]

सितारा देवी के अनुसार एकबार इम्पीरियल स्टूडियों के सेठ श्री अजयशर इरानी के आग्रह पर महाराज जी ने अपना कार्यक्रम प्रस्तुत किया। उस दिन आशिक हुसैन उर्फ भूरे खाँ का भी नृत्य होना था।

महाराज जी के सर्वाङ्गसुंदर नृत्य का अवलोकन करने के पश्चात् प्रसिद्ध नर्तक भूरेखाँ ने अपना नृत्य न प्रस्तुत करना ही उचित समझा।

महाराज जी मुंबई में

हैदराबाद दरबार से सन् 1937 में महाराज जी अपनी शिष्या सितारा देवी के पास गये। सितारा देवी के कथनानुसार जब महाराज जी बम्बई आये तो दया देवी उनके साथ थीं।

सितारा देवी के घर कुछ दिन रहने के पश्चात् महाराज जी ने दादर स्थित 'वीकू विला' नामक भवन में निवास किया। यहाँ आवश्यक सुविधायें उपलब्ध थीं। उन दिनों रंजीत स्टूडियों में सितारा देवी काम करती थीं। महाराज जी वहाँ जाते थे। यहीं उन्हें फिल्मों में नृत्य निर्देशन का कार्य मिला। परिणामत: मुम्बई में ही उनका स्थायी निवास हो गया। दया देवी महाराज जी की अत्यधिक सेवा करती थीं। उनकी रूपवती पुत्री कौशल्या को महाराज जी ने अत्यंत वात्सल्य के साथ नृत्य की शिक्षा प्रदान कर फिल्मों में काम दिलाया (चित्र नं. 10 एवं 11)। उन दिनों महाराज जी का जीवन सम्पन्नता से परिपूर्ण था।

महाराज जी के आवासीय भवन का नाम मालिकों के बदलने के साथ-साथ क्रमश: 'वीकू विला' 'अमर कीर्ति कुञ्ज' और 'मीनाक्षी बिल्डिंग' के रूप में परिवर्तित हुआ। इस बिल्डिंग में अभी भी महाराज जी की पत्नि रमा देवी मिश्रा एवं उनके परिवार के अन्य सदस्य रहते हैं।

मुंबई आने के कुछ वर्षों बाद महाराज जी ने रमा देवी से विवाह कर लिया। (चित्र नं. 02 एवं 12) रमा देवी को अपने बड़े भाई अच्छन महाराज जी के नाम का गंडा बांध कर नृत्य की शिक्षा स्वयं प्रदान की थी। रमा देवी महाराज जी की मृत्यु तक उनके साथ रहीं।

मुंबई में महाराज जी के नृत्य सम्बंधी कार्यकलापों में रमा देवी का बहुत बड़ा योगदान रहा। मुंबई में महाराज जी ने विविध प्रकार से नृत्य जगत को गौरवान्वित किया सफल कार्यक्रमों की प्रस्तुति, फिल्मों में

नृत्य निर्देशन, परम्परागत शिक्षा द्वारा सुयोग्य कलाकारों का निर्माण तथा मनोरम नृत्यनाटिकाओं की संरचना।

बम्बई आने के बाद भी महाराज जी ने स्वयं नृत्य के अनेक कार्यक्रम प्रस्तुत किये। सन् 1950 में उनका कार्यक्रम भारतीय विद्याभवन के रंगमंच पर सम्पन्न हुआ (कौशल्या, शीला बर्मन और बिरजू महाराज आदि के साथ)। "विजय" फिल्म आर्ट साप्ताहिक उर्दू अखबार के 4 जून 1950 के अंक में प्रकाशित उक्त कार्यक्रम से सम्बद्ध अंश इस प्रकार हैं :-

शीर्षक-क़दीम, हिन्दुस्तानी रक़्स की यादगार में

"बतारीख 28 मई बरोज़ इतवार को भारत विद्या भवन के स्टेज पर हिन्दुस्तान के मशहूर और मारूफ रक़्क़ास लच्छू महाराज ने अपने कमालात का मुजाहिरा करके ये बात वज़े कर दी कि हिदुस्तान हमेशा से रक़्स का आबाद गाह रहा है। और ताअबद रहेगा। उन्होंने खुद अपने स्टाफ के फ़नून को पेश करके यह साबित कर दिया कि हिन्दुस्तान में फन अभी जिन्दा है। लच्छू महाराज के अलावा इनकी बेटी और फिल्मी दुनिया के मशहूर अदाकारा कौशल्या भी थीं' जिसने अपने रक़्स का नमूना पेश करके बताया कि मैं किस पिता की पुत्री हूँ और मैं न सिर्फ एक्ट्रेस हूँ बल्कि एक कामयाब रक़्कासा भी हूँ। इनके अलावा ब्रजमोहन, जागो मास्टर, मणि लाल, रमा देवी, शीला बर्मन, बहना देवी ने भी अपने फनून को उजागर करके पब्लिक के दिलों को मोह लेने में कामयाबी हासिल की। खुसुसन शीला बर्मन के रक़्स को पब्लिक ने बेहद सराहा। अगर आखिर में हमीदा बानों प्ले-बैक सिंगर का जिक़्र न किया जाये तो वाक़ई उनके हक़ में जुल्म होगा। क्योंकि रक्स में जान डालने वाली और सोने पे सुहागा का काम करने वाली इसी की मस्त और सुरीली आवाज थी। ग़रज़ के ये प्रोग्राम निहायत ही कामयाब रहा।

महाराज जी मेनका पार्टी में

मेडम मेनका, नृत्यनाटिकाओं की निर्मित के लिए प्रख्यात नृत्य मर्मज्ञों को नियुक्त करतीं थीं। उनकी पार्टी में अभिनय की शिक्षा के लिए

रामदत्त जी स्थायी रूप से कार्यरत थे। लच्छू महाराज जी उक्त पार्टी में यद्यपि सेवारत नहीं थे, किन्तु अनुबंध पर नृत्यनाटिकाओं के निर्देशन हेतु जाया करते थे।

"मेनका पार्टी को सन् 1936 में जर्मनी के बर्लिन शहर में बैले, 'ओलम्पिक कम्पीटिशन' में 'रति कामदेव' बैले के लिए हिटलर के हाथ से प्रथम पुरस्कार प्राप्त हुआ।"[12] उस समय मेनका पार्टी में मणिपुरी शैली के नृत्य निर्देशक ठाकुर नाभा कुमार सिंह, संगीत निर्देशक पं॰ हरिशचन्द्र बाली एवं कत्थक बैले मास्टर महाराज बैद्यनाथ मिश्र (लच्छू महाराज) थे। मेनका पार्टी जब विदेश जा रही थी (चित्र नं. 03), महाराज जी उनके साथ नहीं गये वे विमान यात्रा से डरते थे। उन्होंने जीवन पर्यन्त वायुयान से यात्रा नहीं की।

यद्यपि पहले से ही नृत्यनाटिकाओं का प्रचलन था। उदयशंकर की नृत्यनाटिकाएं लोकप्रिय हो चुकीं थीं किन्तु उनकी ओरिएन्टल शैली के अन्तर्गत मणिपुरी, कथाकली एवं पाश्चात्य बैले का ही अधिक प्रयोग होता था। निष्कर्षतः, लच्छू महाराज ने ही शुद्ध शास्त्रीय कत्थक शैली में लम्बी नृत्यनाटिका का शुभारम्भ किया।

मुंबई में नृत्यनाटिकायें

महाराज जी की अपनी एक संस्था थी, जिसका नाम "भारतीय नृत्य कला केन्द्र" था। अपनी इस संस्था में महाराज जी सबसे पहले जिस नृत्यनाटिका की मौलिक रचना की थी उसका नाम था 'नृत्य परिवर्तन' इसमें देवलोक से लेकर मृत्युलोक एवं प्राचीन काल से वर्तमान काल तक नृत्य में हुए परिवर्तनों का निरूपण किया गया था। इसमें रमा देवी मिश्रा तथा अन्य शिष्यों के साथ गोपी कृष्ण ने भी भाग लिया था। महाराज जी का दूसरा बैले जो कि 45 मिनट का था इसमें 'पूजा', 'होली', 'फिशर मैन', 'कृषि', 'सोलह श्रृंगार' 'मीना बाजार' तथा 'सृष्टि' आदि छोटी-छोटी प्रस्तुतियों का समावेश था। कमला देवी चट्टोपाध्याय, पीर भाई अयास और दुर्गा बाई खोटे ये तीनों इसके प्रबन्धक थे। इसमें महाराज जी की

संस्था के विद्यार्थियों के अतिरिक्त मालती पांडे, मोहन पांडे, हजारी लाल, विक्रम सिंह, आदि ने भी काम किया था। जब दिल्ली में कमला देवी चटोपाध्याय प्रयत्न के से "संगीत नाटक अकादमी" की स्थापना हुई तो वहाँ सर्वप्रथम नृत्य नाटिका "मालती माधव" बनाने के लिए उन्होंने लच्छू महाराज जी को ही मुंबई से बुलवाया था। वर्तमान में लच्छू महाराज जी के भतीजे बिरजू- महाराज ने अनेक नृत्य नाटिकाओं की रचना कर कत्थक नृत्य शैली को समृद्ध बनाया है किन्तु यह तथ्य निर्विवाद है कि इसका शुभारंभ लच्छू महाराज जी द्वारा ही हुआ था।

फिशर मैन में मालती पांडे ने मछली की भूमिका का निर्वाह किया था। इसमें सिर से पैर तक कसावट से युक्त सितारों से भरपूर दृष्टिसुखद वेशभूषा का प्रयोग किया गया था। मछली के रूप में मालती पांडे का नृत्याभिनय अत्यंत आकर्षक एवं प्रशंसनीय होता था। उसके सिर में मछली का मुखौटा लगा दिया जाता था, नृत्य के समय हाथ बंधे होते थे।

कोलियों को बुलाकर लड़के लड़कियों का 'कौलीनृत्य' कराया जाता था। कार्यक्रम के लिए बांद्रा से जाल मंगवाया गया था। दो बोरी बालू मञ्च पर बिछवायी गई थी, जिससे प्रकाश द्वारा बालू के कण चमक उठते थे। टंगे हुए जाल में मछली आकर फंस जाती और मछुवारे मछली को पकड़ लेते। जाल के अंदर मछली के तड़पने का अभिनय महाराज जी ने अतीव सुंदर ढंग से सिखाया था।

महाराज जी ने "मौसमें बहार" के अंतर्गत "कृषि" पर भी एक बहुत अच्छा प्रदर्शन कराया था। इसमें गुरु विक्रम सिंह ने भी काम किया था। किसान नृत्य में वे रमा देवी मिश्र के सहभागी बने थे। "कृषि" में हैन्डलूम कपड़े के प्रचार के लिए किसानों की काश्तकारी का महत्त्व भी निरुपित किया गया था।

"मीना बाजार" में आगरे का मीना बाजार एवं अकबर का दरबार निरुपित गया था। मीना बाजार के लिए उस समय 500/-के तो

फल आते थे, क्योंकि उसमें मञ्च पर पूरी दुकानें लगायी जाती थीं, कश्मीरी फल की दुकान, सूखे मेवे की दुकान, मुरादाबादी मीना के कलई के बर्तनों की दुकान, कश्मीरी लकड़ी के सामानों की दुकान, कश्मीरी शाल की दुकान, बनारसी साड़ी आदि की दुकानों के दृश्य मनोहारी हो उठता था। मीनाबाजार जो केवल बेगमों के लिए होता था, इसमें बेचने वाली भी सभी औरतें ही रहती थीं, क्योंकि पर्दानशीं बेगमें आती हैं। ये किस तरह आती-जाती हैं, तथा खरीददारी करती है और ब्रिटिश शासन में इस प्रथा अन्त कैसे हुआ। ये सब बातें इस कार्यक्रम के अंतर्गत प्रदर्शित की जाती थी यह दृश्य केवल सांगीतिक लय ताल में आबद्ध था। प्रसिद्ध गायक मुकेश द्वारा गाये गाने पर 'सोलह श्रृंगार' का प्रदर्शन होता था। इसमें सिर से पैर तक के आभूषणों का मनोरम दृश्यांकन था। चार लड़कियों को पूरे आभूषण पहनाकर क्रमबद्ध बैठा दिया जाता था। रमा देवी मिश्र एक-एक आभूषण का पृथक-पृथक वर्णन नृत्य और अभिनय के द्वारा प्रस्तुत करती थी। 'मौसमें बहार' में ही 45 मिनट में समाप्य 'सृष्टि' नामक प्रस्तुति का समावेश था। इसमें सृष्टि के उद्भव का वर्णन था। ब्रह्मा, विष्णु, महेश, रति-कामदेव आदि सभी देवताओं को इसमें समाविष्ट किया गया था। शिव जी की भूमिका के लिए किसी उचित पात्र की आवश्यकता थी। उस समय विक्रम सिंह नृत्य की विशिष्ट शिक्षा के लिए महाराज जी के पास आये थे। महाराज जी के कहने पर विक्रम सिंह ने शिव की भूमिका में अत्यंत सुंदर अभिनय किया। "मौसमे बहार" का संगीत मुरली मनोहर स्वरूप का था। ये भातखंडे संगीत महाविद्यालय लखनऊ से शिक्षा प्राप्त कर मुंबई एच.एम. वी. में कार्य करते थे।

तीन घण्टों में सम्पन्न होने वाले 'मौसमें बहार' के गानों का ध्वन्यांकन एच.एम.वी. में कराया गया था। पांच हजार के व्यय से एक महीने में ध्वन्यांकन कार्य पूर्ण हो पाया था। संगीतिक दल बड़ा था अतः टेप पर ही कार्यक्रम प्रस्तुत किया जाता था। 1954 में रङ्गभवन में इसकी लगातार चार दिनों में चार प्रस्तुतियाँ हुईं थीं। (चित्र नं. 04)

महाराज जी ने 'बापू की अमर कहानी' नामक एकाकीय नृत्यनाटिका की रचना की थी। इसमें मुहम्मद रफी द्वारा गाये सुनो सुनो ये दुनिया वालें बापू की यह अमर कहानी...इस प्रसिद्ध गीत में अपेक्षित परिवर्तन करके 'जागो' नामक कलाकार से गवाया गया था। इसमें गांधी जी के जन्म से लेकर मृत्यु तक की कहानी का समावेश किया गया था। बापू के उत्तरोत्तर चारित्रिक विकास का निरुपण अत्यंत मनोहारी होता था। महाराज जी ने इस कार्यक्रम की एक प्रस्तुति स्वयं सम्पन्न करायी थी और दूसरी प्रस्तुति भारतीय विद्या भवन में साबरमती आश्रम के लिए अभीष्ट धनार्जन हेतु हुई थी।

इस बैले के बाद ही सन् 1957 में महाराज जी को "संगीत नाटक अकादमी" अवार्ड मिला। सन 1958 में संगीत नाटक अकादमी द्वारा "मालती माधव" बैले बनाने के लिए महाराज जी को दिल्ली बुलाया गया। ये बैले संस्कृत के सुप्रसिद्ध कवि भवभूति के 'मालती माधव' नामक नाटक पर आधारित था। इसमें नायक की भूमिका के लिए कृष्ण कुमार महाराज को कलकत्ता से बुलाया गया। नायिका के लिए बम्बई से कुमुदिनी लाखिया को बुलाया गया था। ये लंदन में राम गोपाल जी के बैले में काम कर चुकी थी, माधव के मित्र की भूमिका में बिरजू महाराज थे। चालीस मात्रा के कठिन ताल में नृत्य करने की दृष्टि से इस भूमिका के लिए बिरजू महाराज का चयन किया था।

"मालती माधव" का उत्कृष्ट संगीत प्रसिद्ध संगीतकार डागर बंधुओं ने दिया था। बैले का प्रथम प्रदर्शन 'संगीत नाटक अकादमी द्वारा आयोजित दिल्ली के ताल कटोरा गार्डन में परिसंवाद के अन्तर्गत किया गया था।

"मालती माधव" बैले बनाते समय सुबह से शाम तक बिरजू महाराज लच्छू महाराज के साथ रहते थे दिल्ली में महाराज जी ने उन्हीं के घर निवास किया था। इसके पश्चात् ही बिरजू महाराज ने अनेक नृत्य नाटिकाओं की रचना की। ऐसा प्रतीत होता है कि बिरजू महाराज की नृत्य

नाटिका निर्माण की प्रतिभा गुरु लच्छू महाराज के साथ काम करने से विकसित हुई।

सन् 1960 में महाराज जी बीमार हो गयेथे और करीब पाँच छः महीने तक बिस्तर में रहे। उन्हें फेफड़े की फ्लूरसी हो गई थी। उस समय उनकी पत्नी के अतिरिक्त सितारा देवी ने उनकी बहुत सेवा की। जब वे अधिक बीमार हुए तो, सितारा देवी उन्हीं के घर जमीन में बिस्तर बिछाकर रात में सोती भी थीं। महाराज जी अत्यधिक दुर्बल हो गये और उनकी बचने की आशा नहीं थी। किंतु डॉ॰ एन॰जी॰ तलवलकर के नर्सिंगहोम स्वास्थ्य लाभ हुआ। इतनी भयानक बीमारी के बाद भी महाराज जी ने साहस का परित्याग नहीं किया और निरन्तर कला की सेवा में तत्पर रहे।

लच्छू महाराज ने 1965 में 'आम्रपाली' नामक नृत्यनाटिका की रचना की। इसमें कुल तीन चार ही पात्र थे। नृत्य से सम्बद्ध 'कीर्ति' की भूमिका निर्वाह श्रीमती पदमा शर्मा ने किया। (चित्र 05) संगीत मुरली मनोहर स्वरूप का था। मुम्बई में इसके तीन प्रदर्शन हुए थे।

उसके बाद सन् 1965 के दिसम्बर के महीने में में पुष्टि मार्गीय हवेली संगीत के कीर्तनों पर (जो आज भी नाथ द्वारा, काकरोली, मथुरा आदि वैष्णव सम्प्रदायों के मंदिरों में गाये जाते हैं।) महाराज जी ने एक नृत्य रचना की। इसका नाम था "गोकुल की गली सांकरी" इसमें ग्वाल-बाल श्री कृष्ण की किशोरावस्था पर अवलम्बित लीलाओं का समावेश था इस प्रदर्शन में श्रीमती पदमा शर्मा राधा की भूमिका में थीं। इसके दो प्रदर्शन में सितारा देवी ने कृष्ण का अभनय किया था। एक अन्य प्रदर्शन में गोपी कृष्ण के भाई मोहन ने कृष्ण की भूमिका का निर्वाह किया था। इसका आलेख एवं संगीत मुकुंद गोस्वामी जी का था। ये मुंबई में बल्लभाचार्य सम्प्रदाय के मंदिर में रहते थे जहां महाराज जी, श्रीमति पद्मा शर्मा एवं श्रीमति रमा देवी मिश्र के साथ अक्सर जाया करते थे। मुकुंद गोस्वामी जी से महाराज जी की बहुत अच्छी मित्रता थी।

मुकुंद गोस्वामी जी, अमीर खाँ के शिष्य और वीणा के प्रख्यात कलाकार थे।

सन् 1971 में महाराज जी ने 'अष्ट नायिका' पर एक नृत्यनाटिका बनाई थी जिसका नाम था 'राधा प्रिय प्यारी' (चित्र नं. 06, 07 एवं 08) यह भी पुष्टिमार्गीय हवेली संगीत पर आधारित थी। इसकी एक विशेषता यह है कि इसके कीर्तन गायक आज भी कत्थक लोग ही हैं। महाराज जी ने इन्हीं कीर्तनों का कत्थक में मंच पर प्रयोग किया था। इसमें आठ नायिकाओं के अनुरूप अलग अलग आठ वेशभूषायें, आठ राग, आठ ताल एवं आठ दृश्य थे। क्रमशः नवज्ञात यौवना, रूपगर्विता, उत्कंठिता, मध्या, मानिनी, खंडिता, वासक सज्ञा, विरहिणी और शुक्लाभिसारिका का वर्णन था। एक मुख्य नायिका थी दस गोपियां थीं। गीतों की रचना ध्रुपद धमार शैली में की गई थी। 'राधा प्रिय प्यारी' का अभ्यास एक वर्ष तक चलता रहा। संगीत मुकुंद गोस्वामी का था। इसकी तैयारी में कठोर परिश्रम हुआ था। अस्वस्थ होने पर भी महाराज जी पूर्वाभ्यास के समय उपस्थित रहते थे।

पूर्वाभ्यास के दिनों में कोई न कोई कलाकार आया करते थे। जिनमें अमीर खां, बिरजू महाराज, मुन्ना शुक्ला एवं पं॰ जशराज आदि प्रमुख मुम्बई में महाराज जी की यह अंतिम नृत्यनाटिका थी। प्रसंगतः इसमें उत्तकण्ठिता मध्या नायिका के लिए प्रयुक्त अडाना राग एवं चौताल में निबद्ध एक गीत उद्धृत है।

जर जावे री लाज मेरे
ऐसी कौन काज आवे
कमल नयन नीके, देखन न दीने
हे जर जावो री लाज मेरे
बनते जू आवत
मारग मे भेंट भयी
सकुच रही इन लोगन के लीने
हे जर जावे रही लाज मेरे

कोटि अतना कर रही
 री निहार वेग
अंचरा की ओट दे दे, कोटि शम दीनि
हे जर जावो री लाज मेरे
नंद दास प्रभु प्यारी
ता दिनते मेरे नैन
उन्हीं के अंग संग
रंग रस भीनि
हे जर जावो री लाज मेरे।

मुम्बई प्रवास के समय सन् 1950 के लगभग महाराज जी के पास बिरजू महाराज नृत्य (चित्र नं. 09) सीखने आये। बिरजू महाराज में तो नैसर्गिक प्रतिभा थी। महाराज जी के सान्निध्य में उनमें और निखार आया उन्हें महाराज जी सम्पूर्ण कलाकार मानते थे और अच्छन महाराज, लच्छू महाराज एवं शम्भू महाराज तीनों का एकत्र निचोड़ कहा करते थे।

फिल्मों में नृत्य निर्देशन

जैसा कि पहले कहा जा चुका है मुम्बई में महाराज जी की उपलब्धियों का एक और मुख्य कार्यक्षेत्र फिल्म-जगत रहा। मुंबई की फिल्मी दुनिया में कार्य करने से पहले उन्होंने कोलकाता के न्यू थियेटर्स में काम किया था। जहाँ पर विमल राय एवं सत्यजीत राय जैसे महान हस्तियों से उनका सम्पर्क हुआ। सत्यजीत राय महाराज जी के अच्छे मित्र बन गये। यहाँ महाराज जी ने फिल्म 'तपस्या' में मांडप ऋषि की भूमिका का निर्वाह किया। कोलकाता में ही सुप्रसिद्ध ठुमरी गायिका रेचल बाई से भी परिचय हो गया। आगे चलकर महाराज जी ने रेचल बाई एवं साधना बोस को नृत्य सिखाया।

मुंबई में भी महाराज जी ने एक दो फिल्मों में अभिनय का कार्य किया। जिसमें एस.एम. युसुफ निर्मित एक फिल्म 'गुजारा' में उन्होंने

नायिका के पिता का अभिनय किया था किन्तु उनका फिल्म जगत में प्रवेश का मुख्य उद्देश्य नृत्य निर्देशन था जिसमें वे पूर्ण रूपेण सफल हुए। फलस्वरूप उन्हें धन, यश एवं कई अवार्ड मिले।

महाराज जी ने लगभग डेढ़ सौ फिल्मों में नृत्य निर्देशन किया। कतिपय प्रसिद्ध फिल्मों के नाम उद्धृत हैं– कैदी, रामराज्य, घुंघरू, परख, बारादरी, काले बादल, तमाशा शिकवा, घर की लाज, मुगल ए आजम, मुझे जीने दो, तीसरी कसम, एक ही रास्ता, जीवन-मृत्यु, पाकीजा, महल, पर्वत में अपना डेरा, वारिस, काला पानी, ये दिल किसको दूं, एक नजर और गाइड आदि। फिल्मों में लच्छू महाराज के नृत्य निर्देशन की विशेषता है कि वे शास्त्रीय कत्थक का प्रयोग परिस्थितियों के अनुकूल ही करते थे।

पहले फिल्मों में जो नृत्य होते थे वे या तो घरेलू नृत्य जैसे– औरतों का दादरा आदि या साधारण नृत्य जैसे– पल्टा लेकर घूम जाना, हाथ इधर-उधर हिला देना अथवा धीरे-धीरे कटि को आकम्पित करना। किन्तु महाराज जी के फिल्मों में प्रवेश करने के बाद इनमें अभिनय आ गया। वर्तमान में फिल्मों में जो नृत्य चल रहा है वह अधिकांशतः पश्चिम के नृत्यों से प्रभावित है।

फिल्मों में महाराज जी के समय शास्त्रीय नृत्यों का जोर रहा। हिन्दुस्तानी फिल्मों में शास्त्रीय नृत्य को महत्त्वपूर्ण स्थान प्रदान करने का श्रेय गुरु लच्छू महाराज को ही है। महाराज जी ने तो फिल्मों में नृत्य निर्देशन कत्थक के ही आधार पर किया। फिल्मों के अन्तर्गत उनके द्वारा निर्देशित नृत्यों में तोड़े, टुकड़े, परन आदि का प्रयोग न हो, ऐसा तो होता ही नहीं था। वे सांगीतिक अंशों पर प्रायः कत्थक के अनुसार ही अंगो के संचालन का प्रयोग करते थे। जिन फिल्मों के नृत्य शास्त्रीय आधार पर होते थे उनमें तो महाराज जी कत्थक ही कराते थे जैसे 'मुगले ए आजम' में गोपी कृष्ण से 'कैदी' में रागिनी पद्मिनी से 'पाकीजा' तथा 'एक ही रास्ता' में मीना कुमारी को तोडे, परन पर भी नृत्य कराया। उन्होंने फिल्मों

में लोकगीतों के अनुरूप भी नृत्य का प्रयोग किया। कत्थक नृत्य का पुट देकर लोकनृत्यों के प्रयोग से महाराज जी 'तीसरी कसम' आदि फिल्मों में पर्याप्त सफलता अर्जित की।

महाराज जी को पाश्चात्य नृत्य का भी ज्ञान था। उन्होंने यथाविधि उसकी शिक्षा भी ली थी। उनके गुरु का नाम था श्याम जोड यहूदी। एक बार प्रतियोगिता में भाग लेकर उन्होंने टैंगो डान्स में पुरस्कार भी प्राप्त किया था। महाराज जी के अनुसार उन्हें टेंगो, टैप, रम्भा, सम्भा सब डांस आते थे और वे अपने मित्रों के साथ होटल में इन्हें नाचते भी थे किन्तु उनका कथन था कि "फिल्मों में मैं ऐसे नृत्यों का प्रयोग नहीं करूंगा। क्योंकि यह काम मेरा नहीं है, मैं अपने घराने का ही कार्य करंगा।

लम्बे समय तक फिल्मी दुनिया में नृत्य निर्देशन करने के बाद फिल्मी नृत्यों के बारे में महाराज जी के विचार हैं–

"फिल्मों की विभिन्न परिस्थितियों में शास्त्रीय पक्ष कायम रखने के लिए हमें काफी कठिनाई होती थी। फिल्मों का लक्ष्य है आम जनता का मनोरंजन और शास्त्रीय नृत्य का स्तर दूसरा ही है।" "तीसरी कसम" फिल्म में "पान खाये सैयां हमार" गाने में नौटंकी के दृश्य में वहीदा रहमान के नृत्य को तवायफ से कलाकार के दर्जे पर पहुँचाने की चुनौती थी। हमारी कोशिश यही रहती थी कि हर एक परिस्थिति में कला का सौंदर्य बना रहे।"

"फिल्मों की नायिकाओं को नृत्य सिखाना उनकी प्रतिभा पर निर्भर था। फिल्म "मुगले आजम" में नृत्य के लिए मधुबाला ने पूरे तीन वर्ष तक नृत्य सीखा (पूरी फिल्म बनने में 12 साल लग गये।) इसके विपरीत वहीदा रहमान ने जो भरतनाट्यम की कलाकार हैं, "गाइड" में नागिन नाच आठ दिन में ही सीख लिया।"

'मैंने करीब सात साल पहले "जीवन मृत्यु" में नृत्य निर्देशन किया था। यह मेरी आखिरी फिल्म थी। उसके बाद जब देखा कि फिल्मों में "राक एण्ड रोल" का नशा बढ़ता ही जा रहा है तो मैंने लखनऊ लौटकर कत्थक केन्द्र द्वारा शास्त्रीय नृत्य सिखाना बेहतर समझा।'

'फिल्मों में शास्त्रीय नृत्य को फिर से स्थान मिलना मुश्किल लगता है। पश्चिमी विचारों को बच्चों ने आजकल इतना ग्रहण कर लिया है कि उन्हें भारतीय संस्कृति का अहसास होना नामुमकिन है और ये बच्चे पढ़े लिखे "मार्डन" कहलाते हैं। इससे शास्त्रीय नृत्य एवं संगीत को गहरी ठेस पहुँची है। इस तरह शास्त्रीय परम्परा का विकास करने वाले कितने लोग रह जाएंगे? कुछ दिन पहले टेलीविजन पर एक नाटक हुआ जिसमें अर्जुन सर पर कफन बांधकर, कच्छा पहनकर विराजमान थे। आजकल तो लोग स्टेज पर बाकायदा गाली बकने लगे हैं। वे नग्न शरीर की खूबसूरती का प्रदर्शन करना पसंद करते हैं– हम लोग कपड़े पहनकर अपनी कला का क्या इनका कोई मेल है?'

"आज फिल्मी नृत्यों में अश्लीलता अधिक आ गई है। आज पर्दे पर दिखाया जाने वाला नृत्य वस्तुतः असांस्कृतिक और अर्थहीन है। बेतुके तरीके से पैर पटकना, कूल्हे मटकाना, वक्ष दिखाना और अंग प्रदर्शन यानी शरीर को आगे, पीछे, दायें बांये घुमाना ही फिल्मी नृत्य बनकर रह गया है।"

'गुरु लच्छू महाराज ने प्रदर्शन कहते हुए बताया कि "मारे नयना कटार" के साथ किये गये नृत्य में "नयना" पर तो मस्ती भरे अथवा दर्शकों को उत्तेजित करने के ढंग दिखाए जाएंगे आँखों की पुतलियों और कोने घुमाये जाएंगे, किन्तु कटार के साथ अभद्र ढंग से अंग मटकाये जाएंगे यह कहाँ का नृत्य है?'

'रिदम के साथ केवल हवा में हाथ पैर चलाये जाते हैं, उनका कोई अर्थ नहीं होता। आज फिल्मों में लोकनृत्य के नाम पर "रंबा-संबा" दिखाया जाता है। बेतुके यौन-प्रदर्शन की भरमार आ गयी है। और मनोरंजन के नाम पर कामोत्तेजक नृत्य पेश किये जाते हैं। हाथ की उंगलियाँ खुली रखकर हथेलियों को अर्ध नग्न शरीर पर सहलाते हुए झटेक के साथ हवा में हाथ फैलाना और आँखों में वासना प्रदर्शित करना किसी नृत्य के अंतर्गत नहीं आता और न यह शिष्ट ही है।'

"पहले भी बिल्कुल शुद्ध तो नहीं पर शिष्ट नृत्य होता था। मैने भी "मुगले आजम" में कत्थक पर आधारित नृत्य दिया था जिसमें सुंदर भावाभिव्यक्ति का ध्यान रखा गया था। इसी प्रकार "एक ही रास्ता" और "महल" के नृत्य भी शिष्ट रहे। किन्तु आज फिल्मी नृत्यों में कलात्मकता जैसी कोई चीज रही ही नहीं।"

फिल्मों में नृत्य के भविष्य पर टिप्पणी करते हुए गुरु लच्छू महाराज का विचार है कि फिल्म निर्माताओं को इस बात का ध्यान रखना चाहिए कि इस प्रकार के नृत्य न दिये जायें जिनसे दर्शकों, विशेषतया नयी पीढ़ी पर बुरा असर पड़ता हो।

फिल्मों में काम करने के बावजूद महाराज जी अपने अर्थात् बिन्दादीन महाराज के घराने की इज़्ज़त को बरकरार रखें, वे कभी किसी के सामने झुके नहीं। एक बार "मुगल-ए-आजम" में नृत्य निर्देशन के दौरान आसिफ साहब उनसे ज़रा जोर से बोले–"क्या महाराज जी, आप इतने देर से आये हैं, अभी इतनी चीजों को ठीक करना है।" महाराज जी तुरंत उठे और वापस चले आये। आसिफ साहब सितारा देवी को बुलाकर बोले–"तुम्हारे महाराज जी तो चले गये, दो चार शाट बता दो नहीं तो सारा दिन चला जाएगा।" सितारा देवी दो चार शाट दीं और महाराज जी से आकर बोली, "आपको वहाँ जाना पड़ेगा।" महाराज जी बोले–"उन्होंने हमसे ऐसा क्यों कहा? वे अपने काम के डायरेक्टर हैं। वे जब तक हमें बुलाने नहीं आएंगे, मैं जाऊँगा ही नहीं।" फिर आसिफ साहब ने अपने सहायक जैदी साहब को, महाराज जी को बुलाने के लिए भेजा और सन्देश दिया कि "मेरा भी दिमाग थोड़ा तेज है, इसलिए गलती हो गई, आप बुरा मत मानिये।" परिणामतः इस फिल्म के अन्तर्गत महाराज जी के कुशल निर्देशन में निष्पन्न मधुबाला का नृत्य अत्यंत प्रशंसित एवं पुरस्कृत हुआ।

फिल्म-जगत की महान हस्तियाँ जैसे– के. आसिफ, कमाल अमरोही, बासुभट्टाचार्य, राजकपूर, सुनील दत्त आदि महाराज जी के पैर

छूते थे। फिल्म जगत के अन्य नृत्य-निर्देशक महाराज जी को बहुत मानते थे। (चित्र नं. 13) इसीलिए महाराज जी को 'सिने डांस, डायेक्टर्स एसोसिएशन' का अध्यक्ष बनाया गया था

महाराज जी ने लगभग पैंतीस वर्ष तक बम्बई में रहकर उस महती नगरी के सांस्कृतिक-विकास में अपूर्व-योगदान दिया। रंगमंच एवं फिल्म-जगत दोनों क्षेत्र महाराज जी की अप्रतिम प्रतिभा से लाभान्वित हुए और महाराज जी को फिल्म जगत के अनेक अवार्ड (पुरस्कार) से सम्मानित किया गया। (चित्र नं 14, 15 एवं 16) कहा जा सकता है कि महाराज जी ने अपने जीवन के उत्तम वर्ष मुम्बई नगरी को दिये। मुंबई के अनेक अनुभवों से परिपक्व होने के बाद सन् 1970 के आसपास उन्होंने अपने जन्म स्थान लखनऊ को कार्यक्षेत्र बनाने का विचार किया।

लखनऊ कत्थक केन्द्र की स्थापना

यह सर्व विदित है कि स्व. श्री शम्भू महाराज के सन् 1954 में दिल्ली चले जाने के बाद लखनऊ घराने के गुरुओं से लखनऊ स्वयं वंचित रहा। बिरजू-महाराज तो उनसे पहले ही दिल्ली जा चुके थे। केवल उनकी माँ लखनऊ में रहती थीं। बिरजू महाराज और शम्भू महाराज कभी-कभी लखनऊ आया-जाया करते थे लेकिन वहाँ स्थायी रूप से नहीं रहते थे। यह कमी लखनऊ के कुछ गणमान्य व्यक्तियों को खटकने लगी थी।

सन् 1970 के आसपास मुम्बई में महाराज जी से संगीत नाटक अकादमी लखनऊ के तत्कालीन सचिव श्री नरेन्द्र मोहन मेहरोत्रा जी मिले। उन्होंने महाराज जी से लखनऊ आने का अनुरोध किया। इससे पहले ही महाराज जी के मन में यह विचार आया था कि दिल्ली की तरह मुम्बई में भी एक कत्थक केन्द्र होना चाहिए, इसके लिए उन्होंने महाराष्ट्र शासनको लिखा भी था लेकिन कोई उत्तर नही आया। उन्हीं दिनों युवा समारोह के अंतर्गत आयोजित नृत्य प्रतियोगिता में भाग लेने के लिए महाराज जी के साथ उनकी शिष्या कपिला शर्मा दिल्ली आयीं थी, उन्हें

प्रथम स्थान प्राप्त हुआ। वहाँ भातखण्डे संगीत महाविद्यालय, लखनऊ के डॉ॰ एस.एस. अवस्थी भी आये हुए थे। उन्होंने महाराज जी से कहा, "आप अपनी शिष्या को लेकर लखनऊ आइये, वहां इनका कार्यक्रम आयोजित करेंगे।

सन् 1971 में डॉ॰ अवस्थी के प्रयत्नों से उत्तर प्रदेश के संस्कृति-विभाग की ओर से महाराज जी और उनके शिष्यों का एक कार्यक्रम लखनऊ के रविन्द्रालय में आयोजित किया गया। उसमें महाराज जी की शिष्यायें कपिला शर्मा एवं विमला जी का नृत्य हुआ। इस समय श्रीमती रमा देवी मिश्र भी महाराज जी के साथ आईं हुई थी। कार्यक्रम बहुत सफल रहा। महाराज जी वापस बंबई चले गये। इधर लखनऊ में कत्थक केन्द्र स्थापित करने के प्रयत्नों में भी तीव्रता आई।

उत्तर प्रदेश के मुख्यमंत्री श्री कमलापति त्रिपाठी थे और श्री पुरुषोत्तम टंडन संस्कृति मंत्री, डॉ॰ एस.एस. अवस्थी, श्री नरेन्द्र मोहन मेहरोत्रा, सूचना एवं प्रसारण विभाग के निर्देशक श्री शिरोमणि शर्मा एवं युवा पत्रकार श्री शशि सिन्हा आदि के अथक प्रयासों से सिद्धांततः यह निश्चय कर लिया गया कि लखनऊ में कथक-केन्द्र की स्थापना की जाये। कत्थक केन्द्र स्थापित होने से पहले ही महाराज जी को लखनऊ बुलाया गया। उक्त केन्द्र के सम्बन्ध में प्रचार के लिए शशि सिन्हा एवं उनके साथियों द्वारा अनेक पत्रकार वार्ता एवं महाराज जी के प्रदर्शनात्मक व्याख्यान भी आयोजित किए गये।

उन्हीं दिनों लखनऊ में "नेशनल यूनि आफ जर्नलिस्ट्स" का एक सम्मेलन हुआ। महाराज जी के मित्र श्री शशि सिन्हा (चित्र नं. 18) लोकर युनिट्स के सदस्य थे। उन्होंने उन पत्रकारों के साथ महाराज जी की ड्योढ़ी पर एक "संगीत-संध्या" का आयोजन किया। (चित्र नं. 19) इस सम्मेलन में भारत के प्रायः सभी बड़े समाचार पत्रों के चुने हुए प्रतिनिधि और कार्यकारिणी के सदस्य आये हुए थे। "संगीत संध्या" के अवसर पर जोगू दादा (जोगेश चटर्जी) और जगदीश शर्मा भी उपस्थित थे। महाराज जी का प्रदर्शनात्मक व्यख्यान आयोजित हुआ। श्री सपन

सिन्हा ने तबले में महाराज जी के साथ संगत किया। महाराज जी का अभिनय-प्रदर्शन देखकर, सब पत्रकार झूम उठे। उनके ये शब्द थे–"महाराज जी आप अभी तक कहाँ थे? हमने आज समझा है कि कत्थक है क्या, अन्यथा इसे हम लोग मुगल शैली एवं महफिल का नाच और केवल मनोरंजन का साधन समझते थे।" महाराज जी ने उक्त अवसर पर बताया कि कत्थक मंदिरों का नृत्य है, महफिलों का नहीं। यह भी बताया कि यह नृत्य कैसे मंदिरों से महफिलों में पहुँचा। दोनों शैलियों को उन्होंने अलग-अलग हाव-भाव एवं मुद्राओं के द्वारा प्रदर्शित किया। वहाँ उपस्थित सभी पत्रकारों ने महाराज जी का साक्षात्कार लिया। भारतवर्ष के प्रत्येक बड़े समाचार पत्रों में महाराज जी की प्रशंसा प्रकाशित हुई।[13]

महाराज जी लखनऊ में अकेले ही रुके रहे और उस वृद्धावस्था में अनेक कठिनाइयों का सामना करते हुए सन् 1972 में कत्थक केन्द्र की स्थापना करने में सफल हुए। (चित्र नं. 20, 21) प्रारम्भ में महाराज जी को केवल एक हजार रुपए वेतन मिलता था, जो उनके जैसे महान् गुरु के लिए बहुत कम था। महाराज जी कत्थक-केन्द्र की स्थापना आर्थिक लाभ के लिए नहीं कराये थे। अपितु वे चाहते थे कि मरने से पहले लखनऊ में कुछ उच्च-कोटि के कलाकार तैयार करें। त्याग एवं तपस्या के साथ जीवन के अंतिम क्षणों तक इसी महान् कार्य में जुटे रहे। महाराज जी के शब्दों में "अवस्थी जी और मेहरोत्रा साहब की बदौलत मैं फिल्म लाइन की हजारों रुपये की आमदनी छोड़कर फिर अपने घर वापस चला आया।"

कत्थक-केन्द्र की स्थापना होने के बाद पहली आवश्यकता सङ्गत कारों की पड़ी। महाराज जी ने अच्छे एवं घरानेदार संगीतकारों को चुन-चुन कर वहाँ नियुक्त किया। तबले में लखनऊ घराने के खलीफा आबिद हुसैन के विख्यात युवा गायक श्री धर्मनाथ मिश्रा को, सारंगी के लिए बांदा से बहादुर खां साहब एवं पखावज में पं. राजखुशीराम जी को नियुक्त किया गया। (चित्र नं. 23)

महाराज जी की वृद्धावस्था थी उन्हें मानसिक शान्ति एवं उपयुक्त सेवा की आवश्यकता थी, उन्होंने कपिला शर्मा को पत्र लिखा,

"मैं बहुत तकलीफ में हूँ, तुम यहाँ आ जाओ।" शशि सिन्हो ने भी पत्र द्वारा महाराज जी की स्थिति से अवगत कराते हुए कपिला जी को लखनऊ आने का अनुरोध किया। इसी बीच सरकार द्वारा महाराजजी से नृत्य सीखने के लिए एक छात्रवृत्ति स्वीकृति हुई। कपिला जी को छात्रवृत्ति देने का निर्णय हुआ। प्रथमतः यह 250 रूपये की मासिक छात्रवृत्ति कपिला शर्मा को प्राप्त हुई और महाराज जी की मृत्यु तक उनके साथ ही उनकी सेवा करते हुए रहीं। कपिला शर्मा महाराज जी की पत्नी रमादेवी की बहन अर्थात् महाराज जी की साली हैं।

प्रारम्भ में लखनऊ कत्थक केन्द्र के विद्यार्थी, कपिला शर्मा, कुमकुम श्रीवास्तव, ओमप्रकाश, मीना नन्दी, जगदीश शर्मा आदि थे। कुछ ही दिनों के बाद कुमकुम घर भी आ गई थीं। जगदीश शर्मा तो थोड़े दिन तक सीखकर चले गये किन्तु शेष इन छः विद्यार्थियों को महाराज जी ने बहुत परिश्रम करके तैयार किया।

कत्थक केन्द्र में अध्यापन कार्य करते हुए महाराज जी देश के कई शहरों में अपनी शिष्या कपिला शर्मा, के द्वारा अपने नवीन प्रयोगों का प्रचार करते रहे। कपिला शर्मा उस समय तक एक उच्च कोटि की कलाकार बन चुकी थीं, क्योंकि मुम्बई में उन्हें सात वर्ष की उम्र से ही महाराज जी के सान्निध्य में शिक्षा प्राप्त करने का सौभाग्य मिला था। मुम्बई के सुर-सिंगार संसद द्वारा आयोजित "हरिदास सम्मेलन" में भी उनका नृत्य प्रदर्शन हो चुका था। कत्थक केन्द्र की अन्य लड़कियाँ तो महाराज जी से अभी सीख ही रहीं थीं इसलिए महाराज जी के पास जितने भी कार्यक्रम आते, इनमें वे कपिला जी का ही नृत्य आयोजित होता था और अंत में स्वयं बैठकर भाव प्रदर्शित करते थे।

सन् 1973 की दीपावली की छुट्टियों में खैरागढ़ विश्वविद्यालय के व्याख्याता श्री पी.डी. आशीर्वादम् लच्छू महाराज जी से नृत्य सीखने के लिए लखनऊ गये। महाराज जी तब झाउलाल पुल-स्थित अपने पूर्वजों के मकान में ही रहते थे। "जब वे गये तब महाराज जी फर्श के उपर अपने बिस्तर में बैठकर डायरी लिख रहे थे। कपिला शर्मा एक कोने में

पंप वाले स्टोव पर खाना बना रही थी। उस कमरे में लकड़ी के प्रेम में एक दर्पण था और एक दो टिन के संदूक थे। इससे प्रतीत होता है कि महाराज जी ने लखनऊ में अपनी गृहस्थी नये सिरे से जमायी मृत्यु के समय उनके पास गैस-चूल्हा, डबल बेड पलंग, कूलर, सोफा-सेट, फ्रिज, मिक्सी, ढेर सारे बर्तन, टेलीफोन और बैंक में तीस चालीस हजार रुपये जमा थे। ये इन सब सामानों को महाराज जी ने केवल चार वर्षों में अपने वेतन से क्रय किया था। वे बताना चाहते थे कि उस उम्र में भी वे बहुत कुछ कर सकते हैं। वे कार भी खरीदने वाले थे किन्तु हाथ कांपने के कारण उस विचार से विमुख होना पड़ा।"[14]

आशीर्वादम् जी ने महाराज जी से नृत्य सीखने की इच्छा व्यक्त की तो महाराज जी ने कहा-"मेरे पास समय नहीं है, मैंने अभी-अभी कत्थक केन्द्र का प्रारम्भ किया है। एक बैले भी सेट करना है।" परन्तु आशिर्वादम् जी ने महाराज जी को मना लिया।

उसके बाद महाराज जी की मृत्यु तक वे दीपावली एवं गर्मी की छुट्टियों में लगातार लखनऊ जाते रहे और महाराज जी के घर में ही रहकर उनसे कत्थक नृत्य का अध्ययन करते रहे। महाराज जी उनको पुत्रवत् प्यार करने लगे थे।

कत्थक केन्द्र स्थापित होने के पश्चात् महाराज जी अपने शिष्यों में से कपिला शर्मा एवं ओम प्रकाश की कथक-युगलबंदी-रविन्द्रालय में कराये जो अत्यंत सफल हुआ और इससे कत्थक केन्द्र को पर्याप्त प्रसिद्धि मिली।

रायपुर का नृत्य-कार्यक्रम

सन् 1974 में मध्य प्रदेश के रायपुर शहर में महाराज जी द्वारा एक ऐतिहासिक कार्यक्रम प्रस्तुत किया गया था। उस समय इंदिरा कला संगीत विश्वविद्यालय, खैरागढ़ के उप-कुलपति स्व. श्री एस.एस. पांडे थे, जो सांस्कृतिक-कार्यक्रमों में बहुत रुचि लेते थे और रायपुर के कमला देवी संगीत महाविद्यालय के प्राचार्य डॉ॰ अरुण कुमार सेन, महाराज जी

के मित्र और प्रशंसक थे। डॉ॰ आशीर्वादम के प्रयासों के परिणाम स्वरूप महाराज जी की शिष्या कपिला शर्मा का नृत्य कार्यक्रम इंदिरा कला संगीत विश्वविद्यालय, खैरागढ़ एवं कमला देवी संगीत महाविद्यालय, रायपुर के तत्वावधान में रायपुर के रंग मंदिर में रखा गया। ये कार्यक्रम दो दिन का था। पहले दिन खैरागढ़ और रायपुर की छात्राओं का मिला-जुला कार्यक्रम था। जिसका निर्देशन स्वयं डॉ॰ आशीर्वादम् ने किया था, दूसरे दिन कपिला शर्मा का कत्थक नृत्य एवं महाराज जी के भाव-प्रदर्शन का कार्यक्रम आयोजित था। (चित्र नं. 24, 25, 26)

उस कार्यक्रम में महाराज जी के साथ कपिला शर्मा के अतिरिक्त मीना नंदी, तबले के लिए श्री आफ़ाक हुसैन खां साहब, सारंगी में बहादुर खां साहब, गायन में श्री धर्मनाथ मिश्रा जी तथा पखावज में ओमप्रकाश मिश्र उर्फ बच्चा बाबू आये थे। कार्यक्रम के दर्शकों में मध्य प्रदेश के भूतपूर्व मुख्यमंत्री पं. श्यामाचरण शुक्ल एवं उनका परिवार, स्व. महंत लक्ष्मी नारायण दास जी, रविशंकर विश्वविद्यालय, रायपुर के कुलपति श्री दीक्षित, खैरागढ़ विश्वविद्यालय के उप-कुलपति श्री एस.एस. पांडे, कमला देवी संगीत महाविद्यालय के प्राचार्य डॉ॰ अरुण कुमार सेन एवं उनकी धर्मपत्नी डॉ॰ श्रीमती अनिता सेन, श्रीराम संगीत महाविद्यालय, रायपुर के प्राचार्य स्व. श्री वी.के. जोशी, विख्यात संगीतज्ञ स्व. डॉ॰ परांजये एवं नगर के सब संगीत प्रेमी उपस्थित थे।

दूसरे दिन के कार्यक्रम में कपिला जी ने मनमोहक कार्यक्रम प्रस्तुत किया, जिसमें गुरु-वंदना, थाट, आमद के कई प्रकार, राग मालकौस में चतुरंग, महाराज जी द्वारा-रचित कुछ छंद और कवित्त्व, गत निकास, गत भाव, अर्धनारीश्वर, ठुमरी पर भाव, द्रौपदी वस्त्र हरण एवं ततकार आदि का समावेश था। इस कार्यक्रम के बीच में मीना नंदी का पन्द्रह बीस मिनट का कत्थक प्रदर्शन था। उसे भी लोगों ने बहुत सराहा। अंत में महाराज जी द्वारा उत्कृष्ट भाव प्रदर्शन प्रस्तुत किया गया। सारा कार्यक्रम संगीतमय था। दर्शकों को कत्थक की सम्पूर्ण परम्परागत प्रस्तुतियों को शुद्ध रूप से देखने का अवसर मिला। सभी गणमान्य व्यक्तियों एवं विद्वानों ने कार्यक्रम की भूरि-भूरि प्रशंसा की। इसके पूर्व

भी रायपुर में कई बड़े-बड़े कलाकारों के कार्यक्रम हो चुके थे, जो कत्थक के तोड़े, टुकड़े, परन, चक्करदार आदि पर ही अधिक निर्भर होते थे। कार्यक्रम को देखने के लिए रायपुर के आसपास के शहरों से भी कई लोग आये थे। कार्यक्रम के बाद सभी विद्वानों ने मंच पर आकर महाराज जी एवं उनके साथियों को बहुशः साधुवाद दिया।

उन्हीं दिनों की एक और रोचक घटना है– महाराज जी रायगढ़ दरबार में श्री बर्मन लाल जी को नृत्य सिखाते थे। वे पुत्रवत उनसे प्यार करते थे। ये बात सन् 1935 से पूर्व की थी। "लगभग चालीस वर्ष बाद महाराज जी के रायपुर आगमन की बात अखबारों में पढ़कर बर्मन लाल रायगढ़ से पैदल रायपुर पहुँच गये। थे। गुरु शिष्य मिलन का ऐसा भावुक दृश्य लोगों ने देखा, जिसका वर्णन करना कठिन है। बर्मन लाल जी महाराज जी के चरणों को छूकर खूब रोये। रायगढ़ दरबार की मनोरञ्जक घटनाओं का दोनों स्मरण करते रहे। जब तक महाराज जी रायपुर में रहे, बर्मन लाल जी उन्हीं के साथ उसी विश्राम गृह में रुके रहे।"[15]

महाराज जी एवं उनकी पार्टी को रायपुर के सिविल लाइन में स्थित विश्राम गृह में ठहराया गया था। सुबह शाम कई पत्रकार एवं गणमान्य व्यक्ति वहाँ जाकर महाराज जी से मुलाकात करते और नृत्य से सम्बंधित कई प्रश्न पूछते। महाराज जी के साथ जब डॉ॰ अरुण कुमार सेन एवं डॉ॰ परांजये जी बैठे थे, डा. सेन ने महाराज जी से पूछा–"आशिर्वादम् को आपके पास सीखने भेजा था, उनके बारे में आपका क्या विचार है।" महाराज जी ने कहा–"अब इस उम्र में वह क्या नाचेगा, मगर उसे एक समपूर्ण गुरु अवश्य बनाऊंगा।"

महाराज जी कार्यक्रम में अधिक पारिश्रमिक नहीं लेते थे। सुविधा अनुसार जितना प्राप्त होता था उसे स्वीकार कर लेते थे। उनका मुख्य ध्येय नवीन प्रयोगों से युक्त कत्थक नृत्य का प्रचार करना था।

रायपुर के इस कार्यक्रम से छत्तीसगढ़ के कत्थक इतिहास में एक नया अध्याय जुड़ गया। पहली बार लोगों ने जाना कि कत्थक नृत्य में संगीत का कितना महत्त्व है। वंदना, चतुरंग, तराना, ठुमरी, भजन एवं

गजल आदि के अभिनय-प्रधान प्रयोग से महाराज जी द्वारा निर्दिष्ट कत्थक नृत्य अद्वितीय हो उठा था। कत्थक-नृत्य को महाराज जी ने संगीत एवं भाव-प्रधान बनाकर प्रचार किया। 6 फरवरी 1974 को अवध कल्चरल सोसाइटी, लखनऊ की ओर से मिनी रवीन्द्रालय में महाराज जी का प्रदर्शनात्मक व्याख्यान रखा गया था, जिसमें महाराज जी के व्याख्यान के साथ कपिला शर्मा का नृत्य प्रदर्शन था। इस अवसर पर उपस्थित पत्रकारों, संगीतकारों एवं लखनऊ के गणमान्य व्यक्तियों की उपस्थिति में महाराज जी ने कत्थक के इतिहास, तकनीक एवं दर्शन के संबंध में अपने विचार व्यक्त किये और कला एवं कलाकारों के आर्थिक सुधार के सुझाव भी दिये थे। आगे इसकी विस्तृत जानकारी दी गई है।

सन् 1974 में गर्मी के मौसम में एक दिन मालविका सरकार के पिता जी महाराज जी से मिलने आये, उन्होंने अपनी लड़की को नृत्य की शिक्षा दिलाने की इच्छा प्रकट की। यहाँ से महाराज जी की शिष्य परम्परा में मालविका सरकार भी जुड़ गई।

सन् 1974 में ही शशि भारद्वाज भी महाराज जी के पास सीखने आईं। इस प्रकार लखनऊ कत्थक केन्द्र का श्रेष्ठ एवं योग्य नृत्यदल बन गया था, जिसमें कपिला शर्मा, कुमकुम धर, मालविका सरकार, शशि भारद्वाज, कुमकुम श्रीवास्तव एवं ओमप्रकाश सम्मिलित थे। और आशीर्वादम जी ने अपनी प्रौढ़ावस्था में भी पूर्ण समर्पण भाव से महाराज जी के सान्निध्य में नृत्य की शिक्षा ग्रहण करके एक सुयोग्य नृत्य गुरु बनने की पात्रता अर्जित की।

कुछ समय बाद महाराज जी को झाऊलाल पुल स्थित अपने पुरखों के मकान को छोड़ना पड़ा। ये उनके जीवन का अत्यंत दु:खद समय था। उस समय विक्रम सिंह लखनऊ में अकेले रहते थे, उनके अनुरोध पर दूसरी व्यवस्था होने तक महाराज जी उनके घर ख्यालीगंज में रहे। वहाँ पर भी असुविधा होने के कारण कुछ दिन बाद ही कपिला शर्मा एवं उनकी माँ को विक्रम सिंह के यहाँ छोड़कर महाराज जी कुमकुम धर के यहाँ रहने चले गये। उस समय धर-साहब बटलर पैलेस

के पास रहते थे। उन्होंने महाराज जी का प्रसन्नता से स्वागत किया। महाराज जी ने कहा– हम तो सामान लेकर आ गये हैं, किन्तु लखनऊ शरीफ-लोगों के रहने लायक नहीं है उस समय वे चिंतित और आक्रोश में थे। "इतने आवेश एवं मानसिक असंतुलन में भी उनकी दिन-चर्या पूर्ववत् संयमित थी।"[16] इस बीच एक दुर्घटना घटी, विक्रम सिंह के यहाँ एक नौकर था– जीवन। वह बहुत सुनियोजित ढंग से कपिला शर्मा के बहुमूल्य आभूषणों एवं महाराज जी के कई सामानों की चोरी करके भाग गया। कोतवाली में रिपोर्ट किया गये। कुमकुम धर के घर महाराज जी को फोन किया कि "आपके सामानों की चोरी हो गयी है।" महाराज जी ने कहा "मेरा रोलीफ्लैक्स कैमरा है या नहीं?" उन्होंने कहा–"वह तो है लेकिन आप आ जाइये, रिपोर्ट करना है।" महाराज जी ने कहा कल सुबह आऊँगा जो गया सो गया" उनको सोना-चांदी, रुपये-पैसे किसी से मोह नहीं था, कैमरा पूछ रहे थे क्योंकि उन्हें फोटोग्राफी का बहुत शौक था।

लखनऊ में प्रारम्भ के दो-तीन वर्ष कपिला शर्मा ग्रीष्मावकाश प्रारंभ होते ही अपनी माँ एवं बहनों के पास चली जाती थीं। महाराज जी जब गुलिस्तां कालोनी में रहने लगे तब कपिला जी की माँ भी लखनऊ में ही आकर रहने लगीं। और कपिला जी भी छुट्टियाँ लखनऊ में ही बिताने लगी थी। कपिला जी के बंबई जाने के बाद डा॰ आशीर्वादम महाराज जी के लिए भोजन आदि होटल से लाते थे और पूरे समय साथ रहकर उनकी सेवा करते थे। इन छुट्टियों में मीना नंदी, कुमकुम श्रीवास्तव आदि भी महाराज जी के पास आया जाया करते थीं। एक बार की गर्मी की छुट्टी में कुमारी मंगला नाटू (सविता गोड़बोले) महाराज जी के लिए प्रतिदिन अच्छे-अच्छे पकवान बनाकर लाती थीं। महाराज जी ने उन्हें 'एक-हत्थी-परन' की भी शिक्षा प्रदान की थी।

राजखुशीराम जी महाराज जी के कार्यक्रमों में पखावज बजाते थे। ये एक कुशल पखावज वादक हैं। इनकी अमीनाबाद में एक दुकान है– 'लिबर्टी साड़ी सेंटर' महाराज जी एवं कपिला शर्मा जब अमीनाबाद की ओर निकलते तो प्रायः इनकी दुकान में आ जाते थे। महाराज जी को

वृद्धावस्था में किसी पुरुष साथी की आवश्यकता थी। राजखुशीराम जी महाराज जी की बहुत आदर करते थे एवं महाराज जी भी उन्हें बहुत चाहते थे और उन पर भरोसा भी करते थे वे महाराज जी के पारिवारिक सदस्य के रूप में कार्य करते थे।

सन् 1974 में महाराज को उत्तर प्रदेश संगीत नाटक अकादमी अवार्ड से सम्मानित किया गया। इसी वर्ष अर्थात् सन् 1974 में भारत सरकार द्वारा उन्हें "पद्म श्री" की उपाधि देने की घोषणा की गई और उनसे सम्मति मांगी गयी। "महाराज जी ने उपाधि लेने से इंकार कर दिया उन्होंने कहा कि भारत सरकार यह अलंकरण देकर मुझे सम्मानित करेंगे। या अपमानित करेगी? हर कलाकार की अपनी एक अलग विशेषता होती है, वह विशेषता उस कलाकार के नाम से जानी जाती है। ऐसी स्थिति में पहुँचने पश्चात् व्यक्ति को ऐसे "पदमश्री" दिये जाएंगे तो उसका अपमान है। उन्होंने यह सुझाव भी दिया था कि वास्तव में कलाकारों को सम्मानित करना है तो जैसे सेना में वीरता के लिए शौर्य-वीर, परमवीर चक्र आदि दिये जाते हैं वैसे ही कलाकारों को कला श्री, कला पदम्, कला विभूषण, इस तरह की उपाधियाँ देनी चाहिए। जिससे ये ज्ञात हो कि आप किसी वर्ग विशेष या कलाकार विशेष को सम्मानित कर रहे हैं। हर एक को बराबर दर्जे में रखा नहीं जा सकता।"[17] इसी अवसर पर उन्होंने बाल रविन्द्रालय लखनऊ में एक संवाददाता सम्मेलन को सम्बोधित करते हुए कहा "सरकार को हम कलाकारों का इस तरह से अपमान करने का कोई हक नहीं है। वर्षों पहले मेरे कई शिष्यों को पदमश्री दे दी गई और अब मुझसे पूछा जाता है कि आप "पदम श्री" लेंगे। लानत है ऐसे सरकारी अलंकरणों पर जो कलाकार की भावना पर कुठाराघात करे। मुझे ऐसा कोई अलंकरण और सरकारी सहायता नहीं चाहिए, जिससे 'मेरे कलाकार' को ठेस लगे। फिल्मों से लौटा हूँ, अपने प्यारे वतन लखनऊ को। अच्छा पैसा लाया हूँ, किसी के सामने हाथ फैलाने की मुझे जरूरत नहीं। मैंने कत्थक नृत्य के क्षेत्र में कुछ नयी खोज की है, जिसे मेरी शिष्या कु० कपिला शर्मा दिखाएंगी"। उस सम्मेलन में कपिला शर्मा ने महाराज जी के नवीन प्रयोगों का प्रदर्शन किया।

8 नवम्बर, सन् 1975 को "सुर सिंगार अकादमी" बंबई द्वारा अपने दीक्षांत समारोह में महाराज जी को संगीत कला में अपनी साधना से श्रेष्ठ स्थान प्राप्त करने के लिए "शारंगदेव फेलोशिप" प्रदान की गयी थी।

इलाहाबाद का कार्यक्रम

एक बार इलाहाबाद में प्रयाग संगीत समिति की ओर से कपिला शर्मा का कार्यक्रम था, जिसमें उन्हें स्वर्ण-पदक प्राप्त हुआ। राम-सहाय जी प्रयाग संगीत समिति के अध्यक्ष थे। वे 50-60 संगीत रसिकों के समक्ष एक विशिष्ट कार्यक्रम सम्पन्न कराते थे, और कलाकारों की सेवा भी करते थे। उन्हीं की गोष्ठी में ठाकुर जयदेव सिंह, प्रयाग संगीत समिति के रजिस्ट्रार बनवारी लाल और लालजी श्रीवास्तव आदि सभी बुजुर्ग और गुणी लोग सामने बैठे थे। महाराज जी "कोउ कहो जाये इतना संदेशवा" इस ठुमरी पर भाव प्रस्तुत करने लगे। उस सजीव भाव प्रदर्शन से वहाँ बैठे सभी विद्वज एक अलौकिक रस धारा से विमग्न हो उठे। ठाकुर जयदेव सिंह की आंखों से आंसू टपकने लगे। इस प्रकार महाराज जी का वह मनोरम अभिनय मान्य मनीषियों के द्वारा भूरिशः प्रशंसित हुआ।

रायपुर का दूसरा कार्यक्रम

रायपुर में कमला देवी संगीत महाविद्यालय के रजत जयंती समारोह में महाराज जी को फिर से रायपुर आमंत्रित किया गया। महाराज जी के साथ इस बार कपिला शर्मा, मालविका सरकार, कुमकुमधर और ओम प्रकाश मिश्र आए थे। ओम प्रकाश मिश्र जी को महाराज जी अपनी सेवा के लिए साथ लाये थे। संगतकारों में : गायन में धर्मनाथ मिश्रा, सारंगी में बहादुर खाँ साहब और तबले में अहमद भाई थे। नृत्य का मुख्य कार्यक्रम कपिला जी का ही था। कुमकुम धर ने कृष्ण रूप में अभिनय किया था। मालविका सरकार का 15-20 मिनट का कत्थक एकल प्रदर्शन भी था सहृदय दर्शकों द्वारा पर्याप्त प्रशंसित हुआ।

महाराज जी दोहों पर भाव बताना चाहते थे, किन्तु थोड़ा-सा विघ्न हो गया। कपिला जी के कार्यक्रम के बीच में महाराज जी के पान समाप्त हो गये। उन्होंने डॉ॰ आशीर्वादम को पान लेने भेजा, धोखे से पान वाले ने ज्यादा चूना लगा दिया फलतः महाराज जी का मुँह जल गया और उन्हें गाने में कठिनाई होने गली। इसके लिए वे अपने शिष्य आशीर्वादम जी को मञ्च पर ही गालियाँ देने लगे। और दर्शकों से क्षमायचना करते हुए बोले "आज मैं बहुत भाव बताना चाहता था लेकिन इसने ऐसा पान खिलाया कि पूरा मुँह जल गया।" उन्होंने तीन चार भाव बताकर ही कार्यक्रम समाप्त किया।

कार्यक्रम के मुख्य अतिथि बंबई के "सुर सिंगार संसद" के डायरेक्टर श्री ब्रज नारायण जी थे, साथ में उनकी धर्मपत्नी भी थी। कार्यक्रम समाप्त होने के पश्चात् सभी कलाकार स्टेशन के पास सत्यनारायण धर्मशाला पहुँचे। महाराज जी अपनी शिष्याओं एवं संगतकारों के साथ बहुत प्रसन्न थे।

रायपुर के कार्यक्रमों की सफलता से आसपास के क्षेत्रों में महाराज जी चर्चित हो गये और सन् 1975 में इंदिरा कला संगीत विश्वविद्यालय खैरागढ़ में महाराज जी और कपिला शर्मा का नृत्य का कार्यक्रम रखा गया। उस समय वहाँ के उप-कुलपति स्व. श्री गुलाब चंद जैन थे। किसी कारणवश महाराज जी तो नहीं आ सके लेकिन कपिला शर्मा और कुमकुम श्रीवास्तव आयीं थीं। संगतकारों में, गाने में सेतु भैया, तबले में इल्मास खाँ साहब, सारंगी में बहादुर खाँ साहब और पखावज में श्री राज खुशी राम जी आये थे। विश्व विद्यालय के अंदर खुले मंच पर कपिला जी का कार्यक्रम हुआ। कार्यक्रम लोगों को इतना रुचिकर लगा कि दूसरे दिन विश्वविद्यालय के ही 'दरबार हाल' में उनका प्रदर्शनात्मक व्याख्यान आयोजित किया गया। जिस में व्याख्यान डॉ॰ आशिर्वादम् ने दिया और प्रदर्शन कपिला शर्मा ने किया। लोगों को यह कार्यक्रम अत्यन्त उपयोगी लगा। क्योंकि इससे महाराज जी के नवीन प्रयोगों को पूर्ण रुपेण समझने का अवसर मिला।

विक्रम सिंह के मकान में महाराज जी के सामान चोरी होने के बाद वे लखनऊ छोड़कर बम्बई जाने की बात करने लगे। यह सौभाग्य था लखनऊ का कि उस समय डॉ. एम. चेन्ना रेड्डी उत्तर प्रदेश के राज्यपाल थे। महाराज जी ने उनसे मिलकर पूरी बात बतायी। उस समय शशि सिन्हा महाराज जी के साथ थे। डॉ० चेन्नारेड्डी ने कहा–"चेन्नारेड्डी जब तक यहाँ है, लच्छू महाराज लखनऊ नहीं छोड़ सकते। टी.एन. धर साहब (जो उस समय मुख्यमंत्री के सचिव थे) ने भी महाराज जी को मकान दिलाने का भरसक प्रयत्न किया। धर साहब और शशि सिन्हा के प्रयास एवं डॉ० चेन्नारेड्डी की सहृदयता से महाराज जी को गुलिस्तां कालोनी में 46 नं० का मकान मिल गया, जहाँ आई.ए.एस. एवं आई.पी. एस आफिसर रहते हैं। इस मकान में आने के बाद महाराज जी के दिन निश्चिन्त कला साधना में व्यतीत होने लगे। महाराज जी के मित्रों एवं शिष्यों ने मिलकर गुलिस्ता कालोनी में ही गुरु लच्छू महाराज नृत्य निकेतन के नाम से एक संस्था का शुभारंभ किया। जिसमें शिक्षण कार्य का दायित्व कु. मालविका सरकार को सौंपा गया (चित्र नं. 27)।

लखनऊ राजभवन में कार्यक्रम

18 अप्रैल, सन् 1976 को लखनऊ राजभवन में महाराज जी एवं उनकी शिष्याओं द्वारा कार्यक्रम प्रस्तुत किया गया। कार्यक्रम रात एक-डेढ़ बजे तक चला। (चित्र 28, 29 एवं 30) राज्यपाल महोदय ने पूरा कार्यक्रम देखा। राजभवन के इस कार्यक्रम की अपनी एक विशिष्टता है। इसके कारण एक नये प्रयोग का शुभारंभ हुआ। कार्यक्रम के आशीर्वचन के रूप में डॉ० चेन्नारेड्डी ने कहा कि कलाकार का योगदान राष्ट्रीय एकता में महत्वपूर्ण सिद्ध हो सकता है। कलाकार और कला में वह क्षमता है कि प्रान्तादि के भेदभाव स्वतः समाप्त हो जाते हैं। उदाहरण के लिए दक्षिणवासी हिन्दी नहीं समझते लेकिन क्या वे हिन्दुस्तानी संगीत या कत्थक की प्रशंसा नहीं करते। इसलिए कलाकारों के लिए हमारा संदेश है कि अपनी कला का राष्ट्रीय एकता के लिए प्रयोग करें। यह बात महाराज जी के मन में घर कर गई और उन्होंने "कत्थक में भरतनाट्यम

और भरतनाट्यम में कत्थक" के नाम से एक नया प्रयोग किया। उनकी शिष्या शशि भारद्वाज को भरतनाट्यम का ज्ञान है। महाराज जी ने भरतनाट्यम के "अड़वुओं" (स्टेप्स) को कत्थक के बोलों में प्रस्तुत करने का सफल प्रयास किया। कपिला शर्मा कत्थक के बोल बोलती थीं और शशि भारद्वाज महाराज जी के निर्देशन में उन्हीं बोलों को भरतनाट्यम शैली में प्रस्तुत करती थीं। यह प्रस्तुति तैयार होने के बाद एक अवसर आया। लखनऊ में "इंटरनेशनल बाटनीस्ट्स" की एक कान्फ्रेंस हो रही थी, उसके प्रतिनिधियों के मनोरंजन के लिए "नेशनल बाटोनिकल गार्डेन" के खुले मंच में एक सांस्कृतिक कार्यक्रम का आयोजन किया गया। (चित्र 31) इसमें केवल महाराज जी और उनकी शिष्यायें कपिला शर्मा, कुमकुम धर, मालविका सरकार और शशि भारद्वाज का कत्थक का कार्यक्रम था। मुख्य अतिथि राज्यपाल डॉ० एम. चेन्ना रेड्डी थे। महाराज जी के कार्यक्रम का संचालन शशि सिन्हा ने किया। उन्होंने राज्यपाल महोदय को सम्बोधित करते हुए कहा "आपके निर्देशानुसार महाराज जी ने एक नवीन प्रयोग किया है जो राष्ट्रीय एकता का प्रतीक हो सकता है" जिसे देखकर कार्यक्रम के बाद राज्यपाल चेन्नारेड्डी महाराज जी को गले लगा लिया। इस कार्यक्रम में श्रीमती पदमा सुब्रमण्यम भी उपस्थित थी। ये प्रयोग भारतीय नृत्य कला को महाराज जी का एक योगदान कहा जा सकता है। इसके बाद कई लोगों ने इस प्रयोग को किया, किन्तु कोई स्थायी परिणाम नहीं निकला।

कत्थक केन्द्र की स्थापना के बाद प्रतिवर्ष एक सितम्बर के दिन केन्द्र के विद्यार्थियों द्वारा महाराज जी का जन्मदिवस बड़ी धूमधाम से मनाया जाता था। इस समारोह की परम्परा महाराज जी के मृत्यु पर्यन्त चलती रही। सम्मिलित होने के लिए हर वर्ष डॉ० आशिर्वादम् लखनऊ जाते थे। उन्होंने बताया कि एक सितम्बर के दिन महाराज जी स्नानादि से निवृत्त होकर नये वस्त्र धारण करके कत्थक केन्द्र पहुँच जाते थें।

महाराज जी के सभी शिष्यों में अपूर्व उत्साह दिखाई पड़ता था। चपरासी बुद्धसागर आम की पत्तियाँ तोड़कर लाता था। शिष्यगण तोरण बनाकर लगाते थे। हर कोई किसी न किसी काम में व्यस्त हो उठता था।

सभी भाई बहन के रिश्ते में बंधे हुए थे और महाराज जी उस परिवार के मुखिया लगते थे। सब अपने-अपने टिफिन में महाराज जी के लिए मिठाई, पकवान आदि कुछ न कुछ लेकर आते थे। महाराज जी को उनके टेबल में परोसने के बाद सब मिलकर खाते थे।

शाम को पांच बजे मेहमानों का आना प्रारंभ हो जाता था। प्राय: सांस्कृतिक सचिव श्री शिरोमणी शर्मा मुख्य अतिथि रहते थे। अनेक अधिकारी बड़े-बड़े कलाकार एवं पत्रकार आदि उस अवसर पर उपस्थित होते थे। हर लड़की आधा पौन घंटा कत्थक प्रस्तुत करतीं थीं। सबके बाद कपिला शर्मा अपना नृत्य कौशल दिखाती थीं। अन्त में महाराज जी का भाव-प्रदर्शन होता था (चित्र नं. 32)। कार्यक्रम समाप्त होते तक लगभग बारह बज जाते थे। उस दिन उस छोटे से कक्ष में कत्थक का जो माहौल बनता था वैसा कहीं भी देखने को नहीं मिलता। इसकी कल्पना प्रत्यक्षदर्शी ही कर सकते हैं। दर्शक भावविभोर हो जाते हर वर्ष नये-नये प्रयोग होते थे। महाराज जी बहुत भावुक हो उठते थे।

डाक्टरेट की मानद उपाधि

22 जनवरी सन् 1978 को इंदिरा कला संगीत विश्वविद्यालय, खैरागढ़ द्वारा दीक्षांत समारोह में गुरु लच्छू महाराज जी को कत्थक जगत में उनके अमूल्य योगदान के लिए 'डाक्टरेट' की मानद उपाधि प्रदान की गई। (चित्र 34) सौभाग्य से उस समय विश्वविद्यालय के उप-कुलपति डॉ॰ अरुण कुमार सेन थे (चित्र नं. 38 एवं 39)। दीक्षांत समारोह के प्रथम दिवस बिन्दादीन स्मृति दिवस के रूप में मानाया गया। (चित्र 40) महाराज जी के साथ उनकी शिष्याओं में कपिला शर्मा, कुमकुम धर, शशि भारद्वाज और मालविका सरकार आई थीं। इस समारोह में महाराज जी एवं उनकी शिष्याओं का विशेष कार्यक्रम था। मालविका सरकार ने अस्वस्थ होने के कारण नृत्य नहीं किया। कार्यक्रम के लिए महाराज जी ने बहुत तैयारी की थी। संगतकारों में गायन के लिए सेतु जी, तबला के लिए इलमास खाँ साहब, सारंगी के लिए बहादुर खाँ साहब एवं पखावज

के लिए श्री राज खुशीराम जी आये थे। कार्यक्रम में लय तरंग नामक नवीन प्रयोग प्रशंसित हुआ। शिष्यों के नाचने के बाद महाराज जी ने भाव प्रदर्शन किया। पूरा कार्यक्रम बहुत अधिक सफल रहा। खैरागढ़ की जनता आज भी उस कार्यक्रम को याद करती है। दीक्षांत समारोह में महाराज जी ने भाषण भी दिया (चित्र 35)। तत्कालीन केन्द्रीय शिक्षा मंत्री श्री प्रताप-चन्द्र चंदर मुख्य अतिथि थे।

लखनऊ में नृत्य नाटिकाएं :

लखनऊ में महाराज जी ने प्रथम नृत्यनाटिका 'चन्द्रावली' की रचना की। इसमे 'चन्द्रावली' की भूमिका में मालविका सरकार का अभिनय प्रशंसनीय रहा। कुमकुमधर ने ललिता की भूमिका का निर्वाह किया था। जोगन तथा कृष्ण के रूप में कपिला शर्मा ने अभिनय किया था। "चन्द्रावली" भारतेन्दु हरिश्चन्द्र का लिखा नाटक है। इसमें नृत्य की कोई गुंजाइश नहीं थी, लेकिन महाराज जी ने उसमें नृत्य का अंश बहुत ही कुशलता से पिरोया। नाटक के अंतर्गत यामिनी और कामिनी दो बालिकाएं हैं। उनकी चञ्चल प्रवृत्ति के अनुरूप नृत्य का समावेश कर दिया। एक अन्य स्थल पर जब चन्द्रावली कहती है देखो सखि, बादल घिर आये हैं, इस वाक्य के अनुरूप महाराज जी ने मेघ नृत्य की परिकल्पना की। अहो अहोबन के रूख कहो कहाँ मेरे पिया प्यारे" ऐसे विलाप करती हुई चंद्रावली के द्वारा धमार ताल में नृत्य प्रस्तुत कराये। इस तरह से नाटक को उन्होंने नृत्य नाटिका बना दिया। महाराज जी द्वारा निर्देशित यह नृत्य-नाटिका बहुत प्रसिद्ध हुई। इसके तीन प्रदर्शन हुए, पहला लखनऊ में, दूसरा दिल्ली एवं तीसरा बनारस में। बनारस में जब इसका प्रदर्शन हुआ तो हरिशचन्द्र जी की शिष्या, बिट्टी जी मञ्च पर आकर बोली "लच्छू महाराज जी इस नाटक को बहुत अच्छा रूप देकर जनता के सामने लाये हैं। इस तरह का प्रयोग कोई नाटककार भी नहीं कर सकता। यदि आज मेरे गुरुजी जीवित होते तो सम्भवतः वे मोहित हो जाते।[18] लखनऊ में महाराज जी ने गौत्तम बुद्ध नामक दूसरी नृत्यनाटिका की रचना की। इस को उन्होंने अथक परिश्रम करके केवल पन्द्रह दिनों

में पूर्ण किया। डॉ॰ त्रिलोकी नाथ वर्मा के पुत्र लक्षण वर्मा गौत्तम बुद्ध की भूमिका में थे। मालविका सरकार आम्रपाली बनीं थीं। कुमकुम धर ने एक नर्तकी का अभिनय किया था। यद्यपि इसमें भी नृत्य की संभावना नहीं थी, तथापि महाराज जी ने नृत्य का अंश देकर उसे नृत्य-नाटिका का स्वरूप दिया। यह महाराज जी की विशेषता थी कि कहानी में जहाँ संभावना न हो वहाँ भी नृत्य का यथोचित समायोजन कर देते थे।

'गौत्तम बुद्ध' बैले में जब बुद्ध एक शव, एक बीमार व्यक्ति एवं एक वृद्ध को देखकर लौटते हैं तो उनकी मानसिकता बदलने के लिए लक्ष्मी ताल में नृत्य का प्रयोग औचित्य सम्मत लगता है। वट-वृक्ष के नीचे सुजाता जब गौत्तम बुद्ध को खीर खिलाती है। वहाँ उसके द्वारा पन्द्रह मात्रा में नृत्य कथानक के अनुरूप सौन्दर्य सृष्टि में सहायक है। गौत्तम बुद्ध को विचलित करने के लिए जब वायु और मेघ आदि आते हैं वहाँ भी नृत्य का प्रयोग अत्यन्त उपयुक्त बन पड़ा है। आम्रपाली (मालविका सरकार) को धमार और त्रिताल में नचाकर नृत्यनाटिका का समापन होता है। लखनऊ के वार्षिकोत्सव के लिए श्री टी.एन. धर साहब के अनुरोध पर महाराज जी ने इस नृत्यनाटिका की रचना की थी। श्री टी.एन. धर साहब उस समय सांस्कृतिक सचिव एवं मुख्यमंत्री के भी सचिव थे।

महाराज जी को "पद्मावत", "रूपमती" "बाज बहादुर", "कामायनी" एवं "कनुप्रिया" पर नृत्य नाटिका बनाने की बड़ी इच्छा थी, जो अधूरी रह गई। बाद में 'रूपमती और बाजबहादुर' पर बिरजू महाराज ने नृत्यनाटिका बनायीं

सन् 1974 में कबीर शाह (मि॰ गुल मोहम्मद शाह जो लम्बे समय तक लखनऊ रेडियो स्टेशन के प्रोड्यूसर थे, के पुत्र) एवं अ-मानत लखनवी द्वारा निर्मित बैले 'इन्द्र सभा' में महाराज जी ने नृत्य-निर्देशन किया था। नाटक का भाग गुल मोहम्मद शाह ने निर्देशित किया था। ये नृत्यनाटिका अमानत लखनवी द्वारा लिखी गयी थी। संगीत विनोद चटर्जी का था। इसमें कपिला जी सब्ज परी, कुमकुम धर नीलम

परी, कुमकुम श्रीवास्तव लाल परी एवं विनोद चटर्जी की लड़की सुमना पुखराज परी की भूमिका में थीं। यह भी अपने ढंग की बहुत अच्छी नृत्यनाटिका थी। इसकी एक ही प्रस्तुति रवीन्द्रालय में हो पायी।

इसके अतिरिक्त जिन नाटकों में नृत्य से सम्बद्ध पात्र होते थे उसके निर्देशक भी महाराज जी के पास आते और उनके शिष्यों में से किसी को भेजने के लिए निवेदन करते। "यहूदी की लड़की" और "बड़े हुजूर" आदि नाटकों में उन्होंने अपने शिष्यों को भाग लेने की अनुमति दी वे स्वयं पूर्वाभ्यास में पूरे समय उपस्थित रहकर निर्देशकों को अपना अमूल्य परामर्श प्रदान करते थे।

लखनऊ के रवीन्द्रालय में आये दिन उच्च कोटि के नाटक होते थे। 'उत्तर प्रदेश संगीत नाटक अकादमी'-द्वारा हर वर्ष प्रादेशिक स्तर पर नाट्य-स्पर्धा आयोजित की जाती थी। नाटकों में विशेष रुचि होने के कारण महाराज जी हर वर्ष इस अवसर पर अवश्य उपस्थित रहते थे। वे रवीन्द्रालय में सम्पन्न होने वाले संगीत, नृत्य एवं नाटक का कोई कार्यक्रम छोड़ते नहीं थे। महत्वपूर्ण कार्यक्रमों के समय रवीन्द्रालय के सामने की प्रथम पंक्ति राष्ट्रीय स्तर के कलाकार जैसे महाराज जी, बेगम अख़्तर, गिरिजा देवी, सिद्धेश्वरी देवी एवं विशिष्ट अधिकारियों से सुशोभित हो उठती थी।

कत्थक के परिसंवाद

महाराज जी कत्थक की प्रगति एवं पुनरूद्धार से सम्बद्ध कार्यक्रमों में विशेष रुचि लेते थे। इन्होंने आजीवन प्राय: सभी कत्थक परिसंवादों में महत्त्वपूर्ण भूमिका का निर्वाह किया। कत्थक नृत्य का पहला और सफल परिसंवाद सन् 1969 में जयपुर में सम्पन्न हुआ। पं० गौरी शंकर के अनुसार परिसंवाद की रूप रेखा तैयार करने के लिए सन् 1967 में बम्बई में एक छोटा सम्मेलन बुलाया गया था, जिसमें स्व. गुरु लच्छू महाराज, श्रीमती सितारा देवी, कु. दमयन्ती जोशी और कुछ अन्य कलाकार भाग लिये थे। इसी सम्मेलन से कत्थक में परिसंवादों का सूत्रपात हुआ।

दूसरा सम्मेलन दिल्ली में बुलाया गया। उस समय 'कथक-केन्द्र' माता सुन्दरी रोड पर था। कथक केन्द्र में आयोजन की अनुमति न मिलने के कारण यह सम्मेलन, बिरजू महाराज के घर में आयोजित हुआ। स्व॰ लच्छू महाराज जी के साथ स्व. श्री शम्भू महाराज, स्व. श्री सुंदर प्रसाद जी, पं॰ बिरजू महाराज और श्री गौरी शंकर जैसे कत्थक के मूर्धन्य कलाकारों ने इस सम्मेलन में भाग लिया।

उपर्युक्त दो सम्मेलनों के पश्चात् जयपुर में अखिल भारतीय स्तर का पहला परिसंवाद सम्पन्न हुआ जिसका मुख्य उद्देश्य घरानों से सम्बद्ध मतभेदों एवं कलह से ऊपर उठकर पारस्परिक सहयोग की भावना से कत्थक का उन्नयन करना था इसमें स्व. गुरु लच्छू महाराज, स्व. गुरु शम्भू महाराज, स्व. श्री सुंदर प्रसाद जी , स्व. श्री हनुमान प्रसाद जी, पं॰ बिरजू महाराज, गौरी शंकर प्रसाद, श्री कृष्ण कुमार जी, श्रीमती रोहिणी भाटे, श्रीमती रानी कर्णा आदि को मिलाकर लगभग 83 गुरु, कलाकार और शिष्य सम्मिलित हुए। कत्थक के विषय में विद्वानों के अलग-अलग मत हैं, उनमें एक रूपता नहीं है। इसलिए इस सेमिनार में यह निश्चय किया गया कि कत्थक के विषय में एक मत होकर इसका एक प्राथमिक इतिहास तैयार किया जाये। इतिहास तैयार करवाने में आर्थिक एवं बौद्धि सहयोग देने की अपेक्षा केन्द्रीय संगीत नाटक अकादमी से की गई। 'राजस्थान संगीत नाटक अकादमी' को यह काम सौंपा गया कि वह केन्द्रीय अकादमी से उद्देश्य पूर्ति हेतु आग्रह करे। यह विश्वास व्यक्त किया गया कि दोनों अकादमियों सें की गई अपेक्षाएं सफल हुईं तो निश्चय ही यह देश की सांस्कृतिक धारा में एक क्रांतिकारी योगदान होगा।

कत्थक की सदियों पुराने इतिहास को कत्थक के मूर्धन्य कलाकारों ने एकमत होकर लिखवाने को सहमत हुए, यह जयपुर संगोष्ठी की क्रान्तिकारी उपलब्धि थी। ये संगोष्ठि चार दिन तक चली एवं चारों रातें घुंघरुओं के बीच बीती। फन के उस्ताद भाव मुद्रायें बताते व नाचते भी। पं॰ गौरीशंकर स्वयं नाचे। इस सेमिनार के रिपोर्ट में एक अखबार में यह छपा है-"उस्तादों के लिए उम्र क्या चीज है, लच्छू महाराज पहली

सितम्बर (1901) को पैदा हुए। आज भी वे अपने शरीर में विद्युत तरंगों जितनी तीव्र गति प्रादुर्भूत कर लेते हैं। उन जवानों के लिए वे आदर्श हैं जो चार तोड़े नाचने के बाद हांफने और पसीने छोड़ने लगते हैं।"

नृत्य का कार्यक्रम जयपुर के रवीन्द्र मंच में सम्पन्न हुआ। गुरुओं के अतिरिक्त पं० गौरीशंकर की शिष्या सिल्लो इरानी, पं० सुंदर लाल गंगानी की शिष्या रेखापतिका एवं गुरु लच्छू महाराज की शिष्या रोहिणी भाटे दक्ष यज्ञ एवं भूलत राधे नवल किशोर पर कुशल अभिनय के अतिरिक्त प्रफुल्ल पटेल, परेन्द्र पटेल, उर्मिला नागर, रानी कर्णा एवं उमा शर्मा आदि ने अपने नृत्य प्रदर्शन से उक्त संगोष्ठि में चार चाँद लगा दिये। पं० सुंदर प्रसाद जी का नवीन प्रयोग "पंचमुखी ताल माला" (14 मात्राओं में नगमाबांधकर घटी हुई लय पर प्रस्तुत कर चमत्कार पूर्ण नृत्य रचना, जिसमें पांच नृत्यकार अलग-अलग तोड़े नाचकर एक साथ सम पर आते हैं) बहुत सराहा गया।

इस ऐतिहासिक सेमिनार के सात वर्ष उपरांत **दिल्ली कत्थक केन्द्र** द्वारा केन्द्रीय संगीत नाटक अकादमी के तत्वाधान में एक अखिल भारतीय परिसंवाद का आयोजन 24 से 26 मार्च 1976 को आयोजित किया गया। (चित्र. 42 एवं 43) कत्थक केन्द्र के तत्कालीन निद्रेशक श्री गोपाल दास जी के अथक प्रयासों से यह सेमिनार भी सफल रहा। "कत्थक की स्थिति, समस्यायें एवं उनके निवारण के उपाय" इस सेमिनार का विषय था। इसमें निम्नलिखित विद्वानों ने हिस्सा लिया–

1. स्व० गुरु लच्छू महाराज, लखनऊ (चेयरमेन)
2. श्री गौरी शंकर, बंबई
3. श्री मोहनराव, कल्याणपुरकर, बंबई
4. कु० रोशन कुमारी, बंबई
5. श्रीमती रोहिणी भाटे, पूना
6. श्रीमती प्रभा मराठे, पूना
7. श्रीमती कुमुदिनी लाखिया, अहमदाबाद

8. श्री एस.एल. गंगानी, बरोड़ा
9. श्री पी.डी. आशिर्वादम्, खैरागढ़
10. श्रीमती रानी कर्णा, दिल्ली
11. डॉ० श्रीमती कपिला वात्स्यायन, दिल्ली
12. प्रो. एस.के. सक्सेना, दिल्ली
13. कु. उमा शर्मा, दिल्ली
14. पं. बिरजू महाराज, दिल्ली (कत्थक केन्द्र)
15. श्री कुन्दन लाल गंगानी, दिल्ली (कत्थक केन्द्र)
16. श्रीमती रेवा विद्यार्थी, दिल्ली (कत्थक केन्द्र)

इस परिसंवाद में प्रेक्षक के रूप में श्री सुभाष दीक्षित-लखनऊ, बर्मन लाल-रायगढ़ श्री कृष्णकुमार-दिल्ली, श्री तीरथ राम आजाद-दिल्ली उपस्थित थे। इसका संचालन श्री मोहन राव कल्याणपुरकर ने किया था।

त्रिदिवसीय परिसंवाद में कई विद्वानों ने अपना-अपना आलेख पठन किया। कत्थक के कई पहुलुओं पर चर्चायें हुईं। महाराज जी का आलेख श्रीमती रोहिणी भाटे द्वारा पढ़ा गया। महाराज जी द्वारा प्रस्तुत विचार आगे सविस्तार दिया गया है।

परिसंवाद के अंतिम दिन महाराज जी एवं पं० गौरी शंकर क्रमशः लखनऊ और जयपुर घराने के विविध बंदिशों का प्रदर्शन स्वच्छ एवं सौहार्द पूर्ण वातावरण में प्रस्तुत किये। दोनों ने कत्थक केन्द्र और उसके निर्देशक के प्रति आभार प्रदर्शन भी किया।

इस परिसंवाद में हर दिन शाम 7 से 8-30 बजे तक अलग-अलग गुरुओं के शिष्य शिष्याओं द्वारा नृत्य प्रदर्शित किये जाते थे। इसी श्रृंखला में अंतिम दिन अर्थात् 26 मार्च 1976 को लच्छू महाराज जी के शिष्य शिष्याओं का नृत्य प्रदर्शन हुआ जिसमें कुमकुम धर ने स्वयं गाते हुए एक गज़ल पर भाव प्रदर्शन किया। जिसके बोल हैं-"खुदा से हुस्न ने इक रोज ये सवाल किया"। गज़ल उर्दू के मशहूर शायद मोहम्मद इकबाल की लिखी हुई है। महाराज जी ने इसमें दूसरे शायरों के कुछ शेर

जोड़कर इसे और प्रभावशाली बना दिया है। करुण रस प्रधान इस गज़ल को देख-सुन कर लोगों के आँखों में आँसू आ गये। उसके उपरांत कपिला शर्मा ने अपना नृत्य प्रस्तुत किया जिसमें महाराज जी द्वारा रचित "दक्षयज्ञ" ने समाँ बांध दिया था। महाराज जी के शिष्य ओम प्रकाश ने ततकार के बांट आदि प्रस्तुत कर यह प्रमाणित किया था कि महाराज जी की शैली में भावाभिनय के साथ-साथ लय, ताल एवं तैयारी की भी कमी नहीं है। तदुपरांत बिरजू महाराज के उत्कृष्ट नृत्य प्रदर्शन से परिसंवाद का समापन हुआ था।

सन् 1977 में कत्थक केन्द्र दिल्ली द्वारा **दूसरे परिसंवाद** का आयोजन किया गया परन्तु किसी कारणवश महाराज जी उसमें भाग नहीं ले सके।

दिल्ली कत्थक केन्द्र द्वारा आयोजित **तीसरा परिसंवाद 28 से 30 मार्च 1978 का सम्पन्न हुआ।** इस परिसंवाद में भी महाराज जी अपने शिष्य शिष्याओं के साथ पधारे और उसकी सफलता में योगदान दिये। परिसंवाद का विषय कत्थक नृत्य के घरानों से सम्बंधित था। जिसमें लखनऊ, जयपुर एवं बनारस घराने के प्रतिनिधि कलाकारों ने भाग लेकर अपने-अपने घरानों की विशेषताओं पर प्रकाश डाला था। इसमें सम्मिलित होने वाले कलाकार एवं विद्वानों के नाम निम्नलिखित हैं :-

1. स्व. गुरु लच्छू महाराज, लखनऊ
2. श्री गौरी शंकर, बंबई
3. श्री हजारी लाल, बंबई
4. श्रीमती सुनयना हजारीलाल, बंबई
5. श्रीमती सितारा देवी, बंबई
6. श्री मोहनराव कल्याणपुरकर, बंबई
7. श्रीमती रोहिणी भाटे, पूना
8. श्रीमती कुमुदिनी लाखिया, अहमदाबाद
9. श्री कार्तिक राम, रायगढ़

10. श्री मोहन लाल, दिल्ली
11 श्री कृष्ण कुमार, दिल्ली
12. प्रो० एस.के. सक्सेना, दिल्ली
13. डॉ० श्रीमती कपिला वात्स्यायन, दिल्ली
14. श्री बिरजू महाराज, दिल्ली
15. श्री कुन्दन लाल गंगानी, दिल्ली
16. कु० उमा शर्मा, दिल्ली

प्रेक्षक (आब्जर्वर)

1. श्री पी.डी. आशिर्वादम, खैरागढ़
2. श्री सुभाष चन्द्र दीक्षित, लखनऊ
3. श्रीमती प्रभा मराठे, पूना
4. श्री सुनील कोठारी, बंबई
5. श्रीमती शोभा कोसर, चंडीगढ़
6. श्री जयचन्द्र शर्मा, बिकानेर
7. कु० मंजुश्री चटर्जी, दिल्ली
8. श्री तीरथ राम आजाद, दिल्ली
9. श्रीमती शोभा दीपक सिंह, दिल्ली
10. श्रीमती रेवा विद्यार्थी, दिल्ली
11. श्री मुन्ना लाल शुक्ला, दिल्ली

इस परिसंवाद की चेयरमैन डॉ० (श्रीमती) कपिला वात्स्यायन ने भारतीय संस्कृति एवं कत्थक नृत्य के इतिहास के संबंध में अपने विचार व्यक्त किये। उसके उपरांत गुरु लच्छू महाराज ने श्रीमती वात्स्यायन के विचारों से सहमत होते हुए कहा कि प्रस्तुतीकरण में विविधता होते हुए भी कत्थक नृत्य का मूल रूप एक ही है। घरानों के निर्मूल को उचित बताते हुए कहा–"मैंने बिन्दादीन महाराज को नाचते हुए देखा और उनसे सीखा। महाराज ठाकुर प्रसाद कैसा नाचते थे ये भी मैने उनसे सुना। मैं उनकी शैली का अनुकरण करता हूँ।"

इसी परिसंवाद में महाराज ने कहा कि उन्होंने सितारा देवी के लिए 'नृत्य परिवर्तन', 'सुदामा चरित्र' और चतुरंग आदि का सृजन किया। श्री सुखदेव महाराज जी का कत्थक में योगदान को स्वीकारते हुए उन्होंने कहा कि सुखदेव महाराज उनके बड़े भाई अच्छन महाराज के शिष्य थे।

इस परिसंवाद की विशेषता यह थी कि सब घरानों के कलाकार आपसी भेदभाव को मिटाकर कत्थक के सर्वांगीण विकास के लिए कार्य करने हेतु सहमत हुए। इसमें गुरु लच्छू महाराज जी का बहुत बड़ा योगदान रहा। महाराज जी ने लखनऊ घराने के संबंध में एक आलेख भी प्रस्तुत किया जिसका पठन श्री मुन्ना शुक्ला ने किया। इसमें श्री अड़गू जी और खड़गू जी से लेकर लखनऊ घराने की वर्तमान समय तक की वंश परंपरा का उल्लेख किया गया। अपने आलेख में महाराज जी ने आगे कहा कि भक्तिभाव को प्राप्त करने के लिए कलाकार को नृत्य के मूल शब्दों में तल्लीन होना चाहिए। उनके घराने की परम्परा के अनुसार "नृत्य बेचा नहीं जा सकता बल्कि दान में दिया जा सकता है।"

29 मार्च को परिसंवाद के दौरान ही सभी घराने के प्रतिनिधियों द्वारा अपने-अपने घराने के थाट भी प्रस्तुत किये गये। इस अपूर्व प्रदर्शन में भाग लेने वाले कलाकार थे स्व. गुरु लच्छू महाराज, पं. गौरी शंकर, श्री बिरजू महाराज, श्री कार्तिक राम जी, श्री कृष्ण कुमार जी, श्रीमती सितारा देवी और स्व० श्री कुन्दन लाल गंगानी।

परिसंवाद के दौरान ही 29 मार्च को लच्छू महाराज ने अपना भाव प्रदर्शन प्रस्तुत किया जिसे देखकर सभी विद्वान् आश्चर्य चकित हो गये। 78 वर्ष की आयु में जब महाराज जी ने घूंघट उठाकर देखा तो वे सोलह वर्ष के लगने लगे थे। उस समय उपस्थित लोगों में परिसंवाद में भाग लेने वाले विद्वानों एवं दिल्ली कत्थक केन्द्र के विद्यार्थियों के अतिरिक्त केन्द्रीय संगीत नाटक अकादमी की अध्यक्षा स्व. श्रीमती कमला देवी चटोपाध्याय भी उपस्थित थीं। महाराज ने "मोहे छेड़ो मत जाओ सैंया" पर सुंदर भाव प्रदर्शन किया था। इस भाव की विशेषता यह

थी कि नायिका पहले कृष्ण जी के विविध प्रकार के छेड-छाड़ से तंग आकर उन्हें जाने के लिए कहती है, और जब कृष्ण जी जाने लगते हैं तो नायिका कृष्ण जी का हाथ पकड़कर रोकती है ओर कहती है "मोहे छेड़ो, मत जाओ सैंया।" एक ही ठुमरी में दोहरे भाव बताने की प्रथा लखनऊ घराने के विशेषता है। महाराज जी इसमें बहुत रुचि लेते थे। उस समय किसी को यह पता नही था कि वह महाराज जी के जीवन का अंतिम भाव प्रदर्शन था।

परिसंवाद के अंतिम दिन अर्थात 30 मार्च , 1978 की प्रातःकालीन सभा में श्रीमती कपिला वात्स्यायन एवं अन्य विद्वानों के अनुरोध पर महाराज जी ने नृत्य प्रदर्शन भी किया। 78 वर्ष की वृद्धावस्था में भी उन्होंने भाव पूर्ण "थाट" प्रस्तुत किये। कई प्रकार के अंग संचालन में निहित भावनाओं के संबंधों में बताये और "अग्र फेरी", "कवच", "पल्टा" आदि कुछ पारिभाषिक शब्दों का प्रायोगिक प्रदर्शन भी किये। होली की गत में महाराज जी ने असाधारण कल्पना शक्ति का परिचय दिया। वातावरण इतना भावपूर्ण बन गया कि पं॰ गौरी शंकर भी खड़े होकर अपने घराने की कुछ चीजें प्रदर्शित किये। उसके उपरांत लखनऊ और जयपुर घराने के वयोवृद्ध प्रतिनिधि स्व. गुरु लच्छू महाराज और पं॰ गौरी शंकर भाव-विभोर होकर आपस में गले मिलते हुए एक स्वर में बोल उठे-"हम सब एक हैं।" यह मिलन केवल दिखावा नहीं था अपितु एकता के प्रति इनकी हार्दिक कटिबद्धता का द्योतक था। इस परिसंवाद का उद्देश्य भी यही था जिसे इनके मिलन के सार्थक बना दिया।

उसदिन भावावेश में आकर महाराज जी आधा पौन घंटा लगातार नृत्य किये। उसके बाद एक कुर्सी में आकर बैठ गये और बहुत जोर-जोर से हाँफने लगे। उनके पैरों की पिंडलियों में बहुत दर्द हो रहा था। उनके शिष्य डॉ॰ आशीर्वादम और कपिला शर्मा दोनों भागकर महाराज जी के पास पहुँचकर उनके पैर दबाये और पसीना पोछा। वहाँ उपस्थित लोग भी चिंतित हो गये थे। यही महाराज जी का अंतिम नृत्य था। (चित्र नं. 44) थोड़ी देर बाद महाराज जी साधारण स्थिति में आ गये।

30 मार्च के शाम को इस परिसंवाद के समापन समारोह के नृत्य प्रदर्शनों में फिर महाराज जी ने अपनी शिष्याओं, कपिला शर्मा एवं शशि भारद्वाज द्वारा विविध तालों में नृत्य प्रदर्शन कराया। 30 मात्रा की सवारी ताल में प्रस्तुत कपिला शर्मा का नृत्य अत्यंत सराहनीय रहा। शशि भारद्वाज द्वारा ततकार में विविध प्रकार के लय बांट प्रस्तुत किये गये। इस कार्यक्रम की विशेषता यह थी कि महाराज जी के इन दोनों शिष्याओं के साथ तबले में संगत पं॰ बिरजू महाराज ने किया। चाचा और भतीजे दोनों की उपस्थिति से उनका नृत्य प्रदर्शन परिसंवाद में अपना अमिट छाप छोड़ दिया। महाराज जी द्वारा संचालित यह अंतिम कार्यक्रम था। उसके उपरांत बिरजू महाराज जी के अनोखे नृत्य प्रदर्शन से परिसंवाद का समापन हुआ।

महाराज जी को दिल का दौरा

परिसंवाद के बाद महाराज जी अपने दल के साथ लखनऊ चले गये। एक महीने बाद मई 1978 में महाराज जी को दिल का पहला दौरा पड़ा। गुलिस्तां कालेनी में ही महाराज जी के दोस्त डॉ॰ सक्सेना रहते थे, उन्हें बुलाया गया। वे आकर महाराज जी को देखने के बाद स्वयं उन्हें अपनी गाड़ी से बलरामपुर हॉस्पीटल ले गये और विशेष इलाज कक्ष में भर्ती किये। जहाँ तुरंत इलाज शुरू होने से उन्हें एक सप्ताह में बहुत आराम मिल गया और उस कक्ष से उन्हें स्पेशल वार्ड में लाया गया। अस्पताल में उन्हें घबराहट होने लगी थी। वहाँ के डाक्टर से महाराज जी जिद करके अपने घर गुलिस्तां कालोनी में आ गये, जबकि उन्हें वहाँ कुछ दिन और रहकर आराम करने की आवश्यकता थी। आक्सीजन, ग्लूकोज बाटल वगैरह जरूरत की चीजें साथ लेकर महाराज जी को घर लाया गया था, क्योंकि उनकी हालत ऐसी थी कि कभी भी इनकी जरूरत पड़ सकती थी। महाराज जी की बीमारी का समाचार सुनकर उनकी पत्नी श्रीमती रमा देवी मिश्र मुंबई से लखनऊ आईं और उनकी सेवा की। कपिला शर्मा एवं उनकी माँ तो महाराज जी के साथ ही थे, उन्होंने महाराज जी की सेवा में कोई कमी नहीं की।

श्री राज खुशी राम जी भी महाराज जी की बहुत सेवा किये। बीमारी के दौरान ही 12 जून, 1978 को महाराज जी ने अपनी मुख्य शिष्या एवं साली कपिला शर्मा की सगाई प्रसिद्ध पखावज वादक श्री राज खुशी राम से करा कर अपने कर्त्तव्य का निर्वाह किये। (चित्र 45, 46)

दिल का दौरा पड़ने के बाद महाराज जी बहुत कमजोर हो गये थे। किसी के सहारे से लकड़ी लेकर कुछ कदम चलते थे। उनकी आत्म शक्ति बहुत मजबूत थी। वे सोचते थे कि थोड़ा बहुत व्यायाम, प्राणायाम आदि करके मैं जल्दी ठीक हो सकता हूँ। कभी अकेले में थोड़ा चलने की कोशिश भी करते थे। बिस्तर में लेटकर नहीं रहना चाहिते थे। कहते थे "मुझे अभी काम करना है"। इसी जल्दी ठीक होने के प्रयास से उनके स्वास्थ्य पर बुरा असर पड़ा।

दुःखद अंत

महाराज जी ज्यादा दिन अस्वस्थ्य नहीं रहे। 19 जुलाई 1978 के दिन प्रातः कपिला शर्मा से बोले–"मेरे कपड़े (कुरता पायजामा) निकाल दो और तुम कथक केन्द्र जाओ, दो घंटें बाद मेरे लिए गाड़ी भेज देना।" कपिला शर्मा महाराज जी के केन्द्र जाने के लिए कपड़े, सोने का बटन, पर्स वगैरह निकालकर तैयारी करके कथक केन्द्र चली गईं। हालांकि समर बहादुर सिह (उत्तर प्रदेश संगीत नाटक अकादमी के तत्कालीन सचिव) ने उन्हें बहुत समझाया था कि महाराज जी आप अभी आराम करिये केन्द्र मत जाइये, लेकिन महाराज जी माने नहीं, बोले–"नहीं, मैं आज केन्द्र जाऊँगा, थोड़ी देर बैठकर देखूँगा"। कपिला शर्मा की माँ से उन्होंने जल्दी खाना बनाने को कहा और खाना बनते ही उस दिन गरम-गरम पाँच रोटी खा लिए, जबकि रोज सिर्फ दो रोटी खाते थे। उनके शयन कक्ष से जुड़ा हुआ स्नानगृह था। हाथ धोने के लिए अंदर गये, हाथ धोकर जैसे ही बाहर निकले कपिला शर्मा की माँ को आवाज लगाये,–"बीबी जी" उनका एक हाथ स्नान गृह के चौखट पर था और दूसरा हाथ दीवार पर था। कपिला शर्मा की माँ दौड़कर आई, उन्हें पकड़ी। महाराज जी एकदम उन्ही के ऊपर गिर पड़े। महाराज जी के घर जो नौकर काम

करता था, दुलारा, उसका सहारा लेकर कपिला शर्मा की माँ उन्हें नीचे लिटायी। लिटाने के बाद महाराज जी एक लम्बी श्वांस लिए और वहीं उनकी मृत्यु हो गई।

उस समय ठीक बारह बजे थे, इधर 12 बजे महाराज जी की मृत्यु हुई, उधर ठीक बारह बजे कथक केन्द्र की बिजली चली गई। अंधेरा छा गया। महाराज जी की जिस दिन मृत्यु हुई थी वह बड़ा सुभ दिन था : गुरुवार एवं गुरुपूर्णिमा। कपिला शर्मा की माँ फोन द्वारा महाराज जी की मृत्यु की सूचना कथक केन्द्र में दी। कपिला शर्मा तुरंत रिक्शा लेकर गुलिस्ताँ कालोनी पहुँच गई। वे कहती है– जैसे ही मैं घर में घुसी ऐसा लगा कि एक हजार अगरबत्तियाँ जली हुई हैं, एक हजार गुलाबों की खुशबू आ रही है, यह मैंने महसूस किया।... जीजा जी का चेहरा गुलाबी रंग का था। दोनों हाथ छाती पर रखकर सोये थे। आँखें हँस रही थीं, जैसा कि वे हमेशा सोते थे। मैं रोने लगी। डाक्टर ने कहा–"ही ईज़ नो मोर"।[20]

बम्बई टेलिग्राम किया गया उनकी पत्नी श्रीमती रमा देवी मिश्र को, जो तीन दिन पहले ही लखनऊ छोड़कर गई थी, कुछ काम से। उसी दिन बिरजू महाराज जी की लखनऊ दूरदर्शन में रिकार्डिंग भी थी। उसे पूरा करके वे तुरंत गुलिंस्तां कालोनी पहुँच गये और महाराज जी को देखकर बहुत रोने लगे। थोड़ी ही देर में लखनऊ के हजारों लोग महाराज जी के अंतिम दर्शन के लिए जमा हो गये।

"महाराज जी की अंतिम इच्छा के अनुसार उनके शव को गुलिस्ताँ कालोनी से सीधा कथक केन्द्र ले जाया गया। लोग कहते हैं कि कथक केन्द्र पहुँचते ही उनकी आँख एक क्षण के लिए खुली। वहाँ भी लोगों ने आभास किया कि पूरे केन्द्र में खुशबू फैल गई थी। जिससे जिन्हें बहुत आश्चर्य हुआ। कत्थक केन्द्र (केसर बाग) से उनकी फूलों से सजी शव को उनकी पुरखों के मकान झाउलाल पुल के पास गोला गंज ले जाया गया। वह स्थान लोगों से ऐसा भरा हुआ था कि कोई वाहन वहाँ से निकल नहीं सकता था। हजारों लोग हाथों में हार लेकर महाराज जी के अंतिम दर्शन के लिए खड़े थे। बाद में लोगों ने ये कहा–"अपनी

ड्योढ़ी पर उनकी आँख खुली कपिला शर्मा कहती हैं–"हर आदमी ने मुझसे यही बात कहा कि गुरु जी ने वहाँ आँखें खोली, लच्छू महाराज जी की तो आँखे खुल गई थी।" वहाँ से उनके शव को भैसा कुंड ले जाकर पूरे सम्मान के साथ अंतिम संस्कार किया गया।"[21]

उनका दाह संस्कार उनके छोटे भाई शम्भू महाराज के छोटे पुत्र राम मोहन जी ने किया। राम मोहन जी ने उन्हें अग्नि देकर पुत्र के दायित्व को निभाया। वे पूरे क्रिया कर्म तक विधिवत रूप से एक कमरे में ही रहते थे। उसी कमरे में वे स्वयं अपना खाना भी बनाते थे। महाराज जी का पूरा क्रिया कर्म उनके गुलिस्ताँ कालोनी स्थित मकान से ही सम्पन्न हुआ। उनके खानदान के प्रायः सभी लोग तेरहवीं तक वहीं रहे, जैसे– स्व॰ अच्छन महाराज जी की धर्म पत्नी, स्व. शम्भू महाराज की धर्मपत्नि, राम मोहन जी, बिरजू महाराज जी, कृष्ण मोहन जी और उनकी बहन श्रीमती रामेश्वरी, मुन्ना शुक्ला जी आदि महाराज जी के सभी शिष्य भी तेरहवी तक वहीं रहे। (चित्र नं. 47)

आकाशवाणी द्वारा 19 ता॰ को दोपहर एवं रात के समाचारों में महाराज जी की मृत्य का समाचार एवं उनकी संक्षिप्त जीवनी का प्रसारण हुआ। जिसे सुनकर उनके शिष्य डॉ॰ पी॰डी॰ आशिर्वादम 21 ता॰ को सुबह लखनऊ पहुँच गये। एक दो दिन बाद उनकी मुख्य शिष्या सितारा देवी भी पहुँच गई और दोनों तेरहवीं तक महाराज जी के घर में ही रहे। सितारा देवी प्रतिदिन महाराज जी के चित्र के सामने गरुड़ पुराण पढ़ते हुए पूजा करती थी।

"दशगात्र से पहले उनका अस्थि विसर्जन करने के लिए बिरजू महाराज की माता जी, लच्छू महाराज की धर्मपत्नि, कपिला शर्मा जी, मालविका सरकार, राजखुशीराम जी और डॉ॰ आर्शिर्वादम् इलाहाबाद गये थे। वहाँ बीच संगम में नाव मे जाकर उन लोगों ने अस्थि विसर्जन किया।" (चित्र नं॰ 48, 49)

महाराज जी के दशागत्र का कार्यक्रम गोमती नदी के किनारे स्थित मंदिर में परम्परागत रूप से सम्पन्न हुआ। गुलिस्ताँ कालोनी से रिक्शें

में बैठकर सब लोग वहाँ गये। डॉ॰ आशिर्वादम कहते हैं कि उनके रिक्शे के सामने एक ही रिक्शे में तीनों भाईयों की धर्मपत्नियाँ बैठी हुई थीं, ऐसा ऐतिहासिक दृश्य देख को बहुत कम मिलता है। वहाँ बिरजू महाराज और उनके शिष्य भी पहुँचे। महाराज जी की मृत्यु के बाद उनके शिष्य ओम प्रकाश लखनऊ नहीं आ पाये। पिण्डदान राम मोहन जी ने किया। कुछ ही दिनों बाद दिल्ली में बैले का कार्यक्रम होने के कारण राममोहन जी बाल नहीं कटवाये। पंडित से पूछकर गंडाबंध शिष्य डॉ॰ आशिर्वादम ने अपना सिर मुंडवाया (चित्र नं॰-50)। गुरु शिष्य की परम्परा में गुरु की मृत्यु के बाद शागिर्द उनके नाम पर कोई एक फल खाना जीवन भर के लिए छोड़ देता है। डॉ॰ आशिर्वादम अपना सबसे प्रिय फल "लीची" जीवन भर के लिए त्याग दिये।

महाराज जी की तेरहवीं उनके निवास स्थान 46 गुलिस्ताँ कालोनी में ही मनायी गयी। उनके सभी शिष्य इस कार्य में हाथ बटाये। सितारा देवी स्वयं पूड़ी तल रही थीं। वह दृश्य गुरु शिष्य परम्परा का एक बेजोड़ नमूना था। महाराज जी के तेरहवीं में उनके परिवार एवं शिष्यों के अतिरिक्त लखनऊ के कई अधिकारी, कलाकार, कथक केन्द्र के समस्त कर्मचारी एवं अन्य मित्र सम्मिलित हुए।

महाराज जी हमेशा कहा करते थे कि कलाकार को बुढ़ापे के लिए पैसा बचाकर रखना चाहिए। वे दूसरों के पैसों से अपना क्रियाकर्म नहीं कराना चाहते थे। वे शाही मौत मरना चाहते थे। जो कि पूर्ण हुआ।

तेरहवीं के दिन शाम को झाउलाल पुल स्थित महाराज बिन्दादीन की ड्योढ़ी में एक ऐतिहासिक शोक सभा का आयोजन किया गया। जिसमें निम्नलिखित गणमान्य उपस्थित थे– उत्तर प्रदेश संगीत नाटक अकादमी के तत्कालीन सचिव डॉ॰ समर बहादुर सिंह, पं॰ बिरजू महाराज, स्व॰ श्री मोहनराव कल्याणपुरकर, स्व॰ श्री विक्रम सिंह, भातखंडे संगीत महाविद्यालय के तत्कालीन प्रोफेसर डॉ॰ पुरू दाधीच, श्रीमती सितारा देवी, स्व. शम्भू महाराज के दोनों पुत्र कृष्ण मोहन एवं राम मोहन, कपिला शर्मा, डॉ॰ पी॰डी॰ आशिर्वादम और लखनऊ के अन्य कई कलाकार। कई वक्ताओं ने महाराज जी की जीवनी पर प्रकाश डाला और

अपने-अपने संस्मरण सुनाते हुए उनकी प्रशंसा किये। बिरजू महाराज ने समय के अनुसार "कोउ नहीं आवत जगत में कोई के काम और "ऐसे राम जगत हितकारी" पर अच्छा भाव प्रदर्शन किया। उस समय सितारा देवी का भी नृत्य प्रदर्शन हुआ। वे खड़े होकर बोलीं–"इतने गुरू बैठे हुए हैं कहाँ है उनके शागिर्द? महाराज जी ने पाँच वर्ष में पांच ऐसे शागिर्द तैयार किये जो सारे विश्व में कत्थक का प्रचार करेंगे।" यह सुनकर सब खामोश रहे। सितारा देवी ने इस बात पर बल दिया कि लच्छू महाराज की जीवनी से प्रेरणा लेकर हर गुरु को चाहिए कि कुछ अच्छे शिष्य तैयार करें नहीं तो इस कला का पतन हो जाएगा।

दिल्ली कथक केन्द्र में भी दिल्ली के कलाकारों द्वारा स्व. लच्छू महाराज को भावभीनी श्रृद्धांजली दी गयी थी, जिसका रिपोर्ट श्री तीरथ राम आजाद ने "स्वर शृंगार" मासिक पत्रिका (अगस्त 1978) के विशेषांक में इस प्रकार किया है।

शोक प्रस्ताव-श्री गोपाल दास निर्देशक कत्थक केन्द्र नई दिल्ली

"कत्थक के यशस्वी कलाकार और बिन्दादीन महाराज के घराने के गौरव श्री लच्छू महाराज की मृत्यु हम दिल्ली के कत्थक कलाकार और कत्थक प्रेमी हार्दिक शोक प्रकट करते हैं। परमात्मा इस महापुरुष की आत्मा को सद्‌गति और शान्ति प्रदान करे। अपने परिवार की परम्परा को आगे बढ़ाते हुए श्री लच्छू महाराज ने कत्थक को शोभा प्रदान की और कत्थक के विभिन्न घरानों के प्रति सदा अपनापन और मेल-भाव बरसा कर उन्होंने अपनी उदारता का परिचय दिया। उनकी कला, उनकी उदारता, उनका सहज सद्‌व्यवहार कत्थक कलाकारों और कत्थक प्रेमियों को चिरस्मरणीय रहेंगे।"

"कत्थक केन्द्र के इसी भवन में कल जहाँ गुरुवर लच्छू महाराज कत्थक शिविर के अवसर पर अपनी भाव भंगिमाओं से लोगों को मोहित कर रहे थे, आज उसी भवन में उनकी दिवंगत आत्मा को श्रद्धांजली अपित की जा रही है। कैसी विडम्बना है यह भगवान की लीला है। हँसता, नाचना, गाता, अद्‌भुत नृत्य का अवतार, आज हमारे

बीच नहीं रहा। श्री लच्छू महाराज के बिना कितना सूना-सूना लग रहा था।"

श्री गोपाल दास जी ने उपरोक्त दुखःद शब्दों में श्री लच्छू महाराज के निधन का समाचार सबको सुनाया और श्री बिरजू महाराज से कुछ कहने को कहा।

बिरजू महाराज

"ऐसा प्रतीत होता है कि अब मुझ पर बहुत कुछ भार पड़ गया है। पहले पिता जी (श्री अच्छन महाराज) गये फिर छोटे चाचा शम्भू महाराज गये। अब बड़े चाचा लच्छू महाराज भी मुझे छोड़ गये। लच्छू महाराज मेरे चाचा तो थे ही, साथ में मेरे गुरु भी थे। मैंने बचपन में उन्ही से तालीम पाई।

मैं लखनऊ में ही था मैंने कहा, "चाचा मैं देहली जा रहा हूँ। एक दो रोज में वापस आ जाऊँगा। "मैं देहली आया और जल्दी से काम खत्म करके लखनऊ पहुँचा। मैंने देखा कि चाचा अब ठीक थे। मैंने कहा-"चाचा। अब तो आप ठीक हो गये हैं। चाचा ने कहा-"बिरजू आज तो तुम्हारा टेलीविजन पर रिकार्डिंग है, समय बहुत कम है, जल्दी आ जाना। उधर कपिला को उन्होंने केन्द्र मे सिखाने भेज दिया ताकि लोग यह न कहें कि इतने दिनों से बीमार हैं, क्लास का क्या होगा। बीमारी में भी उन्हे विद्यार्थियों का ख्याल था।"

"मैं टेलीविजन सेन्टर चला गया। ज्यू ही प्रोग्राम शुरू हुआ टेलीफोन आ गया कि उनकी तब्यित ज्यादा खराब हो गई है। मैं जल्दी घर पहुँचा। मुझ से उनका मौन शरीर देखा नहीं गया और हमें सदा के लिए छोड़ गये।"

"तीनों भाईयों की अलग अलग विशेषता थीं। लच्छू महाराज में भाव की उपज थी और बेमिसाल दिमाग। हमारे खानदान की आखरी कड़ी भी टूट गई। उन्होंने जो बीज बो दिया है सब मिलकर उस को सींचे तो ही लाभ उठा सकते हैं।"

डॉ॰ एस॰ के॰ सक्सेना

"मेरा वास्ता संगीत के सभी प्रौढ़ लोगों से रहा है। पहले नारायण प्रसाद गये, फिर चिरंजीलाल, फिर मोहन लाल, शम्भू महाराज फिर सुंदर प्रसाद जी, डा. अमीर खाँ और अब लच्छू महाराज की जुदाई, बरदाश्त से बाहर हैं। यह सभी बुजुर्ब मेरे दोस्त थे। सेमिनार में जो बात होती थी वो तो थी परन्तु अलग से विशेष गहरी किस्म की बातचीत होती थी। "कत्थक सेमिनार जयपुर" से मैं उनसे बहुत प्रभावित हुआ। मैने सोचा कि कत्थक क्षेत्र में यह एक बेजोड़ कलाकार है।" दाद देने के लिए उदार भी बहुत थे फौरन वाह-वाह कर देते थे। एक बार "ता थेई" की चर्चा पर मैने उनसे कहा कि महाराज "ता" का बोल कुछ खुला है इसीलिए आपने ऊपर देखा और "थेई" का बोल कुछ मन्द है। इसीलिए आपने निगाह नीचे कर दी। मेरी इस बात पर उन्होंने मेरी समझ की दाद इतने खुले मन से दी कि बयान से बाहर है। और बगल गीर हो गये। वाह वाह सुभान अल्लाह। क्या बात है। बस...उनकी याद बाकी है। इन अल्फाज के साथ उनको श्रृद्धांजली अर्पित करता हूँ।"

रोहिणी भाटे

"मैने जब सुना कि महाराज नहीं रहे तो ऐसा लगा कि हमारे सर से छत टूट गई है। और धूप या बारिश अब सीधे हमारे सर आयेगी..."

यह कहते हुए रोहिणी की आँखों में आँसू आ गये। ये इतनी दु:खी थीं कि उनसे आगे कुछ न कहा गया।"

महाराज कृष्ण कुमार

"हमेशा बोलना बहुत आसान होता है परन्तु ऐसे समय में किन्हीं शब्दों का प्रयोग करना या भाव व्यक्त करना कठिन होता है। लच्छू महाराज जब हमारे बीच थे तो ऐसा लगता था कि कोई इमाम है और इस इमाम के जाने के बाद नमाज कौन पढ़ायेगा। हमें रास्ता कौन दिखाएगा। वो हमारे ऋषि थे बुजुर्ग थे। कत्थक शैली उनका यह आघात सहन नहीं

कर सकेगी। उनकी शैली क्रियात्मक रूप से आम कत्थक आचार्यों से भिन्न थी। उनके नृत्य में सार्थकता थी। बड़ी-बड़ी घरानों को भावात्मक ढंग से परिवर्तित करने का श्रेय उन्हीं को था। चाहे वो "ध त क धुं गा" हो या धातिट तातिट" हो। वो शिव पार्वती या पूजन के फूलों से ही बात करते थे। कला के साथ-साथ तकनीकी विज्ञान और धर्म की मर्यादा का समन्वय करना नहीं भूलते थे। उन्होंने कत्थक नृत्य को नया स्वरूप दिया। सिर्फ ढोलक को पैर से बजाने को नृत्य नहीं कहते, सिद्ध किया।"

"उनको सही श्रद्धांजली तभी मिलेगी जब हम उनकी कल्पना को साकार रूप दें। मैं उनको हार्दिक श्रद्धांजली अर्पित करता हूँ।"

डॉ॰ कपिला वात्स्यायन

इतना ही कहना है, जो कुछ महाराज जी कला के द्वारा, अपने नृत्य के द्वारा दे गये हैं, हम सब एक छोटे से अंश तक को संजो लें, तो सही श्रद्धांजली होगी। मेरे वो गुरु भाई थे। मेरा सम्पर्क तीनों भाईयों से रहा है। मैं उनको बहुत अच्छी तरह से जानती हूं। गाली, गलौच, कला, प्रशंसा, निन्दा, ऋण, पैसा, साहित्य, घराना, सम्पदा सभी चीजों में वर्षों से उलझी रही हूँ।"

"कत्थक सेमीनार पर आई थी। जब से गई हूँ अब आई हूँ। इस कमरे में आते ही ऐसा लगा कि जैसे अभी इस दरवाजे आकर पूछेंगे, पान खाओगी? चूना नहीं। मगर..."।

"हमें उनके भाव को जो एक सहज भाव है, उसी चीज को सूक्ष्मता से देखना है। उनके भाव बताने का ढंग ऐसा था, एक-एक पल्ला कमल की पंखुड़ियों की तरह अलग-अलग कर देते थे। नृत्य को एक अलग दृष्टिकोण दिया। महाराज जी को अपना पुराना तो याद था ही, परंतु नये परीक्षण भी किये और यह सिद्ध किया कि यह कला एक विशाल समुद्र है और विस्तार की काफी गुंजाइश है।"

"एक ही प्रार्थना है कि वो जिस परम्परा के घराने की बात करते थे आने वाली 20-24 पीढ़ी उनके कार्य को याद करेगी।"

इसके बाद श्री मोहन लाल जी ने संगीत भारती की ओर से अपनी श्रृद्धांजली अर्पित की।

श्री गोपाल दास जी ने सुश्री निर्मला जोशी का सन्देश पढ़कर सुनाया-"कत्थक का सूर्य अस्त हो गया।"

आचार्य बृहस्पति जी के सन्देश कुछ इस प्रकार से था- "एक ही व्यक्ति थे जिन्होंने गज़ल को भाव की दृष्टि से ठुमरी का स्वरूप दिया।

संदर्भ

1. नृत्य श्रद्धांजली-कथक केन्द्र उ.प्र. संगीत नाटक अकादमी, लखनऊ-पृष्ठ क्र. 05
2. गुरु विक्रम सिंह-नटवरी नृत्य माला, पृष्ठ क्र. 128
3. स्व. गुरु लच्छू महाराज द्वारा डा.आशिर्वादम को दी गई जानकारी
4. श्रीमति सितारा देवी से साक्षात्कार द्वारा प्राप्त जानकारी
5. स्व. गुरु लच्छू महाराज डा. आशिर्वादम को दी गई जानकारी
6. श्रीमति सितारा देवी से साक्षात्कार द्वारा प्राप्त जानकारी
7. वही
8. स्व. गुरु लच्छु महाराज द्वारा चर्चा के दौरान डा. आशिर्वादम को दी गई जानकारी
9. सितारा देवी से साक्षात्कार द्वारा प्राप्त जानकारी
10. वही
11. वही
12. श्रीमति रमा देवी मिश्र से प्राप्त जानकारी
13. श्री शशि सिन्हा, लखनऊ से प्राप्त जानकारी
14. डा. आशिर्वादम द्वारा दी गई जानकारी
15. वही
16. श्री टी. एन. धर, लखनऊ से प्राप्त जानकारी

17. श्री शशि सिन्हा, लखनऊ से प्राप्त जानकारी
19. श्रीमति कपिला राज से प्राप्त जानकारी
20. वही
21. वही
22. डा. पी. डी. आशिर्वादम द्वारा प्राप्त जानकारी

द्वितीय अध्याय

गुरु लच्छू महाराज का व्यक्तित्व एवं जीवन दर्शन

कत्थक जगत के आधुनिक युग के प्रवर्तक गुरु लच्छू महाराज ने कत्थक को कई नये आयाम देकर अपनी एक अलग पहचान बनाई। उनके योग्य, आदर्श एवं अनुकरणीय जीवनी तथा महान उपलब्धियों से परिचित होने के पश्चात यह जिज्ञासा होना स्वाभाविक है कि वे किस व्यक्तित्व के स्वामी थे? व्यक्तित्व एवं उपलब्धियों में गहरा सम्बंध होता है। व्यक्तित्व ही उपलब्धियों को जन्म देता है। साधारण व्यक्ति महान कार्य नहीं कर सकता। इसीलिए नृत्य कला के क्षितिज पर सदा दैदीप्यमान होने वाला ध्रुवतारा , लच्छू महाराज के व्यक्तित्व का सिंहावलोकन आवश्यक है।

जैसा कि पहले बताया जा चुका है, महाराज जी का जन्म एक ऐसे उच्च कोटि के ब्राम्हण कुल में हुआ, जिसके पूर्वज स्व. ठाकुर प्रसाद जी, स्व.कालिका प्रसाद जी एवं अपूर्व प्रतिभा के धनी स्व. बिन्दादीन महाराज जैसे महान कलाकार हुए, जो मुसलमान प्रशासकों के आश्रय में रहते हुए भी हिन्दू धर्म एवं भारतीय संस्कृति में अटूट आस्था रखते थे। अपनी कला से भारतीय समाज में ये हमेशा पूज्य रहे। बिन्दादीन महाराज अपनी भक्ति प्रधान रचनाओं से संगीत एवं नृत्य जगत को ऐसा समृद्ध

किया कि इनका उदाहरण मिलना कठिन है। इनके ठुमरी, गज़ल, भजन, दादरा एवं अष्टपदी आज भी कत्थक जगत में छाये हुए है। गुरु लच्छू महाराज जी की जीवनी एवं उनके बहुमुखी उपलब्धियों के अवलोकन से ऐसा प्रतीत होता है कि बिंदादीन महाराज द्वारा उनको प्रदान प्रज्वलित ज्योति को उन्होंने और उज्वल बनाया। इसका श्रेय उनको विरासत में मिले संस्कार एवं शिक्षा-दीक्षा को जाता है।

बाल्यकाल में अत्यंत शरारती एवं नटखट होने के बाद भी अनेक उतार-चढ़ाव के पश्चात वे एक सौम्य और संयमित व्यक्तित्व के स्वामी थे।

व्यक्तित्व के दो रूप होते हैं-प्रत्यक्ष एवं अप्रत्यक्ष। प्रथम में किसी व्यक्ति का बाह्य स्वरूप, दिनचर्या एवं अन्य क्रिया और द्वितीय में व्यक्ति के जीवन दर्शन से सम्बंधित बातें आती हैं।

महाराज जी देखने में बहुत खूबसूरत थे। उन्हें देखकर अनायास ही किसी का ध्यान उनकी ओर आकर्षित हो जाता था। वृद्धावस्था में भी उनका चेहरा प्रकाशमान था। रसीले नेत्र, विशाल ललाट, इकहरा शरीर, सिर के बीचों बीच सफेद बालों की पीछे तक जाती हुई लकीर, कानों के आसपास सघन केश, लम्बी नासिका, गले में सोने की जंजीर, साथ में धर्म गुरु की दी हुई लाल डोरे की बनी मंत्रयुक्त माला, कढ़ा हुआ कुर्ता, सोने के चमकते हुए बटन और हाथ में हीरे की अंगूठी देखकर मस्तक अनायास ही इस महान कलाकार के प्रति श्रद्धा से नत हो जाता था।[1] "तीखे नयन नख्श, सुता हुआबदन, चपल चाल, कुल मिलाकर सुदर्शन व्यक्तित्व प्रतिदिन योग प्राणायाम के साथ चौदह घंटों का अटूटचिंतन मनन, शिष्यों को शिक्षा, हास परिहास, व्यंग की ताजगी लिए जीवन के अंतिम दिन तक कत्थक के लिए वे सन्नद्ध रहे।"[2]

केन्द्र रूपी मन्दिर में महाराज जी श्वेत वस्त्र धारण कर, माथे पर "ॐ"का तिलक लगाकर बैठते तो साक्षात देव पुरूष प्रतीत होते थे।"[3]

1976 में दिल्ली कथक केन्द्र के परिसंवाद में भाग लेने के लिए महाराज जी अपने शिष्य डा.आशिर्वादम, ओम प्रकाश मिश्र एवं

शिष्यायें कपिला शर्मा एवं कुमकुम धर के साथ रेलगाड़ी में यात्रा कर रहे थे अपनी आदत के अनुसार वे बाजू के बर्थ पर बैठे हुए थे। जाने के पूर्व महाराज जी का यह आदेश था-"यह जाहिर नहीं करना है कि हम नाचने गाने वाले हैं, यदि कोई मेरे बारे में पूछे तो कहना लखनऊ के व्यापारी है।" किन्तु आते जाते लोगों की दृष्टि पहले महाराज जी पर ही पड़ती थी। उनके बारे में जानने की उत्सुकता लोगों में बढ़ती गई। कुछ समय बाद लोग पूछ बैठे। महाराज जी के आदेशानुसार शिष्यों ने बताया कि लखनऊ के उद्योगपति हैं। समय बीतता गया और लोगों की उत्सुकता बढ़ती गई अंत में लोगों ने उन्हें पहचान लिया कि ये प्रख्यात नृत्य गुरु लच्छू महाराज जी है। लोगों ने कहा,"हम देखते ही जान गये थे कि कोई महान कलाकार है।"[4]

आकर्षक व्यक्तित्व के साथ-साथ महराज जी के स्वभाव में सरलता एवं भाषा में मृदुलता थी। मुस्लिम तहज़ीब के वे प्रतिमूर्ति थे।

मिलने वालों से बहुत संजीदगी से कहते-"अदाब अर्ज हैं " "तशरीफ रखिये" "मिजाजे शरीफ" "और फरमाइये" आदि। उर्दु अदब और तहजीब में उनको इतनी रूचि थी कि अन्य किसी भाषा को वे सीखना नहीं चाहते थे। बम्बई में इतने वर्ष रहकर भी न मराठी सीखे, न गुजराती, सिर्फ अपनी भाषा बोलते थे। समझते सब थे। पहले उर्दु ही पढ़ते एवं लिखते थे, बाद में हिन्दी भी थोड़ा बहुत लिखने पढ़ने लगे थे। उन्होंने पूरा कुरान पढ़ा था। उनके पास जिगर,दाग,मीर, मीर मिनाई, मीर तकली, गालिब एवं इकबाल आदि के कई दीवान थे। आज उर्दु के कुतुब खाने में जायें तो उनमें से कई दीवान मिलेंगे भी नहीं। बिल्कुल पुराने दीवान थे उनके पास। उन्हें कुरान पुरा याद था। मुसलमानों को बोलते थे,"जरा पाँचवीं नमाज बोलिए, अगर आप मुसलमान हैं तो सात नमाज हैं, तीन ही बता दजिए, नहीं तो मै तुमको सातों नमाज सुना देता हूँ। लोग मुँह देखते रह जाते थे।"[5]

"उनकी लिखने की ज्यादा आदत नहीं थी। वे तो बस शेर-शायरी लिखते थे। शेर बन गया तो शेर लिख लिए, गज़ल दिमाग में आई तो

गज़ल लिख लिए, भजन लिख डाले, छंद, परन, कवित्त जो मन में उपज आई लिख लेते थे। लिखने के लिए जो कागज आँखों के आगे आया–चिट्ठी में लिख लिए, लिफाफा के पीछे लिख दियें। [-2] उनमें कुछ तो इधर उधर हो जाते थे और कुछ उनके घर वाले जमा करके रख लेते थे। उनकी डायरी में उनके द्वारा लिखी हुई कविताओं के कुछ उदाहरण प्रस्तुत हैं।

5 जुलाई, 1972 को उनकी डायरी में लिखी हुई यह गज़ल बहुत प्रसिद्ध हो चुकी है। इस गज़ल पर उन्होंने कपिला शर्मा एवं अन्य शिष्याओं को भाव भी सिखाया था। बोलचाल में हर समय इस गज़ल का कोई न कोई शेर वे अपनी कथन की पुष्टि के लिए प्रयोग में लाते थे गज़ल के बोल हैं।

धीरे धीरे इन्हीं राहों से गुज़र जाऊँगा।
रफ़ता रफ़ता किसी मंजिल पे पहुँच जाऊँगा।।
मुझको नासेह की जरूरत है न ग़म खारों की।
आप बिगड़ा हूँ तो मै आप सँवर जाऊँगा।।
मै वो नग़मा हूँ जो ख़ामोश हूँ इक मुद्दत से।
हस्ती ए साज़ को छेड़ा तो बिखर जाऊँगा।।
हाँ, अगर वक्त़ मिला तो किसी हँगामे मे।
कौन हूँ, क्या हूँ मैं दुनियाँ को ये बतलाऊँगा।।
मैं सरे आम नहीं चाहता मिलना तुझसे।
दिल के अरमानों को तन्हाई में बतलाऊँगा।।
मेरे दिल में जो ख़ज़ाना है कला का बैजू।
तू न लेगा तो किसी और को दे जाऊँगा।।

इसका अंतिम शेर वे प्रायः शिष्यों के लिए प्रयोग करते थे। एक और शेर इस प्रकार है –

क्या करने यहाँ हम आये थे क्या करके यहाँ से जाते हैं
कुछ देते हैं कुछ लेते हैं कुछ खोते हैं कुछ पाते हैं

बेकार उन्हीं को हँसती हैं दुनिया को जो कुछ दे जाते हैं
बेकार ज़मीं का बोझ है वो बेकार जो आते जाते है
दौलत के लुटेरों से पूछो सह देते हैं जो गरीबों को
बदकार नहीं होते वो बस बदकार बताये जाते हैं।

उनकी डायरी में ही लिखे हुए कुछ अन्य शेर इस प्रकार हैं :-

मूसा की तरह इसलिए बेहोश हो गये
जलवा दिखाके वो मुझे रूपोश हो गये।
इकरार भी नहीं है और इन्कार भी नहीं
सुनकर सवाले वस्ल वो ख़ामोश हो गये।
तुरबत पे मेरी आके ये बोला वो मस्ते नाज़
लो आज तुमसे हम भी सुबुकदोश हो गये।
बैजू जवाब शिकवों का जब कुछ न दे सके
गरदन भुका के मुझसे हमाँगोश हो गये।

ऐसे सैकड़ों शेर उनकी डायरी में दर्ज हैं जो उनकी धर्म पत्नि श्री मती रमा देवी मिश्रा के पास सुरक्षित हैं। इनके गहरे अध्ययन से यह स्पष्ट होता है कि महाराज जी कविता को एक कला या व्यवसाय के रूप में नहीं लेते थे अपितु अपनी भावनाओं को यथार्थ रूप में व्यक्त करने का एक साधन भी समझते थे। जब कभी किसी मजमून पर संजीदगी से लिखना चाहते तो बडी सूझ बूझ के साथ सँवार कर लिखते थे। यहाँ तक की रामपुर और रायगढ़ दरबारों में वे बड़े बड़े मुशायरों में अपनी कविता का पाठ करते थे। दूसरे अनेकों मशहूर शायरों के शेर भी उन्हें याद थे, जिन्हें वें अपने शिष्यों को अनवरत सुनाते थे।

महाराजजी एक सच्चे देशभक्त थे। उनका देश प्रेम उनके द्वारा रचित निम्नलिखित पंक्तियों से स्पष्ट होता है :-

ये है भारत की अज़्मत जो मिली है सद हजार से
फ़लक से टूटकर गँगा मिली जमुना की धारा से

ये वो धरती है जिस धरती से सीता ने जन्म पाया
अलग है इसकी रौनक सारे आलम के बहारों से

महाराज जी राजनीति में नहीं अपितु राजनीति से संबंधित विषयों को जानने में रूचि रखते थे। कूटनीति और गंदी राजनीति से उन्हें चिढ़ थी। समाचार सुनते थे, और उस पर चर्चा भी करते थे। राष्ट्रीय नेताओं में पं0 नेहरू और इंदिरा गाँधी के लिए उनकी जो भावनाएं थी वे आसानी से किसी के नहीं हो सकते है। यदि कोई नेहरू या श्रीमती गांधी को बुरा-भला कहे तो उनको बहुत नाराज़गी होती थी। इंदिरा गांधी के लिए महाराज जी के विचार उनके द्वारा लिखित निम्नलिखित नज़्मों से व्यक्त होते हैं, जो 25 फरवरी, 1971 के साप्ताहिक उर्दु ब्लिडज में महाराज जी के चित्र के साथ छपा था :-

शीर्षक -मौजे तूफां है जो भारत
शायर का नाम - खुदा ए रक्स लच्छू महाराज
इंदिरा को कोई कहता है कि ग़द्दार है वो
कोई कहता है कि बेदीन है, मक्कार है वो
इन दग़ाबाज़ों के कहने में न आना यारों
अपने हाथों से न घर अपना मिटाना यारों।
हम ग़रीबों के लिए ढाल है तलवारों की
और मददगार है लाचारों की बेचारों की
पहले जो आये वो सब आये अमीरों के लिए
लक्ष्मी बन के वो आई है गरीबों के लिए
आज सदियों से गरीबों का सहारा था कहाँ
हम तो सब के थे मगर कोई हमारा था कहाँ
शेर दिल रहमो करम हौसले वाली भी है
लक्ष्मी भी है, वो दुर्गा भी है, काली भी है वो
शक्लो - सूरत में शबाहत मे झलक हूँ पाता
देखते ही मुझे लगती है वो भारत माता

दिल की आवाज में किस तरह की गहराई है
सुन के फरियाद गरीबों की निकल आई है
हम गरीबों का मुसीबत में सहारा है वो
मौजे तूफाँ है जो भारत, तो किनारा है वो
हर मुसीबत का गरीबों की वो दरमां बनकर
सबको दामन में छिपा लेती है वो माँ बनकर

23 अक्टूबर, 1971 के हिन्दी ब्लिाडस में महाराज जी का एक और नज्म छपा था "इंसानों की आखरी बस्ती "

हिन्दी ही एक है बस्ती जो है इंसानों की
मिलती जुलती हुई हिन्दू और मुसलमानों की
अपनी इज्जत जो मिटाने अपने हाथों
जिददतें देखिए इस दौर के इंसानो की
बस्तियाँ तो वहॉ वीरान नज़र आती है
रौनकें बढ़ती चली जाती है जिन्दगानी की
कलमागो है जो वो महेबस मुजीबुरहमान
हज्र तक रोएगी दीवारे तो जिन्दानी की
ये तो आसार कयामत के नजर आते हैं
बस्तियॉ लूटे मुसलमान मुसलमानों की
इंदिरा गॉधी की हिम्मत की शुजाअत की हो जै
ऐसी मेहमान नवाज़ी कहॉ मेहमानों की

उपरोक्त नज़्म महाराज जी ने बंगलादेश की आजादी की लड़ाई के समय इंदिरा गांधी द्वारा उठाये गये साहसिक कदम की प्रशंसा में लिखा था।

इंदिरा गांधी के प्रति उनकी श्रृद्धा निम्नलिखित नज़्म से और पुष्ट होती है –

जंग से डरती न मौत से घबराती है
देखकर हाल गरीबों का तड़प जाती है

जो गले हमको लगाता है हमारा है वही
हम गरीबों का तो दुनिया में सहारा है वही
उसकी अज्मत के लिए जान लड़ा देंगे हम
उसके दुश्मन को जमाने से मिटा देंगें हम

महाराज जी का धर्म क्या था ? एक सुसंस्कृत ब्राम्ह्मण परिवार में जन्में थे - हिन्दू धर्मविलम्बी होना स्वाभाविक है। वे रूढ़िवादी एवं अंधविश्वासी किसी चीज में नहीं थे। उनके ह्रदय का द्वार हर धर्म के लिए खुला था। लखनऊ में रहते हुए वे इस्लाम धर्म की ओर भी आकर्षित हुए। नमाज पढ़ना सीखे, कुरान शरीफ का अध्ययन किये और मुसलमान भी बन गये।

ईद और बकरीद के अवसर पर अपने मुसलमान दोस्तों से गले मिलने एवं सेवईयाँ खाने अवश्य जाते थे। वे किसी भी धर्म को दूर से देखकर ही अपना मत स्थापित करना नहीं चाहते थे बल्कि उसकी गहराई तक पहुँचकर उसमें निहित सत्य का दर्शन करना चाहते थे। मुम्बई में "एंग्लो इण्डीयन्स" बहुत थे। वहां महाराज जी ईसाई धर्म की ओर भी आकर्षित हुए। बाकायदा हैट, बूट, टाई, पहनकर चर्च जाने लगे। मिसेस अजनिया नाम की एक महिला जो उनके पड़ोस में रहती थी, महाराज जी उनसे अंग्रेजी लिखना पढ़ना सीखे। बाइबिल भी पढ़े। मिसेस अजनिया ने उन्हें एक बाइबिल दिया था। वे कहते थे-"लोग मजहब लड़ाने को कुछ भी कहें कुरान भी वही कहता है, बाइबिल भी वही कहता है, गीता भी वही कहता है। तीनों का एक ही उददेश्य है"।[6]

तात्पर्य यह हुआ कि महाराज जी तीनों मुख्य धर्मों में निहित सच्चाई का साक्षात्कार किये थे। वृद्धावस्था में स्वधर्म के प्रति उनकी आस्था बढ़ गई थी।प्रतिदिन प्रातः काल एक घंटा नियमित रूप से पूजा करते थे लाल चंदन से अपने माथे पर "ॐ" बनाते और ओंकार की ही पूजा करते थे। (चित्र न. 53)

यह कहना उचित होगा कि महाराज जी धर्म निरपेक्षता के सच्चे अनुयायी थे। उनकी नृत्य कला में भी हिन्दू और इस्लाम धर्मों का मिला

जुला रूप झलकता था। इकबाल की गज़ल व अन्य उर्दू नज़्मों के ऊपर भाव प्रदर्शन करने में वे कभी पीछे नहीं हटे। अंत में उन्होंने कत्थक नृत्य को दो धाराओं में विभाजित किया- "हिन्दू पिरीएड" और "मुगल पिरीएड"। ये एतिहासिक विश्लेषण उनकी धर्म निरपेक्षता का ही द्योतक है।

महाराज जी को अपनी जान बहुत प्यारी थी। उनके लिए कई अवसर आये लेकिन वे कभी हवाई जहाज में यात्रा नहीं किये, डर के कारण लिफ्ट में भी नहीं चढ़ते थे। रिक्शें में हमेशा ट्रेफिक के विपरीत अर्थात बांयी ओर ही बैठते थे। महाराज जी के इस स्वभाव से सम्बंधित कुछ रोचक घटनाएं प्रस्तुत हैं।

महराज जी की एक शिष्या गीता पवार के पिता श्री अवतार सिंह पॅवार जो विख्यात मूर्तिकार है, महाराज जी का "पोट्रेट" (मुखाकृति) बनाने के लिए उन्हें अपने स्टूडियो में आमंत्रित किये। महाराज जी अपनी शिष्याओं और मित्रों के साथ पधारे, पॅवार जी अति आवश्यक कार्य से आफिस में व्यस्त थे किन्तु उनके छात्रों ने महाराज जी को "मॉडल चेयर" पर बैठनेका प्रबन्ध कर दिया और "पोरट्रेट-स्टेण्ड" पर मिट्टी लगाना शुरू कर दिया। जैसे ही पॅवार जी आवश्यक कार्य समाप्त कर लम्बा सा माडलिग चाकू हाथ में लेकर वहां आये। महाराज जी उनके बिखरे बाल, दाढ़ी और हाथ मे चाकू देखकर न जाने क्या समझे, दरवाजे की तरफ भाग गये। सभी लोग हंस पड़े। पॅवार जी ने महाराज जी को विश्वास दिलाया कि वह रामपुरी चाकू नहीं, माडलिंग का औजार है -तब वे खिसियाए और अपनी जगह आकर बैठ गये। बीच बीच में महराज जी को उस घटना पर हंसी आती रही। दूसरे दिन कत्थक सम्राट श्री बिरजू महराज अपना छोटा मूवी कैमरा साथ लेकर पॅवार जी के स्टूडियो में पधारे। वे लच्छू महराज जी का "पोरट्रेट " बनते हुए मूवी खींचना चाहते थे। महाराज जी ने उनको बाकायदा नृत्य द्वारा पहले दिन की घटना को - कैसे वह पॅवार जी के हाथ में चाकू देखकर भागे थे, दर्शाकर फिल्म खिंचवाई।[7] इस घटना से महाराज जी के स्वभाव के कई

रूप है - एक तो यह कि उनको किसी के हाथ में चाकू देखने से सचमुच डर लगता था, दूसरी यह कि वे जीवन के रोचक घटनाओं को अपनी कला में उतारने का प्रयास करते थे, और तीसरी यह कि वे सरल और विनोदी मिज़ाज के व्यक्ति थे।

महाराज जी अपने स्वास्थ्य का बहुत ध्यान रखते थे, क्यांकि वे जीना चाहते थे। स्वास्थ्य में थोड़ी गड़बड़ी होने से घबरा जाते थे। एक बार गर्मी की छुद्दियों में कपिला जी के मुम्बई जाने से होटल का खाना और अनियमितता से महाराज जी का स्वास्थ्य खराब हो गया। मध्य रात्रि में महाराज जी डा.आशिर्वाम को उठाये और बोले कि अभी जाकर डाक्टर को बुला लाओ, मुझे घबराहट हो रही है। उनके चेहरे से पसीना छूट रहा था और बहुत परेशान दिखाई दे रहे थे। उन्होने आशिर्वादम जी को एक पता बताया, जहॉ पर उन दिनों में रात भर डाक्टर उपलब्ध होते थे। आशिर्वादम जी तुरन्त रिक्शा लेकर वहां पहुँचे तो देखा काउन्टर मे लाइट तो जल रही है लेकिन वहाँ कोई था नहीं। पाँच छः मिनट तक जोर जोर से आवाज देने पर भी कोई नहीं आया तो महाराज जी अकेले हैं सोचकर आशिार्वादम जी वापस आ गये और महाराज जी को बताये कि वहां कोई नहीं है। महाराज जी ने उनसे कहा "सामने कि बिल्डिंग में तीसरी मंजिल में मेरा शिष्य जोगू रहता है उसे बुला लाओ"। आर्शिवादम जी तुरंत गये और उस मध्य रात्रि में महाराज जी के बताये हुए बंगले के सामने जोर जोर से "जोगू दादा -जोगू दादा" पुकारे। जोगू दादा आवाज सुनकर बाहर आये और महाराज जी की तबियत खराब है सुनकर बोले, "आ रहा हूँ।" आशिर्वादम जी वापस महाराज जी के पास गये तो देखे महाराज जी शांत बैठे हुए थे, उनका पसीना आना भी बंद हो गया था और उनकी घबराहट भी खत्म हो गयी थी। कहने लगे "अब अच्छा लग रहा है।" इतने में जोगू दादा भी वहां पहुँच गये और उनके द्वारा डाक्टर बुलाने के लिए पूछने पर महराज जी ने कहा "अब कोई जरूरत नहीं है डाक्टर बुलाने की, सब ठीक हो गया है।"थोड़ी देर बात करने के बाद महाराज जी बत्ती बुझाकर सो गये।[8] महराज जी की उम्र उस समय लगभग 74-75 वर्ष की

थी। यद्यपि उनका आत्म बल इतना अधिक था कि वे चुपचाप से सब सहन कर लेते थे किन्तु मौत से बहुत डरते थे , क्योंकि वे अपना लक्ष्य पूरा किये बिना मरना नहीं चाहते थे। जीवन के आकर्षणों से उन्हें कोई लगाव नहीं था। वे जीवन की सभी सुख सम्पदाओं का उपभोग कर चुके थे। किन्तु मरने से पहले वे अपने नृत्य की अमिट छाप छोड़ जाना चाहते थे। इसीलिए वे अपने स्वास्थ्य का बहुत ध्यान रखते थे। एक बार महाराज जी के मित्र और सलाहकार अधिवक्ता श्री शशि सिन्हा ने उनसे पूछा कि महाराज जी "दुनिया हवाई जहाज में यात्रा करती है, भारत के राष्ट्रपति, प्रधानमंत्री और सारे कलाकार हवाई यात्रा करते हैं, आप क्यों नहीं करते ? "महाराज जी का जबाव बहुत सारगर्भित था :- "कलाकार एक बार पैदा होता है, बार बार नहीं।" प्रधानमंत्री एक मरेगा, दूसरा पैदा हो जाएगा। मगर लच्छू महाराज मर जाएगा तो दूसरा लच्छू महाराज नहीं पैदा होगा। अच्छन महाराज, कालिका-बिन्दादीन महाराज मर गये, फिर पैदा नहीं हुए। हम उनके शिष्य कहलायेंगे मगर वो कलाकार दूसरा पैदा नहीं होंगे। हम अपने लिए जिन्दा नहीं रहतें, दूसरों के लिए जिन्दा रहते है। लोग जाते हैं तो खा पीकर चले जाते हैं, कलाकार जाता है। तो कुछ देकर जाता है। असली कलाकार वह है जो कुछ देकर जाए।[9]

दरबारों में महाराज जी नवाबों और राजाओं के दोस्त या ए.डी. सी. बनकर रहे। वहां उनके शौक पूरे होते थे। बम्बई जाने के बाद फिल्मों में नृत्य निर्देशक के रूप में खूब पैसा कमाये और अपनी इच्छा पूर्ति के लिए खर्च भी किये। उनके पास दो दो मोटर गाड़ियाँ थी। जवानी में उनको शराब और सिगरेट का भी शौक था। ऊँचे किस्म की शराब पीते थे और बड़े बड़े होटलों में जाकर "बालरूम डांस" जैसे आधुनिक संस्कृति का भी आनंद लेते थे। लगभग साठ वर्ष की उम्र में उन्होंने शराब और सिगरेट पीना छोड़ दिया। महाराज जी इतने दृढ़ निश्चयी थे कि एक बार इन चीजों को छोड़ने के बाद फिर नहीं अपनाये। कभी कभी यार दोस्तों के साथ, विशेषकर जब उनका नृत्य कार्यक्रम बहुत सफल होता तो उस खुशी में एकाध पेग लेते थे। सिगरेट तो उन्होंने फिर कभी छूआ

नहीं। बिना कत्थे का पान और बाबा जर्दा वे अंत तक लेते रहे। चाय पीने का शौक उन्हें बहुत था। हलवा , रबड़ी ,काजू की बर्फी आदि मिठाईयाँ उन्हें बहुत पसंद थी। परवल की सब्जी एवं तहरी शौक से खाते थे।

फोटोग्राफी में महाराज जी को बहुत रूचि थी। उनके पास एक अच्छा रोलीफ्लैक्स कैमरा था , जिसे वे बहुत सहेज कर रखते थे। फोटो बहुत खींचते थे और दूसरों को बांट भी देते थे। कैमरे के अतिरिक्त फाउन्टेन पेन रखने का भी उन्हें शौक था। अपनी पंसद की चीजों को वे किसी को हाथ लगाने नहीं देते थे। विविध प्रकार के नग पहनने का भी उन्हें शौक था। अपनी राशि व ग्रहों के अनुसार वे तांत्रिकों से पूछकर नग खरीदते थे गोमेद, पुखराज,नीलम और मून स्टोन आदि उनके खास नग थे। ज्यातिष शास्त्र का उनको अच्छा ज्ञान था। अकसर वे अपने मेहमानों का हाथ देखा करते थे (चित्र न. 33)। उनको जादू वगैरह में भी दिलचस्पी थी। बम्बई में वे किसी से जादू सीखे भी थे। महाराज जी को अच्छे, खूबसूरत कुत्ते पालने का भी शौक था। बंबई में प्रतिदिन सुबह शाम कुत्ते को लेकर दादर घूमने निकल जाते थे। वहां जाकर एक रेस्टारेंट मे बैठ जाते, लस्सी पीते और गप्पें मारते।

महाराज जी नफासत पसंद इंसान थे। उज्वल कपड़े पहनते थे। कुर्ते में सोने के बटन लगाने का बहुत शौक था। यौवन के दिनों में वे शेरवानी, सूट, लाँग, कोट रूमी टोपी हैट, कश्मीरी टोपी आदि अलग अलग तरह के वस्त्र धारण करते थे। अंतिम दिनों में वे कुर्ता पायजामा ही पहनते थे। महाराज जी स्वयं बहुत साफ सुधरे रहते थे और अपने आसपास भी सदा स्वच्छ रखना पसंद करते थे। लखनऊ आने के बाद महाराज जी की दिन-चर्या एकदम नियमित बन गई थी। प्रातः साढ़े चार या पाँच बजे उठते और नित्यकर्मों से निपटने के बाद कुनकुने पानी से नहाते। तदुपरांत खाली पेट लहसुन का एक फांक निगल जाते थे और तांबे के लोटे में रात का रखा हुआ बासी पानी पी लेते थे। फिर लंगोट पहनकर व्यायाम, आसन और प्राणायाम करते थे। तब तक कपिला जी साफ सफाई करके पूजा का सामान व आसन आदि जमा देती थी और

महाराज जी पूजा करने बैठ जाते थे। व्यायामों में उनका कलाई घुमाने का व्यायाम महत्वपूर्ण था। अपने हाथों में लोहे के डम्बल्स पकड़कर कलाई को लगभग दो ढाई सौ बार घुमाते थे। इसीलिए उनके कलास बहुत खूबसूरत चलते थे। आसनों में शीर्षासन उनका मुख्य था। पूजा आदि से निपटने तक उनका नाश्ता तैयार रखना पड़ता था। नाश्ते में एक पाव शुद्ध दूध, आधा उबला हुआ अण्डा, डबल रोटी के दो स्लाइस और कभी एक मीठा होता था। दूध गरम करने एवं अंडा उबालने के भी उनके नियम थे। दूध को तीन बार उबाल आने तक गरम करना पड़ता था और अंडे को खोलते पानी में डालने के बाद तीन मिनट तक रखना पड़ता था। अंडे का छिलका निकालकर तैयार रखने के बाद महाराज जी उसका सिर्फ जर्दा चम्मच से खाते थे। पानी हमेशा चांदी के ग्लास में ही पीते थे। महाराज जी जब झाउलालपुल वाले मकान में रहते थे तब नाश्ता करने के बाद पान मुंह में दबाकर पायजामा, बनियान पर ही सड़क पर टहलने निकलते और मोहल्ले के लोगों का कुशल क्षेम पूछते हुए एकाध फर्लांग तक निकल जाते और गोलागंज में स्थित अपने एक युवा दोस्त, शकुन की पान दुकान पर रूककर एक दो मिनट इधर उधर की बातें करते और एक स्वादिष्ट पान खाकर, घर आकर तुरंत कपड़े बदलते और रिक्शा में कपिला जी के साथ केन्द्र जाते। डा0 आशीर्वादम लखनऊ में रहते तो तीनों एक ही रिक्शे में केन्द्र जाते थे। रिक्शे का किराया स्वयं देते और हमेशा रिक्शे वाले को दो चार आने का टिप भी देते थे। तैयार होने के बाद वे ठहरते नहीं थे। यदि कभी कपिला जी तैयार नहीं हुई तो वे गुस्से में कहते, “आप आते रहियेगा, हम चले”। ऐसा जोर से कहकर अपनी छड़ी हाथ में लेकर घर से निकल जाते और सड़क में आकर स्वयं रिक्शा तय करके बैठ ही जाते थे। नौ बजे नियमित रूप से वे केन्द्र पहुँच जाते थे। डा. आशिवार्दम कहते हैं कि उस समय संगीत नाटक अकादमी और भातखण्डे महाविद्यालय जिस कम्पाउण्ड में स्थित है वहां सन्नाटा रहता था। कत्थक केन्द्र खुलने का समय दस बजे था। तब तक महाराज जी सामने की चाय की दुकान की “मालकिन” को आवाज देते और लोगों की संख्या के अनुसार वही से उंगलियों से इशारा करके चाय का आर्डर

देते। मालकिन अच्छी चाय बनाकर लातीं। दस बजे के करीब केन्द्र का चपरासी, बुधसागर आ जाता था और केन्द्र खोलकर झाड़ू पोछा लगाता था तब महाराज जी और कपिला जी अंदर आते। कपिला जी तुरंत घुंघरू बांधकर ततकार का अभ्यास शुरू करतीं। दस बजे तक दूसरी लड़किया: मालविका सरकार, कुमकुम घर आदि सब पहुँच जाते और महाराज जी का चरण स्पर्श घुंघरू बाँधकर ततकार करने में तल्लीन हो जाते। समय पर संगतकार भी आ जाते और महाराज जी को प्रणाम करके अपने अपने वाद्य मिलाकर उसी लय में लहरा शुरू कर देते। महाराज जी एक कुर्सी पर बैठ जाते थे, सामने एक छोटा टेबल रखा होता था। उनकी बाँयी ओर एक बड़े चौक पर सब संगतकार बैठते थे। दाँयी ओर लड़कियाँ बैठती थी। अभ्यास हाल के बीच में होता था। महाराज जी के पीछे दीवार पर बिन्दादीन महाराज और कालिका प्रसाद जी के बड़े बड़े चित्र टंगे होते थे। घड़ी देखकर एक घंटे तक सभी लड़कियाँ ततकार करतीं थीं। ततकार करने के बाद तोड़े, परन, गतनिकास आदि का अभ्यास होता था। महाराज जी खामोश बैठकर सबका निरीक्षण करते रहते थे और मन ही मन में कुछ न कुछ रचना करते रहते थे। जब कोई नई चीज बन जाती, जैसे -तोड़ा, गतनिकास या तिहाई आदि, तो अभ्यास बंद करा के उस चीज को अपने शिष्यों को उसी समय सिखा देते। इस प्रकार बारह बजे तक अभ्यास क्रम चलता रहता। ठीक बारह बजे महाराज जी का खाना चीनी प्लेट में परोसकर उनके टेबल पर रख दिया जाता था। शिष्यायें बाजू के कमरे में अपने अपने टिफिन से खाना खा लेते थे। महाराज जी की शिष्याओं को बातचीत करने का एक यही अवसर मिलता था क्योंकि महाराज जी जल्दी भी खा लेते तो हाल के बाहर निकलकर थोड़ी देर टहलते या बाजू में स्थित कत्थक केन्द्र के सचिव के कार्यलय में जाकर बैठ जाते थे। संगतकार भी तब तक चाय, पान, सिगरेट आदि लेकर ठीक एक बजे फिर उपस्थित हो जाते। लड़कियाँ भी एक बजे फिर घुंघरू बांधकर अभ्यास शुरू करतीं थीं। महाराज जी भी घूमघाम कर उस समय तक अपनी कुर्सी में आकर बैठ जाते थे। दोपहर का समय महाराज जी अकसर नई चीज सिखाने में, या बैले बनाने में या नवीन प्रयोग करने में

बिताते थे। चार, साढ़े चार के बीच लड़कियाँ घुंघरू खोल देती थी और छोटे बच्चों की कक्षा शुरू हो जाती थी, जिन्हें कपिला जी सिखातीं थीं। पाँच बजे कत्थक केन्द्र बंद हो जाता था। महाराज जी रिक्शे में बैठकर अमीनाबाद का एक चक्कर अवश्य लगाते। जहां उनके एक दोस्त अतीक भाई की चप्पलों की दूकान थी। वहां बैठकर महाराज जी एक प्लेट सोजी का हलवा मंगाते जो उस समय आठ आने या साठ पैसा प्लेट आता था, पैसा स्वयं देते थे। जब तक महाराज जी वहां बैठ रहते, कपिला जी अमीनाबाद में कुछ जरूरत की चीजों की खरीददारी करतीं थीं। फिर रिक्शा करके घर चले आते। घर आकर कपड़े वगैरह बदलने के बाद दालमोंठ के साथ चाय लेते थे। महाराज जी जब गुलिस्तां कालोनी में आ गये, मकान सुविधाजनक होने के कारण गर्मी के दिनों में वे पाइप से पूरा बराण्डे में पानी सींचकर ठण्डा कर लेते थे। उसके बाद टेबल कुर्सी डालकर बैठते थे। इन दिनों अपने शिष्य डा0 आशिर्वादम के साथ बैठकर इधर उधर की बातें करते। रात में ठीक आठ बजे भोजन करते जिसमें सिर्फ दो रोटी लेते थे। खाने में वे नियमित रूप से मीठा दही लेते थे। थोड़ा भी खट्टा सहन नहीं करते थे और बहुत गुस्सा हो जाते थे। आम के मौसम मे खाने के बाद दोनों समय एक दसेरी आम जरूर खाते और साथ में जितने लोग रहते उन्हें भी खिलाते थे। खाने के बाद दोनों समय वे "विटाजाइम" दो चम्मच लेते थे। कभी कभी "वाटर बरिस कम्पाउंड" भी लेते थे आँखों में रोज "जेन्टामाइसीन" आई ड्रॉप डालते थे। खाने के बाद साढ़े आठ बजे महाराज जी नियमित रूप से बिस्तर में लेट जाते और अन्य लोगों से भी यही उम्मीद करते थे। सोने से पहले वे हाथों से तीन बार ताली बजाते थे। उसके बाद महाराज किसी से बात नहीं करते और न ही कोई उनसे बात करता था। टी.वी. तो महाराज जी देखते ही नहीं थे। उनके घर में गुलिस्तां कालोनी में रंगीन टी.वी.थी जिसे उनके शिष्य कम आवाज में देखते थे। महाराज जी बहुत उदार ह्रदय के व्यक्ति थे। अपनी तनख्वाह इतना तरीके से खर्च करते कि आराम से गुजारा करते हुए भी आधी तनख्वाह बैंक में जमा होती थी। जब पर्याप्त पैसा जमा हो जाता तब आवश्यकता की चीजें खरीदते थे। कभी किसी का उधार नहीं रखते थे। दस हजार जमा हुआ तो पाँच हजार का सामान खरीदते थे,

क्योंकि समय पर किसी के सामने हाथ फैलाने की आवश्यकता न पड़े। इस प्रकार पाँच वर्ष के अंदर वे गृहस्थ की सभी आवश्यक वस्तुएँ जमा कर चुके थे। शिष्यों के प्रति भी अन्य गुरुओं की अपेक्षा वे अधिक उदार थे। शिष्यों को देते थे, किन्तु उनसे लेने की आशा नहीं रखते थे। सिखाने का तो वे पैसा लेते ही नहीं थे। शिष्य उनके घर आते तो उन्हें भोजन करके ही जाना पड़ता था। कभी मालविका सरकार, कभी कुमकुम घर कभी शशि भारद्वाज, दस-दस, पन्द्रह-पन्द्रह दिन उन्हीं के घर में रहते थे। महाराज जी उनको कोई असुविधा नहीं होने देते थे। डा.आशिर्वादम तो दीपावली की छुटिटयों में बीस दिन और गर्मी की छुट्टियों में दो महीने, पाँच साल तक महाराज जी के घर में ही रहे। आज के युग में सगे रिश्तेदार भी ऐसी मेहमान नवाज़ी नहीं करते। इसके अतिरिक्त शिष्यों के जन्म दिन पर उन्हें कुछ न कुछ उपहार अवश्य देते थे।

वे जितने उदार और सरल थे उतने ही गरम मिजा़ज के भी थे। उनके सिद्धांत के विपरीत कार्य होने पर उनको गुंस्सा आता था। उनकी नाराजगी के सम्बंध में डा. आशिर्वादम एक रोचक घटना सुनाते है :-

उस समय की घटना है जबमहाराज जी, मालविका सरकार और आशिर्वादम जी लखनऊ-बाम्बे मेल से बम्बई जा रहे थे। मध्य रात्रि मे गाड़ी की तेज रफ़्तार से सुराही लुढ़क कर फूट गई। महाराज जी पानी मांगे। सुराही फूट गई जानकर उनके गुस्से का कोई पार नहीं रहा आशिर्वादम जी को जोर जोर से डांटने लगे। मालविका सरकार डर के कारण सिर ढांक कर सो गई। आशिर्वादम जी चुपचाप सुनते रहे। महाराज जी पान खाने के लिए डिब्बा खोले तो पान भी नहीं। जबकि हमेशा उनके पान खत्म हाने से पहले ही पान लाकर उनका डिब्बा भर देना पड़ता था। महाराज जी और गुस्से से चिल्लाने लगे। जब आशिर्वादम जी के बरदाश्त के बाहर हो गया तो गाड़ी रूकते ही यह नहीं देखे कि यहां गाड़ी कितने देर रूकती है, उतरकर सीधा स्टेशन के बाहर गये और एक सुराही खरीद लिये। प्लेटफार्म में आकर नल से पानी भी भर लिए और पान दुकान से पान भी बँधा लिए। पीछे पलटकर गाड़ी की ओर देखे तो

गाड़ी चल रही थी, तेज रफ्तार पकड़ ली थी। वे भागकर प्रथम श्रेणी के एक डिब्बे में पान का डिब्बा फेंक दिये और एक हाथ में सुराही तथा दूसरे हाथ से दरवाजे की डंडी पकड़कर बड़ी मुश्किल से चढ़गये। बहुत देर के बाद एक स्टेशन पर गाड़ी रूकी तो वे अपने डिब्बे में पहुँचे और महाराज जी के सामने सुराही रख दिये, पान का डिब्बा भी उनके बाजू में रखकर चुपचाप अपनी सीट पर बैठ गये। महाराज जी सुराही से पानी पी लिए और पान मुंह में दबा कर ठंडे दिल से आशिर्वादम जी की ओर देखने लगे। आशिर्वादम जी की अनुपस्थिति में मालविका सरकार घबरा गई और महाराज जी से बोली "भैया नहीं आये, बेचारे इस रात में कहां जाएंगे। महाराज जी बोले "असली शागिर्द है तो आ जाएगा साला, नहीं तो हैदराबाद भाग जाएगा, जाने दो।" सवेरे 5-6 बजे जब गाड़ी बम्बई पहुँची तो कोई यात्री महाराज जी का सैंडिल पहनकर उतर गया। महाराज जी बड़े शौक से फर वाली सैंडिल दिल्ली से खरीदे थे और खास खास मौकों पर ही उसे पहनते थे। आशिर्वादम जी का चप्पल लखनऊ में टूट गया था। महाराज जी बोले कि बम्बई में सस्ते में चप्पल मिलते हैं वहां खरीद लेना; और अपनी हवाई चप्पल उन्हें पहनने को दिये और स्वयं सैंडिल पहन लिये थे। एक तो उनका मूड पहले से खराब था, सैंडिल चोरी होने से उन्हें और गुस्सा आया। आशिर्वादम जी के ऊपर चिल्लाने लगे कि इसके कारण मेरी सैंडिल चोरी हो गयी। फिर महाराज जी अपना हवाई चप्पल पहन लिए और आशिर्वादम जी बिना चप्पल के ही स्टेशन से दादर स्थित महाराज जी के मकान गये। बम्बई पहुँचने के बाद महाराज जी का गुस्सा ठंडा हो गया। वहां आशिर्वादम जी को कोल्हापुरी चप्पल दिलाए और कई बार चौपाटी ले जाकर मालविका सरकार और उनको भेलपूरी भी खिलाए। महाराज जी की ये आदत थी कि गुस्सा शाँत होने पर बहुत प्यार दिखाते थे और कुछ न कुछ खिलाते थे कुछ चीज खरीदकर देते थे। उनके मन में कपट की भावना नहीं थी। हर कलाकार की इज़्ज़त करते थे और दूसरों के शिष्यों का नाच देखकर हमेशा दाद देते थे, प्रशंसा ही करते थे। कला के विषय में रूढ़िवादी नहीं थे। दूसरों के सुझावों का हमेशा आदर करते थे। उनमें अक्खड़पन के बाद भी

कलाकार की नम्रता थी। वे 1976 में लखनऊ उत्सव के लिए "महात्मा बुद्ध" बैले की रचना कर कहने लगे "अब 76 वर्ष की उम्र में आभूषण क्या बनाऊँगा, मैंने तो ढाँचा बनाया है, इसको और साफ सुधरा बनाने की जरूरत है।[10] "इसका अर्थ यह हुआ कि ख्याति के शिखर पर पहुँचकर भी उनको अपनी कला में इस बात का एहसास था कि पहले रफ काम होता है फिर उसमें सुधार की संभावना होती है, इससे उनकी कलात्मक नम्रता का परिचय मिलता है। महाराज जी के व्यक्तित्व की एक और अनुकरणीय बात उनकी वक्त की पाबंदी थी। अंग्रेजों से ज्यादा वे वक्त के पाबंद थे। अंग्रेज वक्त पर जाते थे तो महाराज जी वक्त से पहले पहुँच जाते थे। वे अपने शिष्यों को भी कार्यक्रम शुरू होने से एक घंटा पहले तैयार होकर रहने को कहते थे ताकि आयोजकों को कोई परेशानी न हो। महाराज जी के जीवन के विश्लेषण से ऐसा लगता है कि वे एक निष्काम कर्म योगी थे। संसार में रहकर भी केवल कर्मयोगी की तरह जीवन यापन किये। वे यह अच्छी तरह समझ गये थे कि समाज में कलाकार की एक महत्वपूर्ण भूमिका होती है। एक कलाकार आसानी से नहीं बनता, कई वर्षो की तपस्या के बाद ही तैयार होता है। अतः कलाकार का समाज के प्रति इतना दायित्व हो जाता है कि इस दुनिया से जाने से पहले वर्षो की मेहनत से जो पूंजी कमाये है वह दूसरों को देकर जाए, आने वाली पीढ़ी को देकर जायें। वे अपने अन्दर के कलाकार को अच्छी तरह पहचानते थे। अपनी कला को दूसरो को देने का सुनहरा अवसर उन्हें लखनऊ कथक केन्द्र में मिला और इसका उन्होंने भरपूर उपयोग किया। वे और बहुत कुछ करना चाहते थे इसीलिए मौत से बचने की कोशिश करते थे। वे अंतिम क्षणों तक अपना एक मात्र लक्ष्य नृत्यकला का प्रचार करते रहे।

समय समय पर महाराज जी द्वारा प्रकट किये गये विचारों का संकलन प्रस्तुत है, जिन्हें अपनाने से कत्थक नृत्य के पुनरूद्वार एवं विकास में सहयोग मिल सकता है। **कत्थक के सम्बंध में महाराज जी के विचार :**

"उत्तर भारत के इस शास्त्रीय नृत्य के जन्मदाता नटवर कृष्ण थे, नटराज शंकर नहीं। उदाहरणार्थ कत्थक नृत्य के अन्तर्गत प्रस्तुत गतभाव आदि में कथानक मुख्य रूप से कृष्ण की लीलाओं से ही सम्बंधित होते हैं। यह नृत्य जब तक देव मन्दिरों तक सीमित रहा तब तक इसकी शैली और शुद्धता कुप्रभावित नहीं हुई, यद्यपि कथानक में कुछ परिवर्तन हुए। परन्तु जब से यह नृत्य रजवाडों और नवाबों की महफिलों में प्रचलित हुआ, तब से मनोरंजन और धनोपार्जन का साधन बनने लगा, इसमें कामोत्तेजक हाव भाव तथा मुद्राओं का प्रदर्शन होने लगा। देव मन्दिर की यह पवित्र नृत्य कला धीरे धीरे वेश्याओं के कोठों पर बिकने लगी। जिसे कि आज हम मुगल शैली का कत्थक नृत्य कहते है, वह हमारे हिन्दू शैली के नृत्य का परिवर्तित स्वरूप था।[11] "कत्थक नृत्य की हिन्दू शैली को पुनः शुद्ध रूप में प्रस्तुत कर इसे लोकप्रिय व अमर बनाना ही श्री लच्छू महाराज का एक प्रमुख उददेश्य है।"[1] "कत्थक और कथा का अटूट सम्बंध है। इसका असली नाम "कत्थक" कथा से ही पैदा हुआ है। वह शुद्ध नृत्य हो तो भी किसी न किसी बात की कथा है, जैसे –"आकाश भ्रमरी (चक्कर)"। अपनी भाषा में लच्छू महाराज ने अमूर्त कला को इंसान की गहरी भावनाओं का प्रतीक होने की बात को समझाते हुए कहा।"[12]

"कत्थक का अर्थ नृत्य के माध्यम से किसी कथानक को प्रस्तुत करना है। इसमें नृत्त एवं नृत्य का सुंदर समावेश होता है। इस आधार पर विश्लेषण किया जाये तो यह कहना कठिन है कि ये नृत्य शैली वर्तमान समय में कुछ प्रगति कर रही है। "[13]

"तकनीकी कमाल की सराहना दर्शक सर्कस के रूप में करते है। कत्थक की मूलभूत वस्तु कथा होनी चाहिए। "[14]

"बिंदादीन महाराज अपने समय की मांग के अनुसार कत्थक में कई परिवर्तन लाये थे। उन्होंने भी कत्थक को कथा प्रस्तुत करने का नृत्य कहा। हम लोग उनके योगदान तो भूल गये है मगर अपना योगदान कुछ नहीं दे रहे हैं। हकीकत में देखा जाये तो हम अपने समय की मांगो के

के साथ एकरूपता स्थापित नहीं कर सक रहे हैं। चक्कर और अन्य तकनीकी चमत्कार प्रस्तुत करके हम लोग दर्शकों की प्रशंसा अर्जित करते है। दर्शक जिस चीज की सराहना करते हैं वह वास्तव में नृत्य नहीं है, बल्कि नर्तक की तकनीकी शिक्षा है। तेजी और तकनीकी कमाल हासिल करने के लिए कलाकार को केवल खूब अभ्यास करना पड़ता है। मगर कथा का भाव पक्ष लम्बे अनुभव और संवेदनशील हृदय, सचेत बुद्धि से ही विकसित किया जा सकता है। आज के कत्थक में इसी की कमी है।"[15]

कत्थक पर संकट के सम्बंध में महाराज जी के विचार :

कत्थक की आधुनिक स्थिति से लच्छू महाराज जी बहुत चिंतित एवं क्रोधित थे। उनका गुस्सा यह था कि राष्ट्र ने कोमल एवं सुंदर कत्थक नृत्य का पतन होने दिया। जिससे वह बिना अर्थ के कोलाहल सदृश्य रह गया है। केवल घुंघरू की झनकार एवं तेज रफतार की स्पर्धा बनकर रह गया है। किन्तु उनका क्रोध उनको निराश नहीं किया बल्कि अधिक उत्साह के साथ 2000 वर्ष पुरानी उस कला की खोई हुई वैभव एवं सुंदरता का पुनरूद्धार करने के लिए प्रोत्साहित किया। लच्छू महाराज के विचार में कत्थक भगवानों अर्थात शिव, राधा, कृष्ण आदि का नृत्य है।[16]

उनके अनुसार आज का कत्थक मुगलकाल की देन है। मुगलों ने इस कला के रूप में ही मूल परिवर्तन कर दिया और दुनिया ने उस परिवर्तन को बिना आपत्ति के स्वीकार कर लिया। परिणामस्वरूप कत्थक का नाम नाचने वालियों और विलासी जीवन के साथ जुड़ गया।[17] "धीरे-धीरे इस कला का पतन शुरू हुआ और सभ्रान्त परिवार के लड़कियों को इस कला से वंचित होना पड़ा। अब कला में शुद्धता और दक्षता का कोई स्थान नहीं रहा। हस्तक संचालन अपनी शुद्धता खो बैठे और चेहरे की भावात्मकता भी खत्म हो गई। कत्थक नृत्य को स्वरों की संभावनाओं के अनुरूप अभ्यास करके उसकी कलात्मकता को प्रस्तुत करने का एक गुरु और शिष्य में जो अंतर है वह नहीं रहा। आज जो चीज बच गई है वह ऐसे दर्शकों की प्रशंसा है जो कला की अच्छाई,

बुराई से अनभिज्ञ है। उनको तेज रफतार और चहल पहल चाहिए जिससे की कत्थक नृत्य अपनी कोमलता और सुंदरता खो चुकी है।[18] कत्थक पर आज संकट का काल है। एक तो इस पे गलत सलत आरोप लगाये जा रहे हैं और दूसरे नये कलाकार जल्दी प्रसिद्धि पाने की कोशिश में इसको घटिया और अशिक्षित ढंग से प्रस्तुत कर रहे है। कला मनोरंजन तो है पर मनोरंजन भी एक ही स्तर का नहीं होता। कत्थक को "मुजरा " बना देने वालों की अपनी नालायकी से ही ऐसा संभव हो सका है। कानों में तो मीरा का पद सुनाई दे रहा है और जो आंख खोलकर देखता हूँ, तो सामने वैश्या नाच रही है और वह भी किसी न किसी "महाराज "की शिष्या। पहले या तो रसोईया महाराज होता था या ब्राम्ह्यण और आजकल सभी है।[19]

सन् 1978 में संगीत नाटक अकादमी द्वारा दिल्ली कत्थक केन्द्र में आयोजित कत्थक सेमिनार में कत्थक की वर्तमान स्थिति एवं उनके निदान के सम्बंध में महाराज जी ने निम्नलिखित विचार प्रगट किये -

यह सवाल उठना स्वाभाविक है कि कत्थक को कौन सी चीज इस स्थिति पर पहुँचाई है। मुख्य कारण यह है कि अधूरे शिक्षक जो किसी गुरु या किसी शिक्षण संस्थान में कुछ समय के लिए शिक्षा प्राप्त करके पैसा कमाने के लिए नृत्य की शिक्षा देते हैं। ऐसे शिक्षकों को अपनी कला में पूर्ण दक्षता नहीं रहती और उनके विद्यार्थी उनसे भी कम सीख पाते है। इस प्रक्रिया में इस नृत्य का मुख्य तत्व कथा खो जाती है।

आज के शिक्षक संस्थाओं से डिग्री पा सकते है मगर वे न तो अच्छे शिक्षक हैं और न अच्छे मंचीय कलाकार। एक कलाकार में सर्जना शक्ति होना चाहिए और एक शिक्षक में अपने विद्यार्थिओं की सर्जनाशाक्ति को प्रोत्साहित करने की क्षमता होनी चाहिए। एक अच्छे कलाकार को सामाजिक जीवन के सभी पहलुओं का ज्ञान होना चाहिए एवं अच्छे शिक्षक को इसके अतिरिक्त शिक्षण पद्धतियों का ज्ञान होना चाहिए। आजके न तो नर्तकों में और न शिक्षकों में ये गुण पाये जाते है। यहां यह

भी कहा जा सकता है कि एक अच्छा नर्तक ही एक अच्छा शिक्षक हो सकता है। आज कत्थक की स्थिति संतोषजनक नहीं है। इसमें सुधार तभी संभव है जब कलाकार और शिक्षक किसी योग्य गुरु के सान्निध्य में अपने आपको गंभीरता से अपने व्यवसाय के योग्य बनायें।

इसी सेमिनार में महाराज जी ने शिक्षण संस्थाओं के समबंध में अपने विचार व्यक्त किये। उनके अनुसार संस्थाओं की भूमिका को तीन भागों मे विभाजित कर सकते है -

(अ)-अच्छे श्रोता या कला प्रशंसक तैयार करना।

(ब)-अच्छे रंगमंचीय कलाकार तैयार करना।

(स)-योग्य शिक्षक तैयार करना।

पहली श्रेणी के लोगों के लिए प्रायोगिक ज्ञान की आवश्यकता नहीं है। दूसरी श्रेणी के लिए प्रायोगिक एवं शास्त्र ज्ञान तथा गम्भीरता से अभ्यास की आवश्यकता है। साथ ही साथ शिक्षार्थी को रंगमंच प्रदर्शन के लिए एक योग्य गुरु के निर्देशन में कार्य करना चाहिए। तीसरी श्रेणी के लिए प्रथम एवं द्वितीय श्रेणी के निर्धारित योग्यताओं के अतिरिक्त एक लंबे एवं सही अनुभव की आवश्यकता है। पुराने जमाने में शिष्य गुरु के पास रहकर शिक्षा लेते थे और गुरु उनको रंगमंच के लिए तैयार करते थे। 35 से 40 वर्ष विद्यार्थी जीवन एवं रंगमंच कलाकार के रूप में काम करने के बाद ही शिक्षक तैयार होता था। उस समय तक एक शिक्षक की भूमिका निभाने के लिए पर्याप्त अनुभव हो जाता है। सही तालीम लेने के लिए शिष्य को प्रशिक्षण के समय पूरी शिक्षा एक ही गुरु से लेनी चाहिएं। जव विद्यार्थी कई गुरुओं से सीखता है, हर गुरु यह साबित करने की कोशिश करता है कि उसने पहले जो कुछ सीखा, वह गलत है। इस प्रकार विद्यार्थियों में आत्म विश्वास का अभाव हो जाता है। और वह विचलित हो जाता है। इससे बचने के लिए शिक्षण पद्धति में भी परिवर्तन लाना चाहिए।

कत्थक की प्रगति में रूकावट डालने की समस्याओं के सम्बंध में लच्छू महाराज के विचार हैं-

अधिकतर विद्यार्थी गरीब होते है जो एक बहुत बड़ी समस्या है। इसमें शक नहीं है कि बहुतों को छात्रवृत्तियाँ मिलती है मगर वह पर्याप्त नहीं है। जो लोग सम्पन्न है वे इसे अतिरिक्त विषय के रूप में लेते हैं। छात्रवृत्ति में शिक्षा पाने वाले विद्यार्थियों के लिए भी ये बंधन नहीं हैं कि अपनी शिक्षा पूर्ति के बाद कत्थक की सेवा करें। इसे अनिवार्य किया जाना चाहिए ।

एक समस्या शिक्षकों की कमी की है। एक ऐसी संस्था होनी चाहिए जो शिक्षक तैयार करता हो। शिक्षक और विद्यार्थी दोनों को अन्य नृत्य शैलियों का अध्ययन कर अपनी शैली को समृद्ध करने के अवसर उपलब्ध होने चाहिए।

इस नृत्य से सम्बंधित अच्छे ग्रंथ हिन्दी में तैयार करना चाहिए। इस नृत्य शैली को विकसित करने के तरीके और माध्यम ढूंढ निकालने के लिए इसको विभिन्न समस्याओं पर समयबद्ध परिसंवाद आयोजित करके चर्चा करना चाहिए।

कला को जीवित रखने के संबंध में महाराज जी के विचार :

कला को जीवित रखने के पहले कलाकार को जीवित रखना होगा। जो कि बिना संरक्षण के संभव नहीं है। आज के युग में संरक्षण के स्थान पर अनुभवी कलाकारों को बुढ़ापे के नाम पर उनकी रोजी रोटी भी हटा दिया जाता है। जबकि वास्तव में कलाकार की असली कला जीवन के लम्बे अनुभवों के बाद वृद्धावस्था में ही निखरती है। यही आयु वह अवस्था होती है जबकि कलाकार अपनी पूरी कला अपने शिष्यों को देना चाहता है ताकि उसकी कला और उसका नाम आगे जीवित रहे। आज का हर कलाकार कला के प्रचारके बजाय जीवन भर रोजी रोटी और कपड़े की चिन्ताओं से घिरा रहता है। धन कमाने और

साधन जुटाने के लिए वह कला और शिष्यों से बेइमानी करता है। जिस वजह से कत्थक नृत्य की यह कला ही नहीं वरन् अन्य ललित कलायें भी दिन पर दिन समाप्त होती जा रही है। जब तक शासकों की ओर से इस सम्बंध में निष्पक्ष सुव्यवस्था नहीं होगी, कलाओं का यही हाल होगा।

लच्छू महाराज कत्थक की खोई हुई परम्परागत शैली की रक्षा के लिए कटिबद्ध थे। जीवन के अंतिम वर्षो में उन्होंने फिल्म जगत से अपने पूरे सम्बंध तोड़ दिये और अपने निवास स्थान में गंभीरता से कत्थक नृत्य की शिक्षा देने का कार्य अपने कंधों पर ले लिये। वे अपने शागिर्दो को मुफ्त शिक्षा देते थे। अपने चार शागिर्दो को प्रतिदिन वे घंटो तक शिक्षा देते थे। ज्यादा शागिर्द बनाने में वे बिल्कुल रूचि नहीं रखते थे। नृत्य के शिक्षण में उनके पाँच पहलू थे -प्रायोगिक, शास्त्रानुसार, तकनीकी, भौतिक एवं शास्त्रीय। इन सब के ऊपर वे परिपूर्णता को ही महात्व देते थे। जब भौं द्वारा दुख या परेशानी का भाव बताना है तो उन्हें उतना ही ऊँचा उठाना चाहिए जितना आवश्यक है न कि नाटकीय ढंग से। वृद्धावस्था में भी वे अपने शागिर्दो के साथ खड़े होकर नाचने में रूचि रखते थे न कि आज के अधिकाँश शिक्षकों की तरह बैठे बैठे आदेश या मार्गदर्शन देने में। ऊंगलियों के कोनों तक अर्थात सिर से पैरतक वे परिपूर्णता मे विश्वास रखने वाले थे। वे कहते थ कि तबले में जो बोल दायें में बजते हैं उन्हें दांये पैर से और जो बायें में बजते है उन्हें बायें पैर से प्रस्तुत करना चाहिए। वे चाहते थे कि पूरे भारतवर्ष में एक ही प्रकार की कत्थक नृत्य की शिक्षा हो।

गुरु शिष्य परम्परा के सम्बंध में महाराज जी के विचार

"जब कोई गुरु, शिष्य को योग्य समझता है तो वह उसकी कलाई पर धागा (गण्डा) बांध देता है। इसके बाद शिष्य के खाने, पीने, रहने, शिक्षा आदि की जिम्मेदारी गुरु की हो जाती है। कई बार शिष्य को परखने में कुछ वर्ष भी लग जाते है। गुरु को यह डर रहता है कि कहीं शिष्य गुरु के नाम पर केवल पैसा कमाने के लिए तो गण्डा नहीं

बंधवाना चाहता? वह गुरु का नाम मिट्टी में भी मिला सकता है। इसके विपरीत यदि शिष्य आगे चलकर नाम कमाता है तो गुरु गर्व से कह सकता है कि हमने अमुक कलाकार को गण्डा बांधा था।"

"इसमें शिष्य की भी कुछ जिम्मेदारियाँ होती है। वह अपने गुरु को जीवन में मित्र और पथ प्रदर्शक समझता है, वफादार रहता है तथा किसी और गुरु के पास नहीं जाता। गण्डा बांधने के अवसर पर शिष्य गुरु को गुड़, चना और कुछ रूपया भेंट में देता है। कुछ गुरु गण्डा बाँधने के अवसर पर सवा रूपया स्वीकार कर लेते है। कुछ सवा सौ। मै एक हजार एक रूपया लेना ठीक समझता हूँ, क्योंकि जो इतनी बड़ी रकम न्यौछावर करेगा उसे अवश्य कला के प्रति लगन और मेरा मान होगा।

कत्थक में पढ़न्त के सम्बंघ में महाराज जी के विचार

जो लोग कला को नहीं समझतें वही कहते है कि पढन्त कला नहीं है। वह तो जो हम करने जा रहे है उसकी रूप रेखा है। और फिर क्यागाने में सरगम कला नहीं है ? या शुद्ध शब्द का कला में कोई स्थान नहीं। भरतनाट्यम तो गानों के बोलों से चिपका रहता है पर कत्थक में किसी भी एक शब्द को लेकर रातभर उसके भावों को उभारा और समझाया जा सकता है।

तांडव एवं लास्य के सम्बंध में महाराज जी के विचार

कत्थक में तांडव नृत्य का बहुत महत्व है। लगभग हर कत्थक नृत्यकार तांडव अवश्य नाचता है और तांडव में विशेष रूप से शिव तांडव तो अवश्य नाचा जाता है। इसका प्रमुख कारण यह है कि एक तो दर्शकों में शिव तांडव द्वारा संस्पेंस पैदा किया जा सकता है। दूसरे, इसकी गति तीव्र होने के कारण धीमी गति वाले अन्य नृत्यों से उत्पन्न उकताहट को दूर किया जा सकता है। लेकिन ऐसा करने वाले अकसर पेशेवर कलाकार ही होते है और वे दर्शक के मनोभावों का लाभ उठाना चाहते

है। मेरे कहने का यहाँ यह तात्पर्य नहीं है कि तांडव नाचने वाला हर कलाकार ऐसा ही होता है। यहाँ मेरा इशारा उन लोगों की तरफ है, जो तांडव को केवल शिव तांडव ही मानकर या तेज गति, तेज स्वर वाले वाद्य यंत्र के उपयोग के ही कारण उसे नृत्य रूप में प्रस्तुत करते है।

एक गलतफहमी अवश्य इस बारे में फैली हुई हे, वह यही कि लोग तांडव से तात्पर्य शिव तांडव या शिव के नृत्य से ही लेते हैं। वास्तव में तांडव निम्न प्रकार के भी है –

1. शिव तांडव
2. कृष्ण तांडव
3. रावण तांडव
4. लास्य तांडव

शिव तांडव से अर्थ है कामदेव भस्म तथा गंगावतरण की घटना को नृत्य बद्ध करना। तांडव और लास्य तांडव में अंतर हैं। तांडव केवल पुरूष करते है और लास्य तांडव स्त्रियाँ। यह लिंग भेद पहले ही बना दिया गया है। अपने पिता द्वारा भगवान शिवका अपमान किये जाने पर सती ने लास्य तांडव किया था और लास्य तांडव के साथ ही वे अग्निभूत हो गयी, जबकि गंगावतरण एवं कामदेव भस्म के दौरान शिव तांडव हुआ था। महाकवि जयशंकर प्रसाद रचित "कामायनी " में त्रिनेत्र खोलने की दो घटानाएँ है –एक देवाधिदेवों में अनाचार व्याप्त होने पर, दूसरी सारसात नगर मे मनु द्वारा नैतिकता की सीमा पार कर इड़ा के साथ दुराचार करने के प्रयत्न पर। दोनों ही समय भयानक उत्प्लवन हुआ था और प्रकृति ने अपनी सीमा तोड़ दी थी, जिसके फलस्वरूप भयानक संहारक दृश्य उत्पन्न हो गया था।

तो क्या कामदेव भस्म और गंगावतरण तथा "कामायनी " में वर्णित उत्प्लवन के समय सचमुच शिव ने तांडव नृत्य किया था ? क्या भयानक संहार करने के लिए अथवा पृथ्वी को, व्याप्त पापाचार की

श्रृंखलाओं से मुक्त करने के लिए उन्होंने सचमुच ही क्रोधाभिभूत हो तांडव किया था? आज कत्थक तथा अन्य तमाम भारतीय नृत्यों में प्रचलित शिव तांडव में यही तो दिखाया जाता है।

मै इस विचार धारा का विरोधी हूँ कि भगवान शिव ने सचमुच ही तांडव नृत्य किया था। देवी सती द्वारा लास्य तांडव के तथ्य को तो एक हद तक माना जा सकता है। वर्णित घटनाओं के अनुसार कृष्ण तांडव को भी स्वीकार किया जा सकता है। लेकिन, शिव द्वारा स्वयं तांडव करने के तथ्य का समर्थक मैं नहीं हूँ। कालिया मर्दन के समय कृष्ण तांडव सचमुच तांडव का एक स्वरूप था। रावण तांडव में रावण ने नृत्य नहीं किया था, बल्कि वह तो शिव स्तुति थी।

तांडव का अर्थ है, अति क्रोध में आकर सारी मर्यादाओं का उल्लंघन कर अपने मन में उत्पन्न भीषण क्रोध की जवाला को प्रदर्शित करना। जब अतिशय क्रोध की स्थिति उत्पन्न हो जाती है, तो व्यक्ति सारा विवेक, नैतिक मर्यादाएं, आत्म नियंत्रण भूल जाता है। उसका चेहरा क्रोध से रक्तवर्ण हो जाता है और शरीर काँपने लगता है, इन्द्रियां फड़कने लगती है।

शिव संहारक देवता है और जब भी अनाचार सारी सीमाएं तोड़कर शिखर पर पहुँच जाता है तो संहार की आवश्यकता पड़ती है। सहनशक्ति की सीमा का अतिचार शिव को अत्यधिक क्रोधित कर देता है। कामदेव भस्म, गंगावतरण तथा "कामानी" में वर्णित दोनों घटनाओं के समय ऐसा ही हुआ था। क्रोध से शिव का तीसरा नेत्र खुल गया था और उनकी भुजाएं फड़कने लगीं थी। सारा शरीर क्रोध से काँपने लगा होगा और क्रोध से उफन कर वे खड़े हो गये होंगें। निकट गड़ा हुआ अपना त्रिशूल उन्होंने झटके से खींच लिया होगा और त्रिशूल में बंधा डमरू झटके से हिलने पर शोर कर उठा होगा। स्वामी को क्रोध में देख सर्पराज फन काढ़कर लहराने लगे होंगे। बंधा जूड़ा खुलकर बिखर गया होगा और गंगा की धारा उलटी सीधी बहने लगी होगी। एकाएक शांत रस

रौद्र रस में बदल गया होगा। शिव के क्रोध से पृथ्वी हिलने लगी होगी। पहाड़ चूर चूर कर गिरने लगे होगे। नदियों की धाराएं बदल गयी होंगी। और उनका वेग बहुत तेज हो गया होगा। पवन तीव्र झंझवात में बदल गया होगा और बादल बिजली के जोर से गरजने कड़कने लगे होंगे।

यह तो प्रकृति तांडव था। तांडव की सारी भूमिकाएं प्रकृति के विभिन्न प्रतीकों ने की थी। भगवान शिव तो क्रोधाभिभूत हो खड़े थे।

मैने कवि जयशंकर प्रसाद द्वारा रचित "कामायनी" को बैले के रूप में बांधने का निश्चय किया है। उसमें तांडव के समय शिव को तांडव नृत्य करते न दिखाकर, प्रकृति को शिव के क्रोध के कारण तांडव नृत्य करते दिखलाया जाएगा।

संदर्भ

1. कुमकुम आदर्श, नृत्य श्रद्धांजली, कत्थक केन्द्र उत्तर प्रदेश संगीत नाटक अकादमी लखनऊ, पृ.क्र.21
2. श्री सुभाष दीक्षित, नृत्य श्रद्धांजली, कत्थक केन्द्र उत्तर प्रदेश संगीत नाटक अकादमी, लखनऊ,पृ.क्र.16

3,4. डा0पी.डी.आशिर्वादम से साक्षात्कार के दौरान प्राप्त।

5. श्रीमती रमादेवी मिश्र से साक्षात्कार के दौरान प्राप्त।
6. वही।
7. अवतार सिंह पँवार, कत्थक केन्द्र, उत्तर प्रदेशसंगीत नाटक अकादमी द्वारा प्रकाशित लेख, पृ.क्र.12
8. डॉ0 पी.डी.आशिर्वादम से साक्षात्कार द्वारा प्राप्त जानकारी
9. श्री शशि सिन्हा से साक्षात्कार द्वारा प्राप्त जानकारी।
10. तत्कालीन उ.प्र.मुख्यमंत्री के सचिव और कुमकुम घर के पिता जी श्री टी. एन.घर से साक्षात्कार द्वारा प्राप्त।
11. शशि सिन्हा-अवध कल्चरल सोसाइटी द्वारा आयोजित पत्रकार सम्मेलन में व्यक्त महाराज जी के विचार, पृ.456

12. हिन्दुस्तान, शनिवार, ता.3 अप्रेल, 1971
13. लच्छू महाराज जी, दिल्ली कत्थक केन्द्र में आयोजित सन् 1978 के परिसंवाद में आलेख।
14. वहीं
15. वहीं
16. द टाइम्स आफ इंडिया, शनिवार 4 मई 1968(पृ. क्र. 468)
17. वही
18. वही
19. हिन्दुस्तान, शनिवार 3 अप्रैल, 1971

तृतीय अध्याय

महाराज जी की नृत्त रचनाएं

कत्थक नृत्य के नृत्तांग के अंतर्गत : "थाट", "आमद", "टुकड़े", "तोड़े", "प्रिमलू", "परन", "तिहाई" एवं "ततकार" आदि रचनाएं आते हैं जिनका संक्षिप्त परिचय दिया जा रहा है :-

थाट

'थाट' या 'ठाठ' का अर्थ है खड़े रहने की विशेष भंगिमा। कत्थक नृत्य में एक विशेष अंदाज में खड़े होकर अंग प्रत्यंग एवं उपांगों द्वारा कसक-मसक एवं कटाक्ष का सविलास संचालन ही 'थाट' कहलाता है।

दोनों हाथों की कलाइयों को लयानुरूप खूबसूरत संचालन को "कसक" कहते हैं, वक्षस्थल के उतार चढ़ाव एवं कंधों के सहारे उसे धीमी गति से घुमाने की प्रक्रिया को "मसक" कहते हैं और तीर के समान दृष्टिपात करने को "कटाक्ष" कहा जाता है।

आमद

'आमद' का अर्थ आना या प्रवेश करना है। कत्थक नृत्य में एक विशेष प्रकार के बोल ता थई तत थई आ थ्रई तत थई बोंलों से युक्त

रचना को 'आमद' कहा जाता है लखनऊ घराने का आमद "ध त क युं गा ...." प्रसिद्ध है।

टुकड़ा

तबले के बोलों से बनाये गये छोटी-छोटी बंदिशों को टुकड़ा कहते हैं। जिसमें "तिरकिट", "धिरकिट", "धिरधिर किटतक" एवं 'घेतिरकिटतक' आदि बोलों का मुख्यतः प्रयोग किया जाता है। आजकल नृत की कोई भी छोटी रचना को 'टुकड़ा' कह दिया जाता है।

तोड़ा

नृत्य के बोल जैसे 'तिगधा तिगधा थेई', 'ता थेई तत थेई', 'तिगधा दिगदिग' एवं 'तत तत थेई' आदि से बनी रचनाओं को तोड़ा कहा जाता है।

परन

इसके अंतर्गत वे बंदिशें आती हैं जिनमें पखावज के बोल मुख्यतः प्रयोग किये जाते हैं। जैसे—'धुमकिटतक', 'धाकिटतक', 'तिटकत गदिगन', 'किड़तक थुं थुं', 'धकिट तकिट' धान 'धातिट तातिट' धान आदि।

तिहाई

उन छोटे छोटे बोल समूहों को 'तिहाई' कहते हैं जिन्हें तीन बार प्रस्तुत करने से सम आता है। उपर्युक्त प्रायः सभी रचनाओं के अंत में तिहाईयों का प्रयोग होता हैं। वर्तमान में कत्थक प्रदर्शन में तिहाईयों का विशेष स्थान बन गया है। प्रायः सभी कलाकार रोचकता के लिए विभिन्न अंदाज में इसका प्रदर्शन करते हैं। आजकल गिनती की तिहाईयों की प्रथा बहु प्रचलित है।

ततकार

पैरों द्वारा विविध प्रकार की लय प्रस्तुति को 'ततकार' कहते हैं।

महाराज जी की रचनाओं में उपर्युक्त सभी रचनाओ की एक भिन्न विशेषता होती है। महाराज जी का नृत्य लास्य प्रधान होने के कारण उनके 'नृत्त' से सम्बंधित बंदिशों में एक प्रकार की सरलता एवं सुंदरता पायी जाती है। लय की विविधता का भी वे खूबसूरती के लिए प्रयोग करते थे न कि चमत्कारिता के लिए। महाराज जी द्वारा दी गई शिक्षा के अनुसार सभी नृत रचनाओं का लिपिबद्ध विश्लेषण दिया जा रहा है।

थाट

'थाट' के अंतर्गत महाराज जी लखनऊ घराने की परम्परागत, सामान्य एवं नृत्य की मूल भंगिमाओं पर आधारित 'थाट' ही कराते थे। चमत्कारिता एवं लय की जटिलता जो आजकल 'थाट' में अधिक प्रचलित है, महाराज जी ने नहीं अपनाया। 'थाट' में वे चमत्कारिता के स्थान पर भावना एवं तल्लीनता को अधिक महत्व देते थे।

आमद

धतकथुंगा, धागेदींगेता
धादिंता, धेत्ता किड़धा तक्का
थुंगा तकिटतका तिटकतगदिगन
ताथेई ततथेई, आथेई ततथेई
थेईत थेईत थेई, थेईथेई ततत‍त ता

1					2			
धऽ	तऽ	कऽ	थुंऽ	।	गाऽ	ऽऽ	धाऽ	गेऽ
0					3			
दिंऽ	गेऽ	ताऽ	ऽऽ	।	धाऽ	दिंऽ	ताऽ	ऽऽ

+					2			
धेऽ	त्ताऽ	किट	धाऽ	।	तऽ	क्काऽ	थुंऽ	गाऽ
0					3			
तकि	टत	काऽ	ऽऽ	।	तिट	कत	गदि	गन
+					2			
ताऽ	थेई	तत	थेई	।	आऽ	थेई	तत	थेई
0					3			
थेई	तथे	ईत	थेई	।	थेई	थेई	तत	तत

।।ता।।
+

यह खूबसूरत आमद लखनऊ घराने का है। इसकी खूबसूरती के कारण प्रायः सभी घराने के कलाकार इसे प्रस्तुत करते हैं। इसलिए इसे सर्व मान्य आमद कहा जा सकता है। आमद का सही स्वरूप इसी में दिखता है। आमद का शाब्दिक अर्थ होता है प्रवेश करना, और उपर्युक्त आमद के बोल तो चलने योग्य है। 'ध, त, क, थुं, गा' ये पांच बोलों पर नर्तक एक एक फिट की दूरी से चलता हुआ रंगमंच पर प्रवेश कर सकता है। आमद के लिए निर्धारित विलम्बित लय में नाचने के लिये ये बोल अति उपयुक्त हैं।

महाराज जी परम्परा के अनुसार पहले इस आमद को यथावत सिखाते थे । उसके बाद इसकी लय में परिवर्तन करके विविधता लाते हुए इसमें अलग अलग भाव प्रदर्शित करने का एक नवीन एवं सफल प्रयोग भी किये।

+ 2

धऽ ऽत ऽक ऽथुं । गाऽ ऽऽ धाऽ ऽगे

0 3

ऽदिं ऽगे ताऽ ऽऽ । धाऽ ऽदिं ऽऽ ताऽ

+ 2

धेऽ ऽत्ता ऽकि टधा । तऽ ऽका ऽथुं ऽगा

0 3

तकि टत काऽ तिऽ । टिक ऽत्ता गदि गिन

+ 2

ताऽ ऽथेई ऽत तथेई । आऽ ऽथेई ऽत तथेई

0 3

थेई तथे ईत थेई । तथेई ऽऽ ऽत ऽत्त

।।थेई।।

+

+ 2

धतक थुंऽग धतक थुंऽग । धतक थुंऽग धागेदिं गेताऽ

0 3

धादिंऽ ताऽधे ताऽकिट, धाऽत। क्काऽ थुंगाऽत किटत काऽधा

+ 2

तिऽट कऽत्ता गऽदि गिऽन्न । धाऽऽ ऽऽधा तिऽट कऽत्ता

0					3			
गऽदि	गिऽन्न	धाऽऽ	ऽऽधा	।	तिऽट	कऽत्त	गऽदि	गिऽन्न
+					2			
ताऽथे	ईतत	थेईआ	ऽथेई	।	ततथे	ईताऽ	थेईत	तथेई
0					3			
थेईऽ	तथेऽ	ईतऽ	थेईऽ	।	तथई	ऽऽऽ	ऽत	ऽऽत

।।थेई।।

+

इन आमदों को प्रस्तुत करने के लिए महाराज जी द्वारा निर्धारित अंग भंगिमाएं भी बहुत खूबसूरत और लास्य विधा के अनुकूल हैं। इसे प्रदर्शित करते समय शरीर को मोड़ना, गोल घूमना, पीछे पलटना, आगे चलना आदि प्रक्रियायें बहुत उपयुक्त और देखने में आकर्षक हैं। महाराज जी ने इनमें जिन अंग भंगिमाओं का प्रयोग किया है वे उनके गतनिकासों में प्रयोग होने वाले अंग भंगिनाओं से मिलते जुलते हैं और उनके द्वारा अविष्कृत भाव प्रदर्शन के लिए भी सुविधाजनक हैं।

महाराज जी आमद के नाम से सिर्फ इसी परम्परागत आमद को ही बताये थे। यदि किसी अन्य ताल में भी आमद कराना हो तो इसी की मात्राओं को कम ज्यादा करके या लय में परिवर्तन करके बताते थे।

सलामी

तत तत तिगधा दिगदिग तिगधा दिगदिग तत तत थेईया थेईया कड़ान (ततत्त तिगधादिगदिग तिगधादिगदिग तत तत थेई)[3]।

+					2			
तऽ	ऽत	तऽ	ऽत	।	तिग	धाऽ	दिग	दिग

0					3			
तिग	धाऽ	दिग	दिग	।	तऽ	ऽत	तऽ	ऽत
+					2			
थेऽ	ईऽ	याऽ	थेऽ	।	ईऽ	याऽ	कड़ा	ऽन
0					3			
तत	तत	तिगधा	दिगदिग	।	तिगधा	दिगदिग	तत	तत
+					2			
थेई	ऽऽ	तिगधा	दिगदिग	।	तिगधा	दिगदिग	तत	तत
0					3			
थेई	ऽऽ	तिगधा	दिगदिग	।	तिगधा	दिगदिग	तत	तत
।।थेई।।								
+								

यह लखनऊ घराने का परम्परागत सलामी है। इसमें महाराज जी कोई परिवर्तन नहीं किये। इसमें प्रस्तुत होने वाली अंग भंगिमाएं भी प्रायः परम्परागत ही हैं।

टुकड़ा

(1)

+					2			
धकि	टत	किट	तक्	।	ऽऽ	तिर	किट	तक्
0					3			
ऽऽ	धिर	किट	तक्	।	ऽऽ	तिर	किट	तक्

+					2			
धकि टत		किट	तक्	।	ऽऽ	तिर	किट	तक्
0					3			
ऽऽ	धिर	किट	तक्	।	ऽऽ	तिर	किट	तक्
+					2			
धकि टत		किट	तक्	।	ऽऽ	तिर	किट	तक्
0					3			
ऽऽ	धिर	किट	तक्	।	ऽऽ	तिर	किट	तक्
।।धा।।								
+								

ये टुकड़ा चक्रदार नहीं है फिर भी महाराज जी ने इसे तीन बार करना बताया है। उनकी यह विशेषता थी कि छोटे छोटे टुकड़ों को जिनमें से अधिकांशत: एक आवर्तन में ही समाप्त हो जाते हैं, तीन बार प्रस्तुत करना बताते थे। इस बोल में घुंघरू की ध्वनि बहुत बारीक तथा मिठास लिये हुए होती है। हाथों का संचालन बहुत मुलायम एवं पैरों से निकलते हुए घुंघरू की ध्वनि के अनुकूल होते हैं। इसी में किञ्चित परिवर्तन कर दूसरा प्रकार निम्नलिखित अनुसार है।

+					2			
धकि टत		किट	तक्	।	ऽऽ	धिर	किट	तक्
0					3			
ऽऽ	तिर	किट	तक्	।	ऽऽ	धिर	किट	तक्

(3)

धकिटत किटतक तगतिर किटतक तकिटत काकिड़ धेतधेत धागेतिट धाधाधा तिरकिट नानाना तिरकिट ताताता तिरकिट कीकीकी तिरकिट धाधा तिरकिट नाना तिरकिट ताता तिरकिट कीकी तिरकिट धा तिरकिट ना तिरकिट ता तिरकिट की तिरकिट धा।

+					2			
धकि	टत	किट	तक	।	तग	तिर	किट	तक
0					3			
तकि	टत	काऽ	किड़	।	धेत्	धेत्	धग	तिट
+					2			
धाऽ	धाऽ	धाऽ	तिर	।	किट	नाऽ	नाऽ	नाऽ
0					3			
तिर	किट	ताऽ	ताऽ	।	ताऽ	तिर	किट	कीऽ
+					2			
कीऽ	कीऽ	तिर	किट	।	धाऽ	धाऽ	तिर	किट
0					3			
नाऽ	नाऽ	तिर	किट	।	ताऽ	ताऽ	तिर	किट
+					2			
कीऽ	कीऽ	तिर	किट	।	धाऽ	तिर	किट	नाऽ
0					3			
तिर	किट	ताऽ	तिर	।	किट	कीऽ	तिर	किट
।।धा।।								
+								

इसी टुकड़े को महाराज जी ने लय की विविधता के लिए भिन्न-भिन्न रूप में निम्नानुसार रचना किया है :- एक ही टुकड़े या परन में परिवर्तन करते हुए कई प्रकार बनाते थे। एक समान प्रकार के बोल समूहों का एक-एक दल प्रतीत होता है।

(4)

+					2			
धकि	टत	किट	तक	।	तग	तिर	किट	तक
0					3			
तकि	टत	काऽ	किड़	।	धेत्	धेत्	धागे	तिट
+					2			
धाऽ	धाऽ	धाऽ	तिर	।	किट्	ऽऽ	ऽऽ	ऽऽ
0					3			
नाऽ	नाऽ	नाऽ	तिर	।	किट्	ऽऽ	ऽऽ	ऽऽ
+					2			
ताऽ	ताऽ	ताऽ	तिर	।	किट्	ऽऽ	ऽऽ	ऽऽ
0					3			
कीऽ	कीऽ	कीऽ	तिर	।	किट्	ऽऽ	ऽऽ	ऽऽ
+					2			
धाऽ	धाऽ	ऽऽ	तिर	।	किट्	ऽऽ	ऽऽ	ऽऽ
0					3			
नाऽ	नाऽ	ऽऽ	तिर	।	किट्	ऽऽ	ऽऽ	ऽऽ

+					2			
ताऽ	ताऽ	ऽऽ	तिर	।	किट्	ऽऽ	ऽऽ	ऽऽ
0					3			
कीऽ	कीऽ	ऽऽ	तिर	।	किट्	ऽऽ	ऽऽ	ऽऽ
+					2			
धाऽ	ऽऽ	तिऽ	रऽ	।	किऽ	टऽ	नाऽ	ऽऽ
0					3			
तिऽ	रऽ	किऽ	टऽ	।	ताऽ	ऽऽ	तिऽ	रऽ
+					2			
किऽ	टऽ	कीऽ	ऽऽ	।	तिऽ	रऽ	किऽ	टऽ
0					3			
धाऽ	तिर	किट्	ऽऽ	।	नाऽ	तिर	किट	ऽऽ
+					2			
ताऽ	तिर	किट्	ऽऽ	।	कीऽ	तिर	किट्	ऽऽ
0					3			
धाऽति	रकिट	नाऽति	रकिट	।	ताऽति	रकिट	कीऽति	रकिट्
।।धा।।								
+								

(5)

+					2			
धकिटत	किटतक	तगतिर	किटतक	।	तकिटत	काकिड़	धेत्धेत्	धागेतिद
0					3			
ऽधा	धाधा	तिरकिट	ऽऽ	।	ऽना	नाना	तिरकिट	ऽऽ

+					2			
ऽता	ताता	तिरकिट	ऽऽ	।	ऽकी	कीकी	तिरकिट	ऽऽ
0					3			
ऽधा	धातिर	किटऽ	ऽना	।	नातिर	किटऽ	ऽता	तातिर
+					2			
किटऽ	ऽकी	कीतिर	किटऽ	।	ऽधा	तिरकिट	ऽना	तिरकिट
0					3			
ऽता	तिरकिट	ऽकी	तिरकिट	।	धातिरकिट	नातिरकिट	तातिरकिट	कीतिरकिट
।।धा।।								
+								

(6)

धकिटत किटतक तगतिर किटतक तकिटत काकिड़ धेत्धेत् धागेतिद् धाधाधाधा तिरकिट नानानाना तिरकिट तातातात तिरकिट कीकीकीकी तिरकिट धाधाधा तिरकिट नानाना तिरकिट ताताता तिरकिट कीकीकी तिरकिट धाधा तिरकिट नाना तिरकिट ताता तिरकिट कीकी तिरकिट धा तिरकिट ना तिरकिट ता तिरकिट की तिरकिट धातिरकिट नातिरकिट तातिरकिट कीतिरकिट धा

+					2			
धकि	टत	किट	तक	।	तग	तिर	किट	तक
0					3			
तकि	टत	काऽ	किड़	।	धेत्	धेत्	धागे	तिट
+					2			
धाऽ	धाऽ	धाऽ	धाऽ	।	तिर	किट	नाऽ	नाऽ

0					3			
नाऽ	नाऽ	तिर	किट	।	ताऽ	ताऽ	ताऽ	ताऽ
+					2			
तिर	किट	कीऽ	कीऽ	।	कीऽ	कीऽ	तिर	किट
0					3			
धाऽ	धाऽ	धाऽ	तिर	।	किट	नाऽ	नाऽ	नाऽ
+					2			
तिर	किट	ताऽ	ताऽ	।	ताऽ	तिर	किट	कीऽ
0					3			
कीऽ	कीऽ	तिर	किट	।	धाऽ	धाऽ	तिर	किट
+					2			
नाऽ	नाऽ	तिर	किट	।	ताऽ	ताऽ	तिर	किट
0					3			
कीऽ	की	तिर	किट	।	धाऽ	तिर	किट	नाऽ
+					2			
तिर	किट	ताऽ	तिर	।	किट	कीऽ	तिर	किट
0					3			
धाति	रकिट	नाति	रकिट	।	ताति	रकिट	कीति	रकिट
।।धा।।								
+								

(7)

+					2			
धकि	टत	किट	तक	।	तग	तिर	किट	तक
0					3			
तकि	टत	काऽ	किड़	।	धेत्	धेत्	धागे	तिट
+					2			
धाऽ	धाऽ	धाऽ	धाऽ	।	धाऽ	धाऽ	तिर	किट
0					3			
नाऽ	नाऽ	नाऽ	नाऽ	।	नाऽ	नाऽ	तिर	किट
+					2			
ताऽ	ताऽ	ताऽ	ताऽ	।	ताऽ	ताऽ	तिर	किट
0					3			
कीऽ	कीऽ	कीऽ	कीऽ	।	कीऽ	कीऽ	तिर	किट
+					2			
धाऽ	धाऽ	धाऽ	धाऽ	।	धाऽ	तिर	किट	ऽऽ
0					3			
नाऽ	नाऽ	नाऽ	नाऽ	।	नाऽ	तिर	किट	ऽऽ
+					2			
ताऽ	ताऽ	ताऽ	ताऽ	।	ताऽ	तिर	किट	ऽऽ
0					3			
कीऽ	कीऽ	कीऽ	कीऽ	।	कीऽ	तिर	किट	ऽऽ

+					2			
धाऽ	धाऽ	धाऽ	धाऽ	।	तिर	किट	नाऽ	नाऽ
0					3			
नाऽ	नाऽ	तिर	किट	।	ताऽ	ताऽ	ताऽ	ताऽ
+					2			
तिर	किट	कीऽ	कीऽ	।	कीऽ	कीऽ	तिर	किट
0					3			
धाऽ	धाऽ	धाऽ	तिर	।	किट	नाऽ	नाऽ	नाऽ
+					2			
तिर	किट	ताऽ	ताऽ	।	ताऽ	तिर	किट	कीऽ
0					3			
कीऽ	कीऽ	तिर	किट	।	धाऽ	धाऽ	तिर	किट
+					2			
नाऽ	नाऽ	तिर	किट	।	ताऽ	ताऽ	तिर	किट
0					3			
कीऽ	कीऽ	तिर	किट	।	धाऽ	तिर	किट	नाऽ
+					2			
तिर	किट	ताऽ	तिर	।	किट	कीऽ	तिर	किट
0					3			
धाऽति	रकिट	नाऽति	रकिट	।	ताऽति	रकिट	कीऽति	रकिट
।।धा।								
+								

(8)

धकिटत किटतक तगतिर किटतक धकिटत किटतक तगतिर किटतक धकिटत किटतक तगतिर किटतक तकिटत काकिड़ धेत्धेत् धागेतिट तकिटत काकिड़ धेत्धेत् धागेतिट तकिटत काकिड़ धेत्धेत् धागेतिद (धा-न धा धा-न धा धा-न धा)3

+					2			
धकि	टत	किट	तक	।	तग	तिर	किट	तक
0					3			
धकि	टत	किट	तक	।	तग	तिर	किट	तक
+					2			
धकि	टत	किट	तक	।	तग	तिर	किट	तक
0					3			
तकि	टत	काऽ	किड़	।	धेत्	धेत्	धागे	तिट
+					2			
तकि	टत	काऽ	किड़	।	धेत्	धेत्	धागे	तिट
0					3			
तकि	टत	काऽ	किड़	।	धेत्	धेत्	धागे	तिट
+					2			
ऽऽ	धाऽ	ऽऽ	ऽन	।	धाऽ	ऽऽ	ऽऽ	धाऽ
0					3			
ऽऽ	ऽन	धाऽ	ऽऽ	।	ऽऽ	धाऽ	ऽऽ	ऽन

+					2			
धाऽ	धाऽ	ऽऽ	ऽन	।	धाऽ	ऽऽ	ऽऽ	धाऽ
0					3			
ऽऽ	ऽन	धाऽ	ऽऽ	।	ऽऽ	धाऽ	ऽऽ	ऽन
+					2			
धाऽ	धाऽ	ऽऽ	ऽन	।	धाऽ	ऽऽ	ऽऽ	धाऽ
0					3			
ऽऽ	ऽन	धाऽ	ऽऽ	।	ऽऽ	धाऽ	ऽऽ	ऽन

।।धा।।
+

गिनती की तिहाई

(1)

1 2, 3 4, 5 6, 7 8, 9

1 2 3, 4 5 6, 7 8 9,

12345678,9, 12345678,9, 12345678,9)^3

+					2			
12	ऽ3	4ऽ	56	।	ऽ7	8ऽ	9ऽ	12
0					3			
3ऽ	45	6ऽ	78	।	9ऽ	12	34	56
+					2			
78	91	23	45	।	67	89	12	34

0					3			
56	78	9ऽ	12	।	ऽ3	4ऽ	56	ऽ7
+					2			
8ऽ	9ऽ	12	3ऽ	।	45	6ऽ	78	9ऽ
0					3			
12	34	56	78	।	91	23	45	67
+					2			
89	12	34	56	।	78	9ऽ	12	ऽ3
0					3			
4ऽ	56	ऽ7	8ऽ	।	9ऽ	12	3ऽ	45
+					2			
6ऽ	78	9ऽ	12	।	34	56	78	91
0					3			
23	45	67	89	।	12	34	56	78

॥9॥

+

+					2			
धकिटत	किटतक	तगतिर	किटतक	।	तकिटत	काऽकिड़	धेत्धेत्	धागेतिट
0					3			
धाऽधाऽ	धाऽतिर	किटनाऽ	नाऽनाऽ	।	तिरकिट	ताऽताऽ	ताऽतिर	किटकीऽ

+					2			
कीऽकीऽ	तिरकिट	12	ऽ3	।	4ऽ	56	ऽ7	8ऽ
0					3			
9ऽ	12	3ऽ	45	।	6ऽ	78	9ऽ	12
+					2			
34	56	78	91	।	23	45	67	89
0					3			
12	34	56	78	।	9ऽ	धकिटत	किटतक	तगतिर
+					2			
किटतक	तकिटत	काऽकिड़	धेत्धेत्	।	धागेतिट	धाऽधाऽ	तिरकिट	नाऽनाऽ
0					3			
तिरकिट	ताऽताऽ	तिरकिट	कीऽकीऽ	।	तिरकिट	12	ऽ3	4ऽ
+					2			
56	ऽ7	ऽ8	9ऽ	।	12	3ऽ	45	6ऽ
0					3			
78	9ऽ	12	34	।	56	78	91	23
+					2			
45	67	89	12	।	34	56	78	9ऽ
0					3			
धकिटत	किटतक	तगतिर	किटतक	।	तकिटत	काऽकिड़	धेत्धेत्	धागेतिट
+					2			
धाऽतिर	किटनाऽ	तिरकिट	ताऽतिर	।	किटकीऽ	तिरकिट	12	ऽ3
0					3			
4ऽ	56	ऽ7	8ऽ	।	9ऽ	12	3ऽ	45

+					2				
6ऽ	78	9ऽ	12	।	34	56	78	91	
0					3				
23	45	67	89	।	12	34	56	78	

।।9।।
+

(2)

1 2 3 4 5, 1 2 3 4 5, 1 2 3 4 5

1 2 3 4, 1 2 3 4, 1 2 3 4

1 2 3,1 2 3, 1 2 3

1 2, 1 2, 1 2

1, 1, 1

+					2			
1	2	3	4	।	5	ऽ	1	2
0					3			
3	4	5	ऽ	।	1	2	3	4
+					2			
5	ऽ	ऽ	1	।	2	3	4	ऽ
0					3			
1	2	3	4	।	ऽ	1	2	3

+					2			
4	ऽ	ऽ	1	I	2	3	ऽ	1
0					3			
2	3	ऽ	1	I	2	3	ऽ	ऽ
+					2			
1	2	ऽ	1	I	2	ऽ	1	2
0					3			
ऽ	ऽ	1	ऽ	I	ऽ	1	ऽ	ऽ

||1||
+

तोड़ा

(1)

(ततत्त थेई तिगधादिगदिग थेई तथेई)[3]

+					2			
तत	तत	थेई	ऽऽ	I	तिगधा	दिगदिग	थेई	ऽत
0					3			
थेई	ऽऽ	ऽऽ	ऽऽ	I	तत	तत	थेई	ऽऽ
+					2			
तिगधा	दिगदिग	थेई	ऽत	I	थेई	ऽऽ	ऽऽ	ऽऽ

0					3			
तत	तत	थेई	ऽऽ	।	तिगधा	दिगदिग	थेई	ऽत
।।थेई।।								
+								

(2)

(तततत थेई तिगधा दिगदिग थेई तथेई तथेई)[3]

+					2			
तत	तत	थेई	तिगधा	।	दिगदिग	थेई	तथे	ईत
0					3			
थेई	ऽऽ	ऽऽ	ऽऽ	।	तत	तत	थेई	तिगधा
+					2			
दिगदिग	थेई	तथे	ईत	।	थेई	ऽऽ	ऽऽ	ऽऽ
0					3			
तत	तत	थेई	तिगधा	।	दिगदिग	थेई	तथे	ईत
।।थेई।।								
+								

(3)

(तततत थेई तिगधादिगदिग थेई तथेई तथेई तथेई तथेई)[3]

+					2			
तत	तत	थेई	ऽऽ	।	तिगधा	दिगदिग	थेई	ऽत
0					3			
थेई	ऽत	थेई	ऽत	।	थेई	ऽत	थेई	ऽऽ

+					2			
तत	तत	थेई	ऽऽ	।	तिगधा	दिगदिग	थेई	ऽत
0					3			
थेई	ऽत	थेई	ऽत	।	थेई	ऽत	थेई	ऽत
+					2			
तत	तत	थेई	ऽऽ	।	तिगधा	दिगदिग	थेई	ऽत
0					3			
थेई	'	थेई	ऽत	।	थेई	ऽत	थेई	ऽत

।।थेई।।
+

(4)

ततत्त थेई तिगधादिगदिग थेई ता ता ता
ततत्त थेई तिगधादिगदिग थेई थेई थेई थेई
ततत्त थेई तिगधादिगदिग थेई ता थेई ता

+					2			
तत	तत	थेई	तिगधा	।	दिगदिग	थेई	ताऽ	ताऽ
0					3			
ताऽ	ऽऽ	ऽऽ	ऽऽ	।	तत	तत	थेई	तिगधा
+					2			
दिगदिग	थेई	थेई	थेई	।	थेई	ऽऽ	ऽऽ	ऽऽ

0				3			
तत	तत	थेई	तिगधा ।	दिगदिग	थेई	ताऽ	थेई

।।ता।।
+

(5)

ततत‍त थेई तिगधादिगदिग थेई ता ता ता

ततत‍त थेई तिगधादिगदिग थेई ता ता

ततत‍त थेई तिगधादिगदिग थेई ता

+				2			
तत	तत	थेई	तिगधा ।	दिगदिग	थेई	ताऽ	ऽऽ
0				3			
ऽऽ	ताऽ	ऽऽ	ऽऽ ।	ताऽ	ऽऽ	तत	तत
+				2			
थेई	तिगधा	दिगदिग	थेई ।	ताऽ	ऽऽ	ऽऽ	ताऽ
0				3			
ऽऽ	ऽऽ	तत	तत ।	थेई	तिगधा	दिगदिग	थेई

।।ता।।
+

(6)

(ततत‍त थेई तिगधादिगदिग थेई)^2

ताथेई ततथेई आथेई ततथेई

(ता थेई थेई ता थेई थेई ता थेई थेई थेई तत तत।)[3]

+					2			
तत	तत	थेई	ऽऽ	।	तिगधा	दिगदिग	थेई	ऽऽ
0					3			
तत	तत	थेई	ऽऽ	।	तिगधा	दिगदिग	थेई	ऽऽ
+					2			
ता	थेई	तत	थेई	।	आ	थेई	तत	थेई
0					3			
थेई	तथे	ईत	थेई	।	ता	थेई	थेई	ता
+					2			
थेई	थेई	ता	थेई	।	थेई	थेई	तत	तत
0					3			
ता	थेई	थेई	ता	।	थेई	थेई	ता	थेई
+					2			
थेई	थेई	तत	तत	।	ता	थेई	थेई	ता
0					3			
थेई	थेई	ता	थेई	।	थेई	थेई	तत	तत

।।ता।।

+

(7)

तत	तत	थेई	तिगधा	।	दिगदिग	थेई	तत	तत
0					3			
थेई	तिगधा	दिगदिग	थेई	।	ता	थेई	तत	थेई
+					2			
आ	थेई	तत	थेई	।	थेई	तथे	ईत	थेई
0					3			
ताऽथे	ईथेई	ताऽथे	ईथेई	।	ताऽथे	ईथेई	थेईत्	ऽतत्
+					2			
ताऽथे	ईथेई	ताऽथे	ईथेई	।	ताऽथे	ईथेई	थेईत्	ऽतत्
0					3			
ताऽथे	ईथेई	ताऽथे	ईथेई	।	ताऽथे	ईथेई	थेईत्	ऽतत्
।।थेई।।								
+								

(8)

(दिगदिग दिगदिग थेई ताथेईता थेई थेई तत थो)[2]

तिगधाता तिगधाता दिगदिग तिगधाता तिगधाता थो

तिगधाता तिगधाता दिगदिग तिगधाता तिगधाता दिगदिग

ताथेईता दिगदिग आथेईता दिगदिग ताथेईता आथेईता आथेईता

आतिगधाता, थो

+					2			
दिग	दिग	दिग	दिग	।	थेई	ऽऽ	ऽऽ	ऽऽ
0					3			
ताऽ	ऽथे	ईऽ	ताऽ	।	थेई	ऽऽ	ऽऽ	ऽथे
+					2			
ईऽ	ऽऽ	तऽ	ऽत	।	थो	ऽऽ	ऽऽ	ऽऽ
0					3			
दिग	दिग	दिग	दिग	।	थेई	ऽऽ	ऽऽ	ऽऽ
+					2			
ताऽ	ऽथे	ईऽ	ताऽ	।	थेई	ऽऽ	ऽऽ	ऽथे
0					3			
ईऽ	ऽऽ	तऽ	ऽत	।	थो	ऽऽ	ऽऽ	ऽऽ
+					2			
तिग	धाऽ	ताऽ	तिग	।	धाऽ	ताऽ	दिग	दिग
0					3			
तिग	धाऽ	ताऽ	तिग	।	धाऽ	ताऽ	थोऽ	ऽऽ
+					2			
तिग	धाऽ	ताऽ	तिग	।	धाऽ	ताऽ	दिग	दिग
0					3			
तिग	धाऽ	ताऽ	तिग	।	धाऽ	ताऽ	दिग	दिग

+					2			
ताऽ	ऽथे	ईऽ	ताऽ	।	ऽऽ	ऽऽ	दिग	दिग
0					3			
आऽ	ऽथे	ईऽ	ताऽ	।	ऽऽ	ऽऽ	दिग	दिग
+					2			
ताऽ	ऽथे	ईऽ	ताऽ	।	आऽ	ऽथे	ईऽ	ताऽ
0					3			
आऽ	ऽथे	ईऽ	ताऽ	।	आऽ	तिग	धाऽ	ताऽ

।।थेई।।

+

प्रिमलू

(धेत्ताम धेत्ताम दगदग थुनतक थो)[2]

(तकिटधिकिटतक थुनतक गदिगन)[2]

(थूंगनूंगतक थुनतकगदिगन थेई)[3]

+					2			
धेऽ	त्ताऽ	ऽम	धेऽ	।	त्ताऽ	ऽम	दग	दग
0					3			
थुन	तक	थोऽ	ऽऽ	।	धेऽ	त्ताऽ	ऽम	धेऽ
+					2			
त्ताऽ	ऽम	दग	दग	।	थुन	तक	थोऽ	ऽऽ

0					3			
तकि	टधि	किट	तक	।	थुन	तक	गदि	गन
+					2			
तकि	टधि	किट	तक	।	थुन	तक	गदि	गन
0					3			
थूंऽ	गनूं	ऽग	तक	।	थुन	तक	गदि	गन
+					2			
थेई	ऽऽ	ऽऽ	ऽऽ	।	ऽऽ	ऽऽ	ऽऽ	ऽऽ
0					3			
थूंऽ	गनूं	ऽग	तक	।	थुन	तक	गदि	गन
+					2			
थेई	ऽऽ	ऽऽ	ऽऽ	।	ऽऽ	ऽऽ	ऽऽ	ऽऽ
0					3			
थूंऽ	गनूं	ऽग	तक	।	थुन	तक	गदि	गन
।।थेई।।								
+								

(2)

(धेत्ताम धेत्ताम दगदग थुनतक थो।[2]

तकिटधिकिटतक थुनतक गदिगन

(थूंगनूंगतक थुनतक गदिगन तिगधादिगदिग तिगधादिगदिग

तिगधादिग दिग तिगधादिगदिग)[3]

+					2			
धेऽ	ऽऽ	ऽऽ	त्ताऽ	।	ऽऽ	ऽम	धेऽ	ऽऽ
0					3			
त्ताऽ	ऽम	दग	दग	।	थुन	तक	थोऽ	ऽऽ
+					2			
धेऽ	ऽऽ	ऽऽ	त्ता	।	ऽऽ	ऽम	धेऽ	ऽऽ
0					3			
त्ताऽ	ऽम	दग	दग	।	थुन	तक	थोऽ	ऽऽ
+					2			
तऽ	किऽ	टऽ	धिऽ	।	किऽ	टऽ	तऽ	कऽ
0					3			
थुऽ	नऽ	तऽ	कऽ	।	गऽ	दिऽ	गऽ	नऽ
+					2			
थूंऽ	गनूं	ऽग	तक	।	थुन	तक	गदि	गन
0					3			
तिगधा	दिगदिग	तिगधा	दिगदिग	।	तिगधा	दिगदिग	तिगधा	दिगदिग
+					2			
थूंऽ	गनूं	ऽग	तक	।	थुन	तक	गदि	गन
0					3			
तिगधा	दिगदिग	तिगधा	दिगदिग	।	तिगधा	दिगदिग	तिगधा	दिगदिग

+					2			
थूंऽ	गनूं	ऽग	तक	।	थुन	तक	गदि	गन
0					3			
तिगधा	दिगदिग	तिगधा	दिगदिग	।	तिगधा	दिगदिग	तिगधा	दिगदिग
।।थेई।।								
+								

(3)

(धेधे त्ताम धेधे त्ताम दगदग थुनतक थो।[2] तकिटधिकिटतक थुनतकगदिगन थूंगनूंगतक थुनतक गदिगन तिगधाऽदिगदिग तिगधादिगदिग थूंगनूंगतक थुनतक गदिगन तिगधादिगदिग तिगधादिगदिग तिगधादिगदिग थूंगनूंगतक थुनतक गदिगन तिगधादिगदिग तिगधादिगदिग तिगधादिगदिग तिगधादिगदिग।

+					2			
धेऽ	धेऽ	ऽऽ	त्ताऽ	।	ऽऽ	ऽम	धेऽ	धेऽ
0					3			
त्ताऽ	ऽम	दग	दग	।	थुन	तक	थोऽ	ऽऽ
+					2			
धेऽ	धेऽ	ऽऽ	त्ताऽ	।	ऽऽ	ऽम	धेऽ	धेऽ
0					3			
त्ताऽ	ऽम	दग	दग	।	थुन	तक	धोऽ	ऽऽ
+					2			
तऽ	किऽ	टऽ	धिऽ	।	किऽ	टऽ	तऽ	कऽ

0					3			
थुऽ	नऽ	तऽ	कऽ	।	गऽ	दिऽ	गऽ	नऽ
+					2			
थूंऽ	गनूं	ऽग	तक	।	थुन	तक	गदि	गन
0					3			
तिग	धाऽ	दिग	दिग	।	तिग	धाऽ	दिग	दिग
+					2			
थूंऽ	गनूं	ऽग	तक	।	थुन	तक	गदि	गन
0					3			
तिगधा	ऽदिग	दिगति	गधाऽ	।	दिगदि	गतिग	धाऽदि	गदिग
+					2			
थूंऽ	गनूं	ऽग	तक	।	थुन	तक	गदि	गन
0					3			
तिगधा	दिगदिग	तिगधा	दिगदिग	।	तिगधा	दिगदिग	तिगधा	दिगदिग

।।थेई।।
+

(4)

(धेधे धेधे त्ताम धेधे त्ताम दगदग थुनतक थो)[2]

(तकिटधिकिटतक थुनतक गदिगन)[2]

थूंगनूंगतक थुनतक गदिगन ता थेई ता

थूंगनूंगतक थुनतक गदिगन ता थेई ता

थूंगनूंगतक थुनतक गदिगन ता थेई ता

+					2			
धेऽ	धेऽ	धेऽ	धेऽ	।	त्ताऽ	ऽम	धेऽ	धेऽ
0					3			
त्ताऽ	ऽम	दग	दग	।	थुन	तक	थोऽ	ऽऽ
+					2			
धेऽ	धेऽ	धेऽ	धेऽ	।	त्ताऽ	ऽम	धेऽ	धेऽ
0					3			
त्ताऽ	ऽम	दग	दग	।	थुन	तक	थोऽ	ऽऽ
+					2			
तकि	टधि	किट	तक	।	थुन	तक	गदि	गन
0					3			
तकि	टधि	किट	तक	।	थुन	तक	गदि	गन
+					2			
थूंऽ	गनूं	ऽग	तक	।	थुन	तक	गदि	गन
0					3			
ताऽ	ऽऽ	ऽऽ	थेऽ	।	ईऽ	ऽऽ	ताऽ	ऽऽ
+					2			
थूंऽ	गनूं	ऽग	तक	।	थुन	तक	गदि	गन

0					3			
ताऽ	ऽऽ	ऽऽ	थेऽ	।	ईऽ	ऽऽ	ताऽ	ऽऽ
+					2			
थूंऽ	गनूं	ऽग	तक	।	थुन	तक	गदि	गन
0					3			
ताऽ	ऽऽ	ऽऽ	थेऽ	।	ईऽ	ऽऽ	ताऽ	ऽऽ

।।थेई।।
+

(5)

धेत्ताम धेत्ताम दगदग धुनतक थो तकिटधिकिटतक थुनतक गदिगन थूंगनूंगतक थुनतक गदिगन थेई ता थूंगनूंगतक थुनतक गदिगन थेई ता थूंगनूंग थुनतक दिगन थेई

+					2			
धे	त्ता	ऽम	धेऽ	।	त्ता	ऽम	ऽऽ	ऽऽ
0					3			
ऽऽ	ऽऽ	ऽऽ	ऽऽ	।	दग	गद	थुन	तक
+					2			
थोऽ	ऽऽ	ऽऽ	ऽऽ	।	ऽऽ	ऽऽ	ऽऽ	ऽऽ
0					3			
तकि	टधि	किट	तक	।	थुन	तक	गदि	गन

+					2			
थूंऽ	गनूं	ऽग	तक	।	थुन	तक	गदि	गन
0					3			
थे	ई	ता	ऽ	।	थूंऽ	गनूं	ऽग	तक
+					2			
थुन	तक	गदि	गन	।	थे	ई	ता	ऽ
0					3			
थूंऽ	गनूं	ऽग	तक	।	थुन	तक	गदि	गन

।।थेई।।

+

(6)

चक्करदार प्रिमलू

(ताव दगदग दगदग नूवाकतथो)[2]

तिगधा तिगधा तिगधा तकथो दिगथो

(दगदग थुनतक गदिगन थेई),[9]

+					2			
ताव	दग	दग	दग	।	दग	तूऽ	वाऽ	कत
0					3			
थोऽ	ताव	दग	दग	।	दग	दग	तूऽ	वाऽ
+					2			
कत	थोऽ	तिग	धाऽ	।	तिग	धाऽ	तिग	धाऽ

0					3			
तक	थोऽ	दिग	थोऽ	।	दग	दग	थुन	तक
+					2			
गदि	गन	थेई	दग	।	दग	थुन	तक	गदि
0					3			
गन	थेई	दग	दग	।	थुन	तक	गदि	गन
+					2			
थेई	दग	दग	थुन	।	तक	गदि	गन	थेई
0					3			
दग	दग	थुन	तक	।	गदि	गन	थेई	दग
+					2			
दग	थुन	तक	गदि	।	गन	थेई	दग	दग
0					3			
थुन	तक	गदि	गन	।	थेई	दग	दग	थुन
+					2			
तक	गदि	गन	थेई	।	दग	दग	थुन	तक
0					3			
गदि	गन	थेई	ताव	।	दग	दग	दग	दग
+					2			
तूऽ	वाऽ	कत	थोऽ	।	ताव	दग	दग	दग

0					3			
दग	तूऽ	वाऽ	कत	।	थोऽ	तिग	धाऽ	तिग
+					2			
धाऽ	तिग	धाऽ	तक	।	थोऽ	दिग	थोऽ	दग
0					3			
दग	थुन	तक	गदि	।	गन	थेई	दग	दग
+					2			
थुन	तक	गदि	गन	।	थेई	दग	दग	थुन
0					3			
तक	गदि	गन	थेई	।	दग	दग	थुन	तक
+					2			
गदि	गन	थेई	दग	।	दग	थुन	तक	गदि
0					3			
गन	थेई	दग	दग	।	थुन	तक	गदि	गन
+					2			
थेई	दग	दग	थुन	।	तक	गदि	गन	थेई
0					3			
दग	दग	थुन	तक	।	गदि	गन	थेई	दग
+					2			
दग	थुन	तक	गदि	।	गन	थेई	ताव	दग

0					3			
दग	दग	दग	तूऽ	।	वाऽ	कत	थोऽ	ताव
+					2			
दग	दग	दग	दग	।	तूऽ	वाऽ	कत	थोऽ
0					3			
तिग	धा	तिग	धा	।	तिग	धाऽ	तक	थोऽ
+					2			
दिग	थोऽ	दग	दग	।	थुन	तक	गदि	गन
0					3			
थेई	दग	दग	थुन	।	तक	गदि	गन	थेई
+					2			
दग	दग	थुन	तक	।	गदि	गन	थेई	दग
0					3			
दग	थुन	तक	गदि	।	गन	थेई	दग	दग
+					2			
थुन	तक	गदि	गन	।	थेई	दग	दग	थुन
0					3			
तक	गदि	गन	थेई	।	दग	दग	थुन	तक
+					2			
गदि	गन	थेई	दग	।	दग	थुन	तक	गदि

0					3			
गन	थेई	दग	दग	।	थुन	तक	गदि	गन

।।थेई।।
+

(7)

नग्गी थर्थी कुक्कु तकतक

झिनक झिनक तक ता झिटकिट धिलांग

धुमकिटतक ता दिगदिग तत तत थो

(थरिकिट तक थरिकिट थरिकिट तक तक थरिकिट धिलांग तक थो।[2]

(जिघ्ड़ान त्राम तक त्राम तक त्राम नगधेत्तधेत्त)[3]

+					2			
नग्	गीऽ	थर्	रीऽ	।	कुक्	कूऽ	तक	तक
0					3			
झिन	कझि	नक	तक	।	ता	झिट	किट	धिलां
+					2			
ऽग	धुम	किट	तक	।	ताऽ	ऽऽ	दिग	दिग
0					3			
तऽ	ऽत	तऽ	ऽत	।	थोऽ	ऽऽ	ऽऽ	ऽऽ
+					2			
थरि	किट	तक	थरि	।	किट	थरि	किट	तक

0					3			
तक	थरि	किट	धिलां	।	ऽग	तक	थोऽ	ऽऽ
+					2			
थरि	किट	तक	थरि	।	किट	थरि	किट	तक
0					3			
तक	थरि	किट	धिलां	।	ऽग	तक	थोऽ	ऽऽ
+					2			
जिऽ	घ्ड़ा	ऽन	त्राऽ	।	ऽम	तत	ऽऽ	त्राऽ
0					3			
ऽम	तत	ऽऽ	त्राऽ	।	ऽम	नग	धेत्त	धेत्त
+					2			
जिऽ	घ्ड़ा	ऽन	त्राऽ	।	ऽम	तत	ऽऽ	त्राऽ
0					3			
ऽम	तत	ऽऽ	त्राऽ	।	ऽम	नग	धेत्त	धेत्त

।।थेई।।

+

यह लखनऊ घराने का परम्परागत प्रिमलू है।

(1)

किड़तक थुनथुन नातिटता धादिता किड़धादिंता

कतिटधादिंता कत्तिट धादिंता किड़धेत् धादिंता

कत्तिटधा थून्ताधा कत्तिटधा थून्ताधा कत्तिटधा थून्ता था।

+					2			
किड़	तक	थुन	थुन	।	नाऽ	तिऽ	टऽ	ताऽ
0					3			
ऽऽ	धाऽ	दिंऽ	ताऽ	।	किड़	धाऽ	दिंऽ	ताऽ
+					2			
कऽ	त्तिऽ	टऽ	धाऽ	।	दिंऽ	ताऽ	कऽ	ऽऽ
0					3			
त्तिऽ	टऽ	धाऽ	दिंऽ	।	ताऽ	ऽऽ	किड़	धेऽ
+					2			
ऽत्	धाऽ	दिंऽ	ताऽ	।	कऽ	त्तिऽ	टऽ	धाऽ
0					3			
ऽऽ	थूऽ	ऽऽ	न्ता	।	धाऽ	ऽऽ	कऽ	त्तिऽ
+					2			
टऽ	थाऽ	ऽऽ	थूऽ	।	ऽऽ	न्ता	धाऽ	ऽऽ
0					3			
कऽ	त्तिऽ	टऽ	धाऽ	।	ऽऽ	थूऽ	ऽऽ	न्ता

।।धा।।

+

(2)

+					2			
किड़तक	ऽथुन	थुनना	ऽत्ति	।	टधा	ऽधा	दिंता	ऽकिड़

0					3			
धादिं	ऽता	कत्ती	ऽट	।	धादिं	ऽता	कत्	त्तिट
+					2			
धादिं	ताऽ	किड़धे	ऽतधा	।	दिंऽ	ताऽ	कत्तिटधा	ऽथुऽन्त
0					3			
धाऽ	ऽऽ	कत्तिटधा	ऽथुऽन्त	।	धाऽ	ऽऽ	कत्तिटधा	ऽथून्त
।।धा।।								
+								

(3)

किड़तक	थुनथुन	नाति	टधा	।	ऽऽ	धाऽ	दिंऽ	ताऽ
किड़	धाऽ	दिंऽ	ताऽ	।	कत्ति	टधा	दिंता	कऽ
+					2			
त्तिट	धादिं	ताऽ	किड़	।	धेऽ	ऽत्त	धाऽ	दिंऽ
0					3			
ताऽ	कऽ	त्तिऽ	टऽ	।	धाऽ	थुऽ	ऽन्	ताऽ
+					2			
धाऽ	कऽ	त्तिऽ	टऽ	।	धाऽ	थुऽ	ऽन्	ताऽ
0					3			
धाऽ	कऽ	त्तिऽ	टऽ	।	धाऽ	थुऽ	ऽन्	ताऽ
।।धा।।								
+								

(4)

धकिट तकिट दिगिन नगिन धागेतिट धागेतिट किड़धातिट

धान धात धा, धान धात धा, धान धात धा

+					2			
धकिट	तकिट	दिगिन	नगिन	।	धागेति	टधागे	तिटकिड़धातिट	
0					3			
धाऽन	धाऽत	धाऽऽ	धाऽन	।	धाऽत	धाऽऽ	धाऽन	धाऽत

।।धा।।
+

(5)

धकिट धकिट तकिट तकिट दिगिन दिगिन नगिन नगिन
धागेतिट धागेतिट किड़धातिट धागेतिट धागेतिट किड़धातिट
धान धात धा धान धात धा धान धात धा

+					2			
धऽकि	ऽटऽ	धऽकि	ऽटऽ	।	तऽकि	ऽटऽ	तऽकि	ऽटऽ
0					3			
दिऽगि	ऽनऽ	दिऽगि	ऽनऽ	।	नऽगि	ऽनऽ	नऽगि	ऽनऽ
+					2			
धाऽगे	ऽतिऽ	टऽधा	ऽगेऽ	।	तिऽट	ऽकिड़	धाऽति	ऽटऽ
0					3			
धाऽगे	ऽतिऽ	टऽधा	ऽगेऽ	।	तिऽट	ऽकिड़	धाऽति	ऽटऽ
+					2			
धाऽऽ	ऽनऽ	धाऽऽ	ऽतऽ	।	धाऽऽ	ऽऽऽ	धाऽऽ	ऽनऽ

0					3			
धाऽऽ	ऽतऽ	धाऽऽ	ऽऽऽ	।	धाऽऽ	ऽनऽ	धाऽऽ	ऽतऽ
।।धा।।								
+								

(6)

धकिट तकिट दिगिन, धकिट तकिट दिगिन नगिन

धकिटतकिट दिगिननगिन धागेतिट धागेतिट किड़धातिट

धान धान धा, धान धान धा, धान धान धा।

+					2			
धऽ	किऽ	ऽऽ	टऽ	।	तऽ	किऽ	ऽऽ	टऽ
0					3			
दिऽ	गिऽ	ऽऽ	न्नऽ	।	धऽ	किऽ	टऽ	तऽ
+					2			
किऽ	टऽ	दिऽ	गिऽ	।	नऽ	नऽ	गिऽ	नऽ
0					3			
धकि	टत	किट	दिगि	।	नन	गिन	धागे	तिट
+					2			
धागे	तिट	किड़धा	तिट	।	ऽऽ	ऽधा	नधा	ऽन
0					3			
धाऽ	धाऽ	नधा	ऽन	।	धाऽ	धाऽ	नधा	ऽन
।।धा।।								
+								

(7)

धकिटतकिट दिगिननगिन धागेतिटधागेतिट किड़धातिट

धानधान धा धान धान धा धान धान धा

+					2			
धकि	टत	किट	ऽऽ	।	दिगि	नन	गिन	ऽऽ
0					3			
धागे	तिट	धागे	तिट	।	ऽऽ	किड़धा	तिट	ऽऽ
+					2			
ऽऽ	धाऽ	नधा	ऽन	।	धाऽ	ऽऽ	ऽऽ	धाऽ
0					3			
नधा	ऽन	धाऽ	ऽऽ	।	ऽऽ	धाऽ	नधा	ऽन
।।धा।।								
+								

(8)

धा घेघे धा घेघे धा घेघे धा

धुमकिटतक धुमकिटतक तकतक धुमकिटतक धुमकिटतक धा

गदिगन नागेतिट तागेतिट किटतक धकिटधानधा धाकिड़धाधा

किड़धाधा धा किड़धाधा धा किड़धाधा

किड़धाधा धा किड़धाधा धा किड़धाधा

किड़धाधा धा किड़धाधा धा किड़धाधा धा

+					2			
धाऽ	ऽऽ	धेऽ	धेऽ	।	धाऽ	ऽऽ	धेऽ	धेऽ
0					3			
धाऽ	ऽऽ	धेऽ	धेऽ	।	धाऽ	ऽऽ	ऽऽ	ऽऽ
+					2			
धुम	किट	तक	धुम	।	किट	तक	तक	तक
0					3			
धुम	किट	तक	धुम	।	किट	तक	धाऽ	ऽऽ
+					2			
गदि	गन	नागे	तिट	।	तागे	तिट	किट	तक
0					3			
धकि	टधा	ऽन	धाऽ	।	धाऽ	किड़	धाऽ	धाऽ
+					2			
ऽऽ	किड़	धाऽ	धाऽ	।	धाऽ	ऽऽ	ऽऽ	किड़
0					3			
धाऽ	धाऽ	धाऽ	ऽऽ	।	ऽऽ	किड़	धाऽ	धाऽ
+					2			
ऽऽ	किड़	धाऽ	धाऽ	।	धाऽ	ऽऽ	ऽऽ	किड़
0					3			
धाऽ	धाऽ	धाऽ	ऽऽ	।	ऽऽ	किड़	धाऽ	धाऽ
+					2			
ऽऽ	किड़	धाऽ	धाऽ	।	धाऽ	ऽऽ	ऽऽ	किड़

0 3

धाऽ धाऽ धाऽ ऽऽ । ऽऽ किड़ धाऽ धाऽ

।।धा।।

+

(9)

धानधिकिट घेघ्घेतान तक्कधिकिट घेघ्घेतान

घेघेतेकता तगेननगेन घेघेतेकता तगेन नगेन

तगेन नगेन नगेन घेतिट धगेन नगेन नगेन धान धा

+ 2

धाऽ ऽन धिकि ऽट । घेऽ ऽघ्घे ताऽ ऽन

0 3

तऽ ऽक्क धिकि ऽट । घेऽ ऽघ्घे ताऽ ऽन

+ 2

घेघे ऽते कऽ ताऽ । तगे ऽन नगे ऽन

0 3

घेघे ऽते कऽ ताऽ । तगे ऽन नगे ऽन

+ 2

तगे ऽन नगे ऽन । नगे ऽन धेती ऽट

0 3

धगे ऽन नगे ऽन । नगे ऽन धाऽ ऽन

।।धा।।

+

(10)

धाकिटतक धुमकिटतक दिंदिं तकिटतका ता

गदिगनधा किड़ना धाकिटतक धुमकिटतक दिघ्ड़ान्त धा

+					2			
धाकिट	तकधुम	किटतक	दिंदिं	।	तकि	टत	काऽ	ताऽ
0					3			
गदिगन	धाऽ	किड़ना	धाकिट	।	तकधुम	किटतक	दिगघ्ड़ा	ऽन्ता

।।धा।।
+

ततकार

चतस्र जाति में :

(1)	+					2			
	1234	1——	1234	1——	।	1234	1——	1234	1——
	0					3			
	1234	1——	1234	1——	।	1234	1——	1234	1——
(2)	+					2			
	1234	1234	1——	——	।	1234	1234	1——	1——
	0					3			
	1234	1234	1——	——	।	1234	1234	1——	——
(3)	+					2			
	1234	1234	1234	1——	।	1234	1234	1234	1——

0 3

1234 1234 1234 1-- | 1234 1234 1234 1--

(4) + 2

1234 1234 1234 1234 | 1234 1234 1234 1--

0 3

1234 1234 1234 1234 | 1234 1234 1234 1--

(5) + 2

1234 1-- 1234 1-- | 1234 1234 1234 1--

0 3

1234 1234 1234 1234 | 1234 1234 1234 1--

(6) + 2

1234 1234 1234 1234 | 1234 1234 1234 1234

0 3

1234 1234 1-- 1234 | 1234 1-- 1234 1234

||| ||

+

तिस्र जाति में

(1) + 2

123 1-- 123 1-- | 123 1-- 123 1--

0 3

123 1-- 123 1-- | 123 1-- 123 1--

(2)	+					2			
	123	123	1--	--	।	123	123	1--	--
	0					3			
	123	123	1--	--	।	123	123	1--	--
(3)	+					2			
	123	123	123	1--	।	123	123	123	1--
	0					3			
	123	123	123	1--	।	123	123	123	1--
(4)	+					2			
	123	123	123	123	।	123	123	123	1--
	0					3			
	123	123	123	123	।	123	123	123	1--
(5)	+					2			
	123	1--	123	1--	।	123	123	123	1--
	0					3			
	123	123	123	123	।	123	123	123	1--
(6)	+					2			
	123	123	123	123	।	123	123	123	123
	0					3			
	123	123	1--	123	।	123	1--	123	123
	।।।1।।								
	+								

उपरोक्त ततकार में पैर अच्छे तैयार होने के बाद अन्य लयबांट भी कराते थे, जिनमें "तकिट तकिट धिन" मुख्य है। इसके निम्नलिखित प्रकार महाराज जी अपने शिष्यों को सिखाये थे :ऽ

	+					2			
1.	तकिटत	किटधिन	तकिटत	किटधिन	।	तकिटत	किटधिन	तकिटत	किटधिन
	0					3			
	तकिटत	किटधिन	तकिटत	किटधिन	।	तकिटत	किटधिन	तकिटत	किटधिन
	+					2			
2.	तकिटत	किटतकि	तटकिट	धिनधिन	।	तकिटत	किटतकि	टतकिट	धिनधिन
	0					3			
	तकिटत	किटतकि	टतकिट	धिनधिन	।	तकिटत	किटतकि	टतकिट	धिनधिन
3.	धिनतकि	टधिनत	किटतकि	टतकिट	।	धिनतकि	टधिनत	किटतकि	टतकिट
	0					3			
	धिनतकि	टधिनत	किटतकि	टतकिट	।	धिनतकि	टधिनत	किटतकि	टतकिट

	+					2			
1.	धा	धिं	धिं	धा	।	धा	धिं	धिं	धा
	0					3			
	धा	तिं	तिं	ता	।	ता	धिं	धिं	धा
	+					2			
2.	धा	ऽकिड़	धिं	धा	।	धा	धिं	धिं	धा
	0					3			
	धा	तिं	तिं	ता	।	ता	धिं	धिं	धा
	+					2			
3.	धा	ऽकिड़	धिं	धा	।	धा	ऽकिड़	धिं	धा
	0					3			
	धा	ऽकिड़	धिं	धा	।	ता	धिं	धिं	धा
	+					2			
4.	किड़	धिं	धा	किड़	।	धिं	धा	किड़	धिं
	0					3			
	धा	ऽकिड़	धिं	धा	।	ता	धिं	धिं	धा

चतुर्थ अध्याय

लच्छू महाराज के नृत्यांग

कत्थक में 'नृत्य' और 'अभिनय' अंग के अंतर्गत वंदना, गतनिकास, गतभाव, छंद या कवित्त, ठुमरी, भजन, गज़ल आदि प्रस्तुतियां की जाती हैं।

1. वंदना

कत्थक नृत्य का प्रारम्भ गुरु वंदना से प्रस्तुत करने की परम्परा का भी महाराज जी ने सर्वाधिक प्रचार किया। वे निरन्तर अपने शिष्याओं के कार्यक्रमों का प्रारम्भ गुरु वंदना से ही कराते थे, जो कि इस पारम्परिक श्लोक पर आधारित है–

'गुरुः ब्रम्हा गुरुः विष्णु गुरुः देवो महेश्वरा।

गुरुः साक्षात परः ब्रम्ह तस्मै श्री गुरुवे नमः।।

इस श्लोक में महाराज जी ने ब्रम्हा, विष्णु एवं महेश को तीन-तीन बार भिन्न-भिन्न मुद्राओं एवं भंगिमाओं से प्रस्तुत करने की विधि का सफल प्रयास किया था।

2. आमद में अभिनय

लच्छू महाराज जी की मुख्य धारणा थी 'कथा बिना कत्थक नहीं'। अपने इस मत को वे हर रंगमंच, हर महफिल और हर साक्षत्कार में निरन्तर प्रकट करते रहे। कथा से उनका तात्पर्य व्यापक था। हर वो चीज़ जिसमें कोई न कोई अर्थ हो, कोई न कोई मायने हो वे उसे कथा की संज्ञा देते थे। कत्थक नृत्य की उत्पत्ति तो कथा से ही हुई है और प्राचीन भारत में देवदासियों द्वारा मंदिरों में भगवान के अवतारों से सम्बंधित कथानकों को, उनकी लीलाओं को और उनकी दिव्य मूर्ति के वर्णन को नृत्य के माध्यम से प्रस्तुत किया जाता था। प्राचीन काल में हमारी नृत्य कला के मुख्य आधार साहित्य, संगीत और रस आदि थे।

मध्यकाल में अर्थात मुगलों के शासनकाल में हमारी पुरानी परम्पराओं का हास हुआ। हमारी पारम्परिक कलाओं में विदेशी संस्कृति का घुस-पैठ होने लगा। धार्मिक विषयों के स्थान पर मुगल शासकों की रूचि के अनुरूप चमत्कारिकता को प्रश्रय मिलने लगा। कत्थक नृत्य में भी कथा के स्थान पर आमद, थाट और सलामी आदि प्रदर्शित होने लगे।

आजादी के बाद कलाओं के पुनरूद्वार का कार्य प्रारम्भ हुआ। लच्छू महाराज भी कत्थक नृत्य के संदर्भ में इस दिशा में कई नवीन प्रयोग करके सहारनीय कार्य किये इनमें महाराज जी का सबसे मुख्य योगदान कत्थक के निरर्थक बोल समूहों को सार्थक बनाने का था। इससे कत्थक जगत को एक नई दिशा मिली। कत्थक के नृत्त अंग-आमद, तोड़े, परन आदि को नृत्य में रूपान्तर करने का उनका प्रयोग सार्थक रहा। उन्होंने लखनऊ घराने के आमद, तोड़े और परन आदि में भाव बनाने की प्रथा का प्रारम्भ किया।

ध त क थुं गां आमद में तीन प्रकार से भाव प्रस्तुत करना उन्होंने बताया था (1) ब्रह्मा, विष्णु, महेश्वर, सरस्वती, लक्ष्मी और पार्वती का प्रदर्शन।

(2) राधा कृष्ण की छेड़छाड़

(3) सूर्य, चंद्र, आकाश, पृथ्वी, ऋषि मुनी तथा दर्शकों को प्रणाम करना।

आमद के अतिरिक्त छोटे-छोटे बोलों पर भी कई प्रकार से भाव प्रदर्शित करना बताते थे। जिसमें निम्नलिखित बोल में उन्होंने राधा कृष्ण का छेड़-छाड़ बताया था।

+					2			
धकिट	तकिट	दिगिन	नगिन	।	धागेति	टधागे	तिटकृ	धातिट
0					3			
धाऽन	धाऽत	धाऽ	धाऽन	।	धाऽत	धाऽऽ	धाऽन	धाऽत

।।धा।।
+

परन में अभिनय-

महाराज जी ने तोड़ों के अतिरिक्त परनों में भी भाव प्रदर्शन का मार्ग प्रशस्त किये जिनमें निम्नलिखित परन बहुत प्रसिद्ध है-

धाऽन धिकिट, घेघेत्ताऽन, तऽक्क धिकिट, घेघ त्ताऽन

घेघेते कताऽ, तगेन नगेन, घेघेते कताऽ, तगेन नगेन

तगेन नगेन, नगेन घेतिट, धगेन नगेन, नगेन धाऽन,

।।धा।।
+

इस छोटे से परन में उन्होंने गंगावतरण की कथा को समाहित किया था।

3. गत निकास

स्व. गुरु लच्छू महाराज का नाम लेते ही कत्थक जगत के लोग उनके गत निकासों का स्मरण करते हैं। कारण यह है कि वे गत निकास को कत्थक नृत्य का लास्य अंग प्रधान एक खूबसूरत एवं प्रमुख अंग मानते थे। स्वयं भी बहुत ही कुशलता से इसको प्रस्तुत करते थे। अपने शिष्याओं के कार्यक्रमों में विभिन्न गतनिकासों को समूह प्रदर्शन में एक अलग प्रस्तुति के रूप में रखते थे।

कत्थक नृत्य में गत निकास प्रस्तुत करने का एक निर्धारित क्रम होता है और कुछ निर्धारित पग एवं हस्त संचालन भी होते हैं। इनके अतिरिक्त हर गतनिकास का एक अर्थ होता है जिसे संयुक्त या असंयुक्त हस्त मुद्राओं द्वारा प्रगट किया जाता है। भाव के आधार पर ही उस गत-निकास का नाम होता है, जैसे–जिस गतनिकास में मुरली धारण किया जाता है उसे 'गत मुरली', जिसमें घूंघट का भाव बताया जाता है, उसे 'गत घूंघट' कहते हैं। लच्छू महाराज जी के गत निकासों में परम्परागत होते हुए भी कुछ भिन्नता है। उनके गत-निकास खाली से शुरू होते थे।

महाराज जी के गत निकासों की दूसरी विशेषता यह थी कि चाल प्रस्तुत करते समय पैरों से चार आघात की जगह तीन ही आघात करते थे। अर्थात 'ता थेई थेई तत' की जगह 'तत ता थेई'। तीसरी विशेषता यह है कि अंत में महाराज जी तिहाई नहीं लेते थे। महाराज जी के गत निकासों में मुरली के कई प्रकार, घूंघट के कई प्रकार, बिंदिया की गत, रूखसार गत आदि प्रसिद्ध हैं। इनमें मुरली को उछालने की गत विशिष्ट हैं साथ ही साथ 'गज गामिनी' 'सर्प', 'मयूर' एवं 'हंस' की चालों को भी उन्होंने अपने गत-निकास में प्रयोग किये। उनकी झूम की गत भी काफी प्रख्यात है। ये सभी गत-निकास उनके शिष्य शिष्याओं द्वारा अभी भी बड़ी कुशलता से प्रस्तुत किये जाते हैं। विशेषकर उनकी प्रमुख शिष्या श्रीमती कपिला राज को इनमें विशेष दक्षता प्राप्त है।

यह बात ध्यान देने योग्य है कि परम्परागत कत्थक नृत्य प्रदर्शन में गत-निकास से ही अभिनय का शुभारंभ होता था।

(4) गत-भाव

गत-निकास के बाद अभिनय की प्रस्तुती का विस्तृत रूप कत्थक नृत्य के गत भाव में देखने को मिलता है। गत निकासों में तो इस बात का महत्व रहता है कि कौन सी मुद्रा धारण करके, अर्थात किस भाव के साथ किस प्रकार की गति का प्रयोग किया गया है। गत-भाव में कथा का प्रदर्शन होता है। यह कहा जा सकता है कि गत निकास ही गत भाव के मात्रिक हैं। देखा जाये तो कई गतनिकास मिलकर गतभाव बनते हैं। पहले गतभावों को कत्थक नृत्य में प्रमुख स्थान प्राप्त था। गानों पर अभिनय अकसर बैठकर ही बताया जाता था। आजकल रंगमंच पर गानों में अभिनय प्रस्तुत करने की प्रथा बढ़ जाने के कारण गतभाव का प्रचलन कम होता जा रहा है।

महाराज जी स्वयं गतभाव बड़ी कुशलता एवं सुंदरता के साथ प्रस्तुत करते थे और अपने शिष्यों को भी अपने घराने के सभी गतभाव सिखाये थे। उनके द्वारा प्रदर्शित गतभाव निम्नलिखित हैं—पनघट लीला, गोवर्धन लीला, माखन चोरी, होली, दान लीला (गोपी चीर हरण), कालिया दमन, जटायु मोक्ष, श्रवण कुमार की कथा, द्रोपदी वस्त्र हरण, बिलवा मंगल (तुलसी दास जी के जीवन से सम्बंधित) आदि। इनके अतिरिक्त महाराज जी हर कहानी और घटना के ऊपर तुरंत गतभाव प्रस्तुत करने की क्षमता रखते थे। उनके गतभाव की यह विशेषता है कि कथा के अर्थ को पारम्परिक अर्थात घरानेदार हस्त मुद्राओं एवं पग संचालनों द्वारा ही प्रस्तुत किया जाता है। इसीलिए वे अधिक कलात्मक एवं खूबसूरत लगते हैं।

महाराज जी द्वारा प्रदर्शित गतभावों की यह भी विशेषता है कि उनकी रचना (कोरियोग्राफी) करते समय महाराज जी यह ध्यान देते थे कि कौन कहां से आया और कहां से गया, कौन सी चीज कहां से

उठायी गई और उसे कहां रखना है, जैसे 'माखन चोरी' में हर एक का स्थान निर्धारित किये थे, सींके एवं दही मथने का स्थान, कमरे का दरवाजा आदि। नायिका जिस स्थान से चीजें निकालती है उसी स्थान पर वापस रखती है, घड़ा लेकर जिस स्थान पर दरवाजा बंद करके बाहर जाती है वापस आने के बाद उसी स्थान पर दरवाजा खोलती है। पानी लेने के लिए स्टेज के जिस रास्ते से जाती है वापस भी उसी स्थान से आती है। ग्वाल बाल माखन चोरी के लिए दरवाजा उसी स्थान से खोलते हैं जहां पर नायिका ने बंद किया था। कुल मिलाकर रंगमंच के ऊपर पूरा दृश्य दर्शकों को मूर्त रूप में नजर आने लगता है। जिससे गत-भावों में वास्तविकता आ जाती है।

(5)-छंद या कवित्त

(1)

नाचत गोपाल लाल, तक्क धिकिट घेघतड़ान
राधा मुसकान आन धाकिटतक धुमकिटतक घिन्नड़ान
मुरली धर अधर लीन्हीं सांवरे ने एक तान
राधिका ने नृत्य कियो मारके कटाक्ष बाण
दिनदिनंदिन जातजात तटतटतट यमुना तट
दृगन दृगन नीर जात कुंज कुंज भटक भटक
दृकदृकदृक गोपिन को दृकदृकदृक ग्वालन को
निरखे हैं जिनके नैन गोवर्धन धारी को
(धनधनधन भाग उनके हैं)[3]

+					2			
नाऽच	तगोऽ	पाऽल	लाऽल	।	तऽक्क	धिकिट	धेधेत	ड़ाऽन
0					3			
राऽधा	ऽमुस	काऽन	आऽन	।	धाकिटतक	धुमकिटतक	धिऽन्न	ड़ाऽन

+					2			
मुरली	ऽधर	अधर	लीऽनि	।	सांऽव	रेऽने	एऽक	ताऽन
0					3			
राऽधि	काऽने	नृऽत्य	किऽयो	।	माऽर	केऽक	टाऽक्ष	बाऽण
+					2			
दिनदि	नदिन	जाऽत	जाऽत	।	तटत	टतट	यमुना	ऽतट
0					3			
दृगन	दृगन	नीऽर	जाऽत	।	कुँऽज	कुँऽज	भटक	भटक
+					2			
दृकदृ	कदृक	गोऽपि	नकोऽ	।	दृकदृ	कदृक	ग्वाऽल	नकोऽ
0					3			
निरखे	ऽहैंऽ	जिनके	नैऽन	।	गोऽव	ऽर्धन	धाऽरी	ऽकोऽ
+					2			
धनध	नधन	भाऽग	उनके	।	हैऽऽ	ऽऽऽ	धनध	नधन
0					3			
भाऽग	उनके	हैंऽऽ	ऽऽऽ	।	धनध	नधन	भाऽग	उनके
।।हैं।।								
+								

(2)

तक तक तक ताक ताक, मारे राधा नैन बाण
धाकिटतक धुमकिटतक घिन्नड़ान, नाचत हैं कुँवर कान्ह
गत-निकास चाल ढाल, कसक मसक तीन ताल
सखियन संग रास करत, नाचत है नंद लाल
थरिकिट थरिकिट थरिकिट तकतकतकतक थरिकिट

किर्रतगन जिग्गेतान जिग्गेतान जिग्गेतान

ढेढेढे कुकुकु धा ढेढेढे कुकुकु धा ढेढेढे कुकुकु धा

+				2				
तक	ऽत	कत	ऽक	।	ताऽ	ऽक	ताऽ	ऽक
0				3				
माऽ	ऽरे	राऽ	धाऽ	।	नैऽ	ऽन	बाऽ	ऽण
+				2				
धाऽकि	टतक	धुमकि	टतक	।	घिऽ	ऽन्न	ड़ाऽ	ऽन
0					3			
नाऽ	ऽच	तहै	ऽऽ	।	कुँव	ऽर	काऽ	ऽन्ह
+					2			
गत	ऽनि	काऽ	ऽस	।	चाऽ	ऽल	ढाऽ	ऽल
0					3			
कस	ऽक	मस	ऽक	।	तीऽ	ऽन	ताऽ	ऽल
+					2			
सखी	ऽय	नसं	ऽग	।	राऽ	ऽस	कर	ऽत
0					3			
नाऽ	ऽच	तहै	ऽऽ	।	नंऽ	ऽद	लाऽ	ऽल
+					2			
थरी	ऽकि	टथ	ऽरी	।	किट	ऽथ	रीकि	ऽट

0					3			
तक	ऽत	कऽ	तक	।	तक	ऽथ	रीकि	ऽट
+					2			
किऽ	ऽई	तगे	ऽन	।	जिग	ऽगे	ताऽ	ऽन
0					3			
जिग्	ऽगे	ताऽ	ऽन	।	जिग्	ऽगे	ताऽ	ऽन
+					2			
ढेढे	ऽढे	कुकु	ऽकु	।	धाऽ	ऽऽ	ढेढे	ऽढे
0					3			
कुकु	ऽकु	धाऽ	ऽऽ	।	ढेढे	ऽढे	कुकु	ऽकु
।।धा।।								
+								

(3)

बीन मृदंग झांझ डफ बाजत, तापर नाचत कृष्ण कन्हैया
गोपिन के संग रास रचावत, नाच नचावत ता ता थैया
खेलत गेंद गिरो यमुना में, निरत कियो तहां नाग नथैया
कोपि के इन्द्र चढ़े ब्रज ऊपर, गोपि करत सब हा हा दैया
धाय उठाय लियो गिरि नख पर, बंसी बजावत धेनु चरैया
जग के मन मोहन मन भाये, मेरे मन मैया
मेरे मन मैया, मेरे मन मैया

+					2			
बी	ऽ	न	मृ	।	दं	ऽ	ग	झां

0					3			
ऽ	झ	ड	फ	।	बा	ऽ	ज	त
+					2			
ता	ऽ	प	र	।	ना	ऽ	च	त
0					3			
कृ	ऽ	ष्न	क	।	न्है	ऽ	या	ऽ
+					2			
गो	ऽ	पि	न	।	के	ऽ	सं	ग
0					3			
रा	ऽ	स	र	।	चा	ऽ	व	त
+					2			
ना	ऽ	च	न	।	चा	ऽ	व	त
0					3			
ता	ऽ	ता	ऽ	।	थै	ऽ	या	ऽ
+					2			
खे	ऽ	ल	त	।	गे	ऽ	द	गि
0					3			
रो	ऽ	य	मु	।	ना	ऽ	में	ऽ
+					2			
नि	र	त	कि	।	यो	ऽ	त	हां

0					3			
ना	ऽ	ग	न	।	थै	ऽ	या	ऽ
+					2			
को	ऽ	पि	के	।	इ	न	द्र	च
0					3			
ढ़ो	ऽ	ब्र	ज	।	ऊ	ऽ	प	र
+					2			
गो	ऽ	पि	क	।	र	त	स	ब
0					3			
हा	ऽ	हा	ऽ	।	दै	ऽ	या	ऽ
+					2			
धा	ऽ	य	उ	।	ठा	ऽ	य	लि
0					3			
यो	ऽ	गि	रि	।	न	ख	प	र
+					2			
बं	ऽ	सी	ब	।	जा	ऽ	व	त
0					3			
धे	ऽ	नु	च	।	रै	ऽ	या	ऽ
+					2			
ज	ग	के	ऽ	।	म	न	मो	ऽ

0					3			
ह	न	म	न	।	भा	ऽ	ये	ऽ
+					2			
मे	ऽ	रे	ऽ	।	म	न	मै	ऽ
0					3			
या	ऽ	ऽ	ऽ	।	मे	ऽ	रे	ऽ
+					2			
म	न	मै	ऽ	।	या	ऽ	ऽ	ऽ
0					3			
मे	ऽ	रे	ऽ	।	म	न	मै	ऽ
।।या।।								
+								

(4)

छम्म छम्म छम छनन छनन छन
नूपुर की झनकार सुनावत
ग्वाल बाल संग यमुना तट पर
सखियन के संग रास रचावत
कोई नाचत कोई थिरकत मटकत
कोई गावत कोई ताल बजावत
कोई शंख कोई बीन कोई डफ
कोई झांझ मुरछंग बजावत
सर्प मयूर अश्व गज हंसा
धाय धाय सब देखन धावत

दामिनी मेघ लता बन उपवन
देख देख मन में हरषावत
उमंग भरे राधा के नैना
घूंघट ओट कटाक्ष चलावत
पर बंसी की टेर सुनत ही
धाय आय बोली अकुलावत
बलिहारी माधव मैं हारी माधव
मै वारी माधव

+					2			
छऽम्	मछ	ऽम्म्	छम	।	छन	नछ	नन	छन
0					3			
नूऽ	पुर	कीऽ	झन	।	काऽ	रसु	नाऽ	वत
+					2			
ग्वा	लबा	ऽल	संग	।	यमु	नाऽ	तट	पर
0					3			
सखि	यन	केऽ	संग	।	राऽ	सर	चाऽ	वत
+					2			
कोई	नाऽ	चत	कोई	।	थिर	कत	मट	कत
0					3			
कोई	गाऽ	वत	कोई	।	ताऽ	लब	जाऽ	वत
+					2			
कोई	ऽशं	ऽख	कोई	।	बीऽ	नको	ईऽ	डफ

0					3			
कोई	ऽझां	ऽझ	मुर	।	छंऽ	गब	जाऽ	वत
+					2			
सऽ	पम	यूऽ	रअ	।	ऽश्व	गज	हंऽ	साऽ
0					3			
धाऽ	यधा	ऽय	सब	।	देऽ	खन	धाऽ	वत
+					2			
दाऽ	मिनि	मेऽ	धल	।	ताऽ	बन	उप	वन
0					3			
देऽ	खदे	ऽख	मन	।	मेंऽ	हर	षाऽ	वत
+					2			
उमं	गभ	रेऽ	राऽ	।	धाऽ	केऽ	नैऽ	नाऽ
0					3			
घूंऽ	घट	ओऽ	टक	।	टाऽ	क्षच	लाऽ	वत
+					2			
पर	बंऽ	सीऽ	कीऽ	।	टेऽ	रसु	नत	हीऽ
0					3			
धाऽ	यआ	ऽय	बोऽ	।	लीऽ	अकु	लाऽ	वत
+					2			
बलि	हाऽ	रीऽ	माऽ	।	धव	–	मैंऽऽ	वाऽ

0 3

रीऽ माऽ धव ऽऽ । मैंऽ हाऽ रीऽ माऽ

।।धव।।

\+

(5)

डिमिकि डिमिकि डिमि डमरू बाजत
मृदंग कहत धान धान धेत्ता
छुनुनु छुनुनु छुनु घुंघरू बाजत
कुनुनु कुनुनु कुनु करत मंजीरा
छम्म् छम्म् छम झांझ बजावत
तापर नाचत कृष्ण कन्हैया
धान धिकिट घेघे तान तक्क धिकिट घेघे तान
घेघेते कता तगेन नगेन घेघेते कता तगेन नगेन
तगेन नगेन नगेन घेतिट धगेन नगेन नगेन धान धा

\+ 2

डिमि किडि मिकि डिमि । डम रूऽ बाऽ जत

0 3

मृदं गक हत धाऽ । नधा ऽन धेऽ त्ताऽ

\+ 2

छुनु नुछु नुनु छुन । घुँघ रूऽ बाऽ जत

0 3

कुनु नुकु नुनु कुनु । कर तमं जीऽ राऽ

+					2			
छम्	मछ	ऽम्म	छम	।	झांऽ	झब	जाऽ	वत
0					3			
ताऽ	पर	नाऽ	चत	।	कृऽ	ष्णक	न्हैऽ	याऽ
+					2			
धाऽन	धिकिट	घेघ्घे	ताऽन	।	तऽक्क	धिकिट	घेघ्घे	ताऽन
0					3			
घेघेते	कताऽ	तगेन	नगेन	।	घेघेते	कताऽ	तगेन	नगेन
+					2			
तगेन	नगेन	नगेन	घेतिट	।	धगेन	नगेन	नगेन	धाऽन
0					3			
तगेन	नगेन	नगेन	घेतिट	।	धगेन	नगेन	नगेन	धाऽन

।।धा।।
+

(6)

माखन खात चुराये चुराये के
ढीठ बड़ो है ये तेरे कन्हैया
काहू के खैंचत जाये के चूनर
बाल गोपाल गोपाल कहैया
ठाड़ कदम्ब के छांव तले
रस भीनि बजावत बांसुरी दैया
कासे कहूँ कित जाऊं सखी

जित जाऊं उतै वो चरावत गैया
हा हा हा दैया, हा हा हा दैया
हा हा हा दैया

+					2			
माख	ऽन	खात	ऽचु	।	राऽ	येचु	राये	ऽके
0					3			
ढीठ	ऽब	ड़ोहै	ऽये	।	तेरो	ऽक	न्हैऽ	याऽ
+					2			
काहू	ऽके	खैंच	ऽत	।	जाये	ऽके	चून	ऽर
0					3			
बाल	ऽगो	पाल	ऽगो	।	पाल	ऽक	हैऽ	याऽ
+					2			
ठाड़	ऽक	दंब	ऽके	।	छांव	ऽत	लेर	ऽस
0					3			
भीनि	ऽब	जाव	ऽत	।	बाँसु	ऽरी	दैऽ	याऽ
+					2			
कासे	ऽक	हूकि	ऽत	।	जाऊँ	ऽस	खीजि	ऽत
0					3			
जाऊं	ऽउ	तवो	ऽच	।	राव	ऽत	गैऽ	याऽ
+					2			
हाऽ	हाऽ	हाऽ	दैऽ	।	याऽ	ऽऽ	हाऽ	हाऽ

0 3

हाऽ दैऽ याऽ ऽऽ । हाऽ हाऽ हाऽ दैऽ

।।या।।

\+

(7)

अर्धनारीश्वर

अर्ध शीश पे शशि उंजियारा, अर्ध शीश गंगा की धारा

अर्ध भाल चंदन लपटाये, अर्ध भाल सिंदूर सुहाये

अर्ध कंठ लै विष हरि धारा, अर्ध कंठ अमृत की धारा

अर्ध ग्रीव लपटाये कराला, अर्धग्रीव सोहे वनमाला

अर्ध भुजा कर डमरू बाजे, अर्ध भुजा कर कंगन साजे

अर्ध अंग पे भस्म लगाये, अर्ध अंग श्रृंगार सजाये

अर्ध कटि बाघम्बर सोहे, अर्ध कटि श्वेताम्बर सोहे

अर्ध अंग है तांडव रूपा, अर्ध अंग है लास्य सरूपा।

(जय जय जय जय जय हे अर्धांगपति)[3]

\+ 2

अर् धशी ऽश पेऽ । शशि उजि याऽ राऽ

0 3

अर् धशी ऽश गंऽ । गाऽ कीऽ धाऽ राऽ

\+ 2

अर्	धभा	ऽल	चंऽ	।	दन	लिप	टाऽ	येऽ
0					3			
अर्	धभा	ऽल	सिंऽ	।	दूऽ	रसु	हाऽ	येऽ
+					2			
अर्	धकं	ऽठ	लैऽ	।	विष	हरि	धाऽ	राऽ
0					3			
अर्	धकं	ऽठ	अम्	।	रित	कीऽ	धाऽ	राऽ
+					2			
अर्	धग्री	ऽव	लप	।	टाऽ	येक	राऽ	लाऽ
0					3			
अर्	धग्री	ऽव	सोऽ	।	हेऽ	वन	माऽ	लाऽ
+					2			
अर्	धभु	जाऽ	कर	।	डम	रूऽ	बाऽ	जेऽ
0					3			
अर्	धभु	जाऽ	कर	।	कंऽ	गन	साऽ	जेऽ
+					2			
अर्	धअं	ऽग	पेऽ	।	भस्	मल	गाऽ	येऽ
0					3			
अर्	धअं	ऽग	श्रंऽ	।	गाऽ	रस	जाऽ	येऽ

+					2			
अर्	धक	टीऽ	बाऽ	।	घम्	बर	सोऽ	हेऽ
0					3			
अर्	धक	टीऽ	श्वे	।	ताम्	बर	सोऽ	हेऽ
+					2			
अर्	धअं	ऽग	हैऽ	।	तांऽ	डव	रूऽ	पाऽ
0					3			
अर्	धअं	ऽग	हैऽ	।	लाऽ	स्यस	रूऽ	पाऽ
+					2			
जय	जय	जय	जय	।	जय	जय	हेऽ	अर्
0					3			
धांऽ	गप	तीऽ	जय	।	जय	जय	जय	जय
+					2			
जय	हेऽ	अर्	धांऽ	।	गप	तीऽ	जय	जय
0					3			
जय	जय	जय	जय	।	हेऽ	अर्	धांऽ	गप
।।ती।।								
+								

महाराज जी द्वारा रचित कवित्त अधिकांशतः श्री कृष्ण के जीवन से संबंधित प्रसंगों पर ही आधारित हैं। भगवान शंकर से भी सम्बंधित कुछ छंदों की रचना किये हैं, जो कि बहुत ही सुंदर और

प्रभावशाली हैं। इनमें उनका 'अर्धनारीश्वर' और 'दक्ष यज्ञ' अति प्रसिद्ध एवं बेजोड़ है। उपरोक्त 'अर्धनारीश्वर' में महाराज जी ने एक विशेष योजना का अनुकरण किया है। शंकर भगवान के अर्धनारीश्वर रूप में निहित पुरूष तत्व एवं स्त्री तत्व को विभिन्न प्रतीकों द्वारा एक सुनिश्चित योजना के अंतर्गत कवित्त का रूप देकर एक अमूल्य रचना का निर्माण किये हैं। उनके द्वारा निर्देशित हस्तमुद्राओं द्वारा इनका प्रदर्शन अत्यंत प्रभावशाली होता है।

(8)

दक्ष-यज्ञ

दक्ष भवन में नर नारी, उत्साह भरे सब काज करे
बंदन वार लिये हाथों में, कोई हाथों में कलश धरे
हवन कुंड में चंदन की लकड़ी को कोई सजा रहा
कोई हवन की सामग्री को सम्पूरण विधि मिला रहा
चारों ओर शंख शहनाई झांझ मंजीरे बाज रहे
ब्राम्हण क्षत्रिय वैश्य और राजे महराजे आये रहे
इतने में महरानी आई कर सोलह सिंगार सजाये
बेंदी भाल नासिका बेसर, मोतिन हार हिये लटकाये
करण फूल कानन की शोभा मांग भरी सिंदूर सुहाय
नैनन में काजल के डोरे देख आरसी आप लजाये
शीश फूल शोभित अति सुंदर मोतिन केश कलाप सुहाये
मेंहदी हाथ रचे कर चूड़ी और भुजा भुजबंद सुहाये
कमर कौधनी पग में तोड़े बिछुवों के वह सुंदर जोड़े
आकर पास पति के ठाड़ी, नयी जरी की साड़ी ओढ़े
उत श्रृंगार करत शिव शंकर बैठे हिमालय की चोटी पर

शीश चंद्र धर जटा गंगधर भुजा सर्प धर भस्म अंग धर
नील कंठ धर ग्रीव शेष धर नंदी संग धर अर्ध अंग धर
अधर श्रृंगि धर डमरू कर धर सती उमा पति शिव हर हर हर
सती उमापति शिव हर हर हर सती उमा पति शिव हर हर हर
आये सती कर जोर के बोली आज समय सुंदर है आया
नाथ चलो गृह पिता के मेरे, हवन कुंड है वहां सजाया
वहां सती कैसे मैं आऊँ, मुझे बुलावा नहीं है आया
यह अपमान सती है मेरा, मुझे निमंत्रण नहीं पठाया
छूकर चरण पति के बोली, यज्ञ भवन में मैं जाती हूँ
आपको भेजा नहीं निमंत्रण, कारण पूछ के मैं आती हूं
शिव संकल्प कीन्हि मनमाही, यह तन सती भेंट अब नाहीं
प्रभु सोचत मन ही अकुलाये, दियो दूत दुई ताह पठाये
देखत दूत भये सब काजा, चकित भये देखत सब राजा
सती निहारत इत उत जायी, मुंह फेरत सब आंख चुरायी
व्याकुल मन तब माता पिता के, छूने चरण चली अकुलायी
खैंचत चरण पिता बोले, हे तू निर्लज्ज यहां क्यों आयी,
सुन अपमान नहीं सकुचायी, मृदु वाणी बोली समझायी
बड़े बड़े सब ऋषि मुनि, बैठे हैं ओढ़े शाल दुशाले
तुमने उनको नहीं बुलाया, जो हैं इस जग के रखवाले
भस्म लगाये जटा बढ़ाये, वह शमशान में रहने वाला
रूंड मुंड की माला संग में, भूत प्रेत लपटाये कराला
धरि प्रचंड तब रूप विशाला, नेत्र रूधिर बरसावत ज्वाला
क्रोध विवश हो पार्वती ने, हवन कुंड की ओर निहारा
कैसे यज्ञ करोगे देखूं, उथल पुथल कर दूंगी सारा
सह न सकी अपमान पति के, कूद पड़ी धधकत अंगारा
पृथ्वी डोली कांप उठा आकाश, हुआ चहुं दिसि अंधियारा

तीनों लोक थर थरा उठे, देव करे सब हा हा कारा
दूत आये सब कथा सुनायी, चारों ओर प्रलय तब छायी
सुनकर अंत सती का शंकर, तब प्रभु धारो रूप भयंकर
जड़ चेतन पृथ्वी भू मंडल, सब कुछ करन लगे संहारा
रौद्र रूप तब धर शंकर ने, तांडव नृत्य करन पग धारा
शीश चंद्र धर धरात धर धर, गंगा चली झर झरात झर झर
पवन चलत सर सरात सर सर, मेघनाथ घड़ घड़ात घड़ घड़
शेष नाग फड़ फड़ात फड़ फड़, धरती धसत धर धरात धर धर
(ऋषि मुनि सब कांपे थर थर)[3]
विष्णु आये बोले तब हे हरि, प्रभु को देखत प्रभु मुसकाये
बांह पसारे मिले हरसाये, आप तो प्रभु हैं जग के दाता
क्रोध आपको नहीं सुहाता, जब जब जन्म सती ने पाया
तब तब आप को ही अपनाया, जय जय जय शंभू
जय जय जय शंकर, जय जय भोले

उपरोक्त रचना (दक्ष-यज्ञ) महाराज जी के उत्कृष्ट कल्पना शीलता का मूर्त रूप हैं उनके द्वारा रचित नृत्योपयोगी कविताओं में ये एक महाकाव्य के समान है। इसकी सुन्दरता, गंभीरता एवं रोमांचक प्रभाव नृत्य के क्षेत्र में अन्य कहीं दृष्टगोचर नहीं होता। महाराज जी द्वारा रचित छंदों के विश्लेषण से यह ज्ञात होता है कि हर एक रचना कुछ न कुछ नवीनता लिए हुए है और सब के मूल में एक क्रमबद्ध दृश्य कल्पना कार्य करती है।

समस्या पूर्ति

इस अध्याय में अब तक जितनी रचनाओं का वर्णन किया गया है प्रायः सभी महाराज जी के ही हैं। अथवा महाराज जी के घराने की परम्परा के हैं जिनका वे अपने प्रदर्शन एवं शिक्षण में प्रयोग करते थे। इसके अतिरिक्त महाराज जी ने कुछ ऐसे खूबसूरत दोहे भी बनाये हैं जो

अन्य कवियों की रचनाओं पर आधारित हैं। ये दोहे रीतिकालिन 'समस्यापूर्ति' के नाम से प्रसिद्ध हैं। कुछ उदाहरण प्रस्तुत हैं–

(1) समस्या–'केहि कारण हालत डोल को पानी'?

पूर्ति– एक समय जब लावन को, घर से निकली अबला ब्रजरानी।
जाते ही कूप में डोल दियो, जल खैंचत में अंगिया मसकानी।।
देखि सभी उघरी छतियां, कवि सत्य कहै मनसा ललचानी।
हाथ बिना पछितात रही, यही कारण हालत डोल को पानी।।

अन्य कवि द्वारा रचित उपरोक्त समस्या पूर्ति को महाराज जी नृत्य के अनुकूल इस प्रकार परिवर्तित किया है–

एक सखी जल को निकसी, घर से अबला मद में इतरानी।
जात सकोच में डोल भरत, जल खैंचत ही अंगिया मसकानी।।
देखि सब छतियां उभरी, कवित सत्य कहे मन में अकुलानी।
हाथ बिना पछतात रही, यही कारण डोल में डोलत पानी।।

दोनों दोहों के तुलनात्मक अध्ययन से यह पता चलता है कि महाराज जी द्वारा एक समस्या पूर्ति में निहित सुंदर एवं कलात्मक भावना को जनसाधारण के समझने योग्य और नृत्य मुद्राओं द्वारा प्रस्तुत करने योग्य बनाने का सफल प्रयास किया गया है।

(2) समस्या –'निकस्यो रवि फोड़ पहाड़ की नाई'?

पूर्ति–'राति समय रस केलि कियो, अरू भोर भये उठ मज्ञन धाई।
क्षीर से नीर में दे डुबकी, जमुना जल पे जल लालिमा छाई।।
ले डुबकी जल से निकसी, उरझी अलकें मुख पे छितराई।
दोउकर केश सम्हारत ही, निकस्यो रवि फोड़ पहाड़ की नाई।।

महाराज जी ने निम्नानुसार किंचित परिवर्तन किया है :

रात समय रस केलि कियो, और भोर भये उठ मज्जन धाई।

नीर के क्षीर में लै डुबकी, यमुना जल में जैसे चंद्र की छाई।।

ले डुबकी जल सों निकसी, उलझी अलकें मुख पे छितराई।

दोउ कर केश संवार लियो, निकस्यो रवि फोर पहाड़ की नाई।।

इसमें मुख्य रूप से दूसरी पंक्ति में 'क्षीर से नीर में दे डुबकी' को महाराज जी ने 'नीर के क्षीर में ले डुबकी' कर दिया और 'जमुना जल में जस लालिमा छाई' को 'यमुना जल में जैसे चंद्र की छाई' कर दिया। जिससे लालिमा छाई से ज्यादा चंद्रमा का प्रतिबिंब नृत्य की दृष्टि से उचित दृष्टिगोचर हो रहा है।

(3) समस्या–'कहि कारण सुन्दरि हाथ जरी'?

पूर्ति–नई अबला रस भेद न जानत, सेज गई जिय माँहि डरीं
रस बात कही तब चौंक चली, अरू धाय के कंत ने बांह गही।।
दोउन के झकझोरन में अली, गांठ पीताम्बर छूट परी।
कर दीपक कामिनी झांप लियो, यहि कारण सुन्दरिया हाथ जरी।।

इस दोहे में भी महाराज जी द्वारा निम्नानुसार परिवर्तन किया गया है :

नई अबला रस भेद न जाने, सेज गये जिया माँहि डरे।
कछु बातन की जब चौंक भई, जब धाय ललन जो बांह गही।।
तब दोनों की झकझोरन में, पट पीत पीताम्बर छूट गयो।
कर कामिनी दीपक छाप लियो, यही कारण सुन्दर हाथ जलो।।

यह दोहा महाराज जी को अत्यधिक पसंद था।

इनके अतिरिक्त सूर, तुलसी मीरा और कुछ रीतिकालीन कवियों की रचनाओं को भी वे अपने कार्यक्रमों में समावेश करते थे। जिनके कुछ उदाहरण प्रस्तुत हैं–

1. सूर्य छिपे अदरी बदरी
और चन्द्र छिपे अमावस आये
पानी को बूंद पतंग छिपे
और मीन छिपे इक छा जल पाये
भोर भये पर चोर छिपे
और मोर छिपे ऋतु फागुन आये
घूंघट ओट करो कितनो पर
चंचल नैन छिपे न छिपाये

2. घटकी न जल भरे
मग की न पग धरे
घर की न कछु काम करे
बैठी छोड़े साँस री
एकै सुनी लौट गई
एकै लोट पोट भयी
एकन के दृगन से
निकसि आई आंसू री
कहे रस खान, ब्रज वनि तनि
सुधि बधिक कहाये
हाय हुई कुल हास री
अब कीजिए उपाय बांस डारिये कटाय
उपजै न बांस, बजेगी न बांसुरी

3. वाही है कदम्ब जहां, वेणु और मृदंग बाजे।
शीतल समीर आज लू सी लगत है।।
वाही जल जमुना जाके पिये से प्यास जात।
वाही जल जमुना आज दाह सी बरत है।।

माघव बिन चिन्ता चिन्ता बिन माधव।
पापी प्राण नेक धीर न धरत है।।
फूलन की डारि कुम्हलानी बनवारी बिन।
वृन्दावन आली आज खाली सी लगत है

4. बाजी घर आई, बाजी देख नेको धाईं।
बाजी मुरझाई, सुन तान गिरवर धर की।
बाजी हंसि बोले, बाजी करत किलोले।
बाजी संग लागि डोले, सुध बिसरी सब घर की
बाजन के उठत पीर, बाजन न सवारे चीर।
बाजी कहे बाजी बाजी, बाजी कहे कहां बाजी।
बाजी कहे बाजी बंसी, सांवरे सुंदर की।

5. शाम भई घनश्याम नहीं।
कहो श्याम बिना, सखि शाम न आये।।
श्याम ही श्याम पुकार रही।
दई श्याम भई, घनश्याम न आयें।।

6. दरस तो दिखाये जाओ,
धीर तो बंधाये जाओ।
एतहु न आओ तो,
पाती तो पठाये जाओ।
देखा ब्रज बाम सारी,
बैठी छोड़े काम धाम।
मेरे मन मोहन मुरारी,
माधव मान भी जाओ।

महाराज जी विशिष्ट गीतों पर ही नृत्य संरचना किये हैं जिससे वे रंगमंच पर प्रभावशाली सिद्ध हुए हैं। गतनिकास एवं गतभावों का सम्मिश्रण इन रचनाओं में साफ दृष्टिगोचर होते हैं। हर गीत में गत निकास, गत भाव, तोड़े, परन आदि यथास्थान प्रयोग करना उनकी विशेषता थी। उनकी रचनाएं आधुनिकपीढ़ी को इस दिशा में और कार्य करने की प्रेरणा देते हैं।

कत्थक नृत्य को सम्पूर्ण रूप में भाव एवं संगीतमय बनाने का श्रेय भी लच्छू महाराज को जाता है। इसका तात्पर्य यह नहीं है कि उनके पूर्व ऐसा नहीं था। पहले भी यह सब रचनाएं थीं, किंतु उनका अनुपात कम था, ताल, लय, परन, चक्कर आदि अधिक होते थे। कत्थक महफिली नाच बन गया था। आधुनिक रंगमंच के योग्य बनाने की दिशा में कार्य करने वालों में महाराज जी का अधिक योगदान रहा। विशेषकर अंतिम पांच वर्षों में लखनऊ कत्थक केन्द्र में निर्देशक के रूप में कार्य करते समय इस दिशा में महाराज जी ने सराहनीय कार्य किया और एक आदर्श एवं संतुलित एकल कत्थक नृत्य प्रदर्शन कैसा होना चाहिए, अपने शिष्य शिष्याओं को सिखाया। कार्यक्रमों और परिसंवादों के माध्यम से इसका प्रचार भी किये। जिसे आगे बढ़ाने का कार्य उनके भतीजे पं. बिरजू महाराज ने किया।

लच्छू महाराज जी द्वारा नृत्य प्रदर्शन में जिन ठुमरी, भजन आदि का अधिक प्रयोग किया जाता था वे दिये जा रहे हैं–

(1) मोहे छेड़ो न नंद के सुनहु छैल
तोरी पैंया पड़ूं घर जाने दे मोहे
बड़ी देर भई मोरी रोको न गैल।। मोहे छेड़ो....।।
पकरो न कर ब्रज नारी देखे सारी ठाड़ी
नंनद सुनेगी देगी गारी तुम मानो नाहीं
बिन्दा कहे ये जिया राखत मैल।। मोहे छेड़ो...।।

(2) काहे रोकत डगर प्यारे नन्दलाल मेरे
नितही करत झगरा हमसे
पनघट नहीं जाने देत
देखत सब नारी मोरी
बहिंया क्यों गहे रे।। काहे रोक...।
विनती करूं नाहीं वो मानत
सुनत नाहीं मेरी
छीन लीन्हों है गरे को हार
मांगू नहीं दे रे।। काहे रोकत ...।
बिन्दा देखो ढीठ लंगर
बरबस मोरी लाज लेत
दूंगी दुहाई अबहीं जाये
नंद जी के डेरे ।। काहे रोकत...।

(3) उठी है घनघोर
घटायें बरसन लागीं
कासे कहूं नींद नहीं आये
गरज रहे बिजुरी चमके
सुन कोयल कूक
मुझ बिरहन को ये सताये।। उठी है...।।
इक तो अंधेरी पिया
बिन डर लागे, सूनी सेज जिया तरसे
कासे कहूं ये री सखी
बीती सगरी रैन
बिन्दा देखो घर
श्याम नहीं आये।। उठी है...।।

(4) मै तो खेलूंगी उनही से होरी गुइयाँ
ले के अबीर गुलाल कुंकम
रंग से भरी पिचकारी गुइयाँ।। मै तो ...।।
जाये घेरूं डगर,
नहीं जाने दूं घर,
ऐसो ढीठ लंगर
नहीं माने निडर,
आज श्याम सुन्दर से
रंग मचाओ बिन्दा
लाऊंगी गहे बर जोरी गुइयाँ।। मैं तो...।।

(5) नहीं आये घनश्याम घेरि आयी बदरी
बैठी सोचे ब्रज बाम सूनो लागो मेरो धाम।। नहीं ...।।
आयी सावन की बहार करे मोरे ला पुकार
लगी बूंदन फुहार घिरी आई बदरी।। नहीं ....।।
अरे कोई जाये जाये पिया को मनाये
जिया कसक मिटाये घेरि आयी बदरी।। नहीं ....।।

(6) सब बन ठन आईं श्याम प्यारी रे
चंद्र बदन मृग नयनी ओढ़े साढी।। सब बन ...।।
मालती गुथाये केश कारे घुघवारे
मांग मोतिन सॅवारे चोटी पीठ पर डारे।। सब बन...।।
देखत बिहारी पग पर गर बांह डारी
बिन्दा पर कृपा रहे तेरी बनवारी।। सब बन...।।

(7) प्रगटे ब्रज नंदलाल सकल सुख निधनिया
घुघवारी अलकें मधु पंक्ति सोहे कमलन पर
लगो चन्द्र कोने मानो राहू सी ग्रहनिया।। प्रगटे...।।
बंक भृकुटी चपल नैन कोटि कोटि वारूं मैंन

देखत भाई दासी सब जगत मन मोहनिया।।प्रगटे...।।
घुटरन हरी धावे गहि बांह पग चलावे
यही भुजा पग है आली बलि बांधि बालि हनिया।। प्रगटे...।।
लीनो है मात गोद बाल केलि कर विनोद
जियो तुम प्राण मेरे कंस के दहनिया।।प्रगटे...।।
यही जगत को उबारो यही हेत अंग धारो
गिरधर गोपाल बिन्दा के पाप के हरनिया।।प्रगटे...।।

(8) झूलत राधे नवल किशोर
जड़ित मणि दोऊ खम्ब राजत
झोंके देत झकोर।। झूलत...।।
व्योम हरि शशि राधिका
सब सखिन उडगन ठोर
जरी की सारी अंग बिराजत
लगे मोतिन कोर।। झूलत...।।
घेरि घन गहरात बादर
घटा उठी घनघोर
पवन मंद सुगंध डोलत
बरस रहे चहुं ओर ।। झूलत...।।
सिर मुकुट उत चंद्रिका
इत श्याम उत तन गोर
मनहुं घन पर तड़ित चमकत
देखि नाचत मोर।।झूलत...।।
ब्रम्हा शिव सनकादि नारद
करत जय जय शोर
बिन्दादीन पे कृपा करो प्रभु
मांगे यही कर जोर।।झूलत।।

(9) निरतत ढंग है...
बहे पवन मंद सुगंध शीतल
बंसी वट तट निकट यमुना
बिंदरावन की कुंज गलिन में
राधे गोपि उमंग ।।निरतत ढंग...।।
बृक भानु नंदनी पाप खंडनी
कोटि रवि सम भूषण चमके
जरी की सारी जटित मणि से
चोलि अंग सोहे तंग ।।निरतत ढंग...।।
अग्र फेरि कवच पलटा
फरद तोड़ा और तिहईया
तत्ता थेई थेई तत्ता तिगधादिगदिग
चरण धरत उछंग ।।निरतत ढंग...।।
लय गति दिखावत हाव भाव
कटाक्ष सोलह अंग बनावत
ग्रीव लटकनि मसक थिरकनि
चलत ताल ही संग ।।निरतत ढंग...।।
संगीत नाचत तगन थरिकिट
तत्ता धेत्त धेत्त त्राम धेत्ता
गोपि कुच पर श्याम कर सोहे
मनहुं बैठे भुजंग ।।निरतत ढंग...।।
ब्रम्हादि शंख बजाये शारद
बीन नारद स्वर उचारत
श्रृंगि शंभू बजाये डमरू
भाले शशि सिर गंग ।।निरतत ढंग...।।
श्री कृष्ण की छवि देख हरषत

सुर गगन चढ़ि सुमन बरखत
मुकुट कुंडल श्रवन झलकत
मोहे सकल बिहंग ।।निरतत ढंग...।।
तुम नाथ बिन मोहे कोउ उबारो
कवन अस जो विपति टारो
बिन्दादीन पे कृपा करो प्रभु
व्यापे दुख नहिं अंग ।।निरतत ढंग...।।

(10) शेष फन डगमगे
लंका हलचल भयो
कहत बिंदादीन जब
राम धन ठनकायो।। शेष फन...।।
चलत शर लड़त भट
कटत बिन मुंड मयो
सरित शोनित बही
वीर महिं गिर गये
कहत मन्दोदरी
सुनहु मेरे लंका पति
जीत नहिं सकहू के
राम सन रण जोरी ।।शेष फल...।।

(11) ठुमक चलत राम चन्द्र, बाजत पैजनिया
किलकी किलकी उठत धाय, गिरत भूमि लटपटाय
धाय मातु गोद लेत, दशरथ की रनिया ।।ठुमक....।।
अंचल रज अंग झाड़ि, विविध भांति सो दुलारी
तन मन धन वारि वारि, कहत मृदु वचनिया ।।ठुमक....।।
विद्रुम से अरूण अधर, बोलत मुख मधुर मधुर
सुभग नासिका में चारू, लटकत लटकनिया ।।ठुमक....।।

तुलसीदास अति आनंद, देखि के मुखार विंद
रघुवर छवि के समान, रघुबर छवि बनिया ।।ठुमक...।।

उर्दु शायरी पर अभिनय

गज़लों पर नृत्य रचना करने का भी महाराज जी को शौक था। किंतु वे केवल ऐसे गज़ल ही भाव के लिए प्रयोग करते थे जो जीवन दर्शन से जुड़े हुए हों। सिर्फ इश्क, मोहब्बत से नहीं। इनमें से डा0 इकबाल की लिखी हुई एक 'क़ता' पर महाराज जी ने नृत्य रचना कर अपनी शिष्या कुमकुम धर को सिखाया, क्योंकि वे अच्छी गायिका है और उनकी आवाज भी गज़ल के लायक है, साथ ही साथ उनकी आंखें भी खूबसूरत और गज़ल पर भाव प्रदर्शन के योग्य भी। महाराज जी में यह खास बात थी कि अपने शिष्यों को अनुकूलता एवं क्षमता के अनुसार रचनाओं की शिक्षा देते थे। उसके बाद सब शिष्य अपने आप देखकर सीख लेते थे। महाराज जी एक को सिखाते अवश्य थे, किंतु सब के सामने ताकि सभी लोग देखकर सीख लें। डा0 इकबाल की शायरी को कुमकुम धर को सिखाने के बाद महाराज जी ने दिल्ली सेमिनार और अन्य कई कार्यक्रमों में उनसे प्रस्तुत कराया था। विद्वानों और दर्शकों ने उसकी बहुत सराहना की।

इस रचना में महाराज जी शुरू में आलाप के रूप में डा0 इकबाल की शायरी को लिये। उसके बाद अमानत लखनवी की गज़ल को ताल दादरा में नृत्य के लिए उपयोग किया उसके बीच बीच में शफी के कुछ अशार जोड़कर पूरी रचना को ऐसा गमगीन बनाया कि देखने वालों के आंखों में आंसू आ जाते थे। इस गज़ल की सारी रचना नीचे प्रस्तुत है–

खुदा से हुस्न ने इक रोज़ ये सवाल किया
जहां में क्यों न मुझे तूने लाज़वाल किया
मिला जवाब कि तसवीर खाना है दुनिया
शबे दराज़े अदम का फ़साना है दुनिया

हुई है रंगे तग़्ययुर ये जब नमूद इसकी
वही हंसी है हकीकत ज़वाल है जिसकी
कहीं करीब था ये गुफ्तगू कमर ने सुनी
फलक पे आम हुआ अख़्तरे सहर ने सुनी
सहर ने तारे से सुनकर सुनाई शबनम को
फलक की बात बता दी जमीं के महरम को
भर आये फूल के आंसू पया-में-शबनम से
कली का नन्हा सा दिल खून हो गया ग़म से
शबाब सैर को आया था सोगवार गया
चमन से रोता हुआ मौसमे बहार गया

दिल मेरा सैरे चमन से न हुआ साद कभी
ले गया बाग़ में भूले से न सैय्याद कभी
न लगाया लबें गुलरंग से मीनाये शराब
हमसे शीशे में न उतरा वो परिज़ाद कभी
लैलये जुल्फ का सौदा लबे शीरीं की है चाह
कभी मजनू हूं तेरे इश्क में फरहाद कभी

एक दिन कुछ दोस्तों को लेके साथ
तुरबतें ये कहके दिखलाते रहे
इसमें मजनू है और इसमें कोहकन
आशिकाने नाज़ थे जाते रहे
बाद इसके आके मेरी कब्र पे देर तक अफ़सोस फरमाते रहे
पूछा लोगों ने इसमें कौन है?
आप जो रह रह के पछताते रहे
हंस के फरमाया शफी का है मज़ार

जान दे दी लाख समझाते रहे

बुलबुलों किसको दिखाती हो उरूजे परवाज़

हम भी इस बाग में थे कैद से आज़ाद कभी

क़फ़स को शाम से लटकाके पर्शे ख्वाब के पास

सुना किया तासुबह मेरी दास्तां सैयाद

चतुरङ्ग

यूं तो महाराज जी सभी रचनाओं में शास्त्रीय संगीत का प्रयोग करते थे। किंतु इनके अतिरिक्त शास्त्रीय संगीत की रचनायें जैसे तराना, चतुरङ्ग, तिरवट आदि पर नृत्य प्रदर्शन कराते थे। राग मालकौस पर रचित निम्नलिखित चतुरङ्ग उनकी पहचान बन गई है।

स्थायी

+ 2 0 3

1 2 3 4 । 5 6 7 8 । 9 10 11 12 । 13 14 15 16

ध नि । सा म म म । ग सा सा सा

ओ दें । ना दिर दा नी । तुं दिर दा नी

धि त्ता । तक धि लांग धि। त्ता धुम किट तक

मो हे । छे ड़ो ना दे । खो नं द के

नि सा ध - । - -

द रे ना - । - -

धा ति धा - । - -

छै - ला - । - -

+ 2 0 3

1 2 3 4 । 5 6 7 8 । 9 10 11 12 । 13 14 15 16

ध नि़ । सा म - म । म म म म

ग ग म ध । ग म गं सां । - - - - । - - ध नि

सा म - म । म म म म । ग ग म ध । ग म ग सां

- - - - । - - ता ना । दी - -म त । न न न न

दे रे ना ता । दा रे दा नी । - - - - । - - ता ना

दी - -म त । न न न न । दे रे ना ता । दा रे दा नी

- - - - । - - मो री । क र प क । रो - ना -

दे खो छे ड़े । मा नें ना हीं । - - - - । - - मो री

क र प क । रो - ना - । दे खो छे ड़े । मा ने ना ही

- - - - । - -/

अंतरा

0 3

गं गं मं मं । गग मम धध निनि

ना दिर दा नी । नादिर दानी तुमदिर दानी

धा धा धुम किट । धाधा धुमकिट धाधा धुमकिट

ग र वा ल । गा ये मु ख

सां - सां सां । गं नि सां - ।

दी म त न । दे रे ना - ।

धा - धा धा । घे घे धा - ।

चू में ब र । जो री क रे ।

+					2					0					3			
1	2	3	4	।	5	6	7	8	।	9	10	11	12	।	13	14	15	16
										सां	गं	-	मं	।	गं	सां	सां	-
										त	दी	म	दी	।	म	त	न	न

धि त्ता -म धि । त्ता -म धा -

ता - क ता । - क मो हे

सां नि ध म । ग म ग सा ।

दिर दिर दिर दिर । दिर दिर दिर दिर ।

धा ति ट धा । ति ट धा धा ।

मा र त न । य न बा -न ।

पंचम अध्याय

गुरु लच्छू महाराज की शिष्य परम्परा एवं शिक्षण पद्धति

श्री बर्मन लाल जी

लच्छू महाराज जी के सबसे पुराने शिष्य श्री बर्मन लाल जी का जन्म मध्य प्रदेश के छत्तीसगढ़ अंचल में जिला बिलासपुर के दातोद गांव में सन् 1916 में हुआ। इनके पिता का नाम अर्जुन लाल था। छठवीं कक्षा तक शिक्षा पाने के बाद उनकी माता जी की मृत्यु के कारण ये जयपुर (छ०ग०) जाकर अपने मामा मुकुत राम के पास लोकनृत्य सीखने लगे। छत्तीसगढ़ अंचल के गम्मत नाचा में लगभग 18. 19 वर्ष की उम्र में वे पारंगत हो गये। रायगढ़ के "गणेश उत्सव" में बर्मन लाल जी का गम्मत नाच देखकर राजा चक्रधर सिंह ने उन्हें कत्थक नृत्य की शिक्षा दिलाने के लिए अपने दरबार में रख लिया। कार्तिक राम जी, कल्याणदास जी और फिरतू दास जी आदि उस समय रायगढ़ दरबार में जयपुर घराने के सुप्रसिद्ध गुरु जयलाल जी से कत्थक नृत्य की शिक्षा ले रहे थे, जिनमें बर्मन लाल जी भी सम्मिलत हो गये।

पं० जयलाल जी से नृत्य की प्रारंभिक शिक्षा प्राप्त कर लेने के बाद बर्मन लाल जी ने सीताराम जी महाराज, नारायण प्रसाद जी एवं

अच्छन महाराज जी से नृत्य की शिक्षा ग्रहण किया। जब लच्छू महाराज रायगढ़ दरबार आये तब राजा चक्रधर सिंह ने अभिनय में विशेष शिक्षा प्राप्त करने के लिए इन्हें गुरु लच्छू महाराज के जिम्मे कर दिया। महाराज जी इनको अपने निवास स्थान पर ही शिक्षा देते थे। कई कथानकों पर महाराज जी ने बर्मन लाल जी को अभिनय और गतभाव आदि का प्रशिक्षण दिये, जिनमें "श्रवण कुमार की कथा" और 'गंगावतरणं' मुख्य हैं।

नृत्य के अतिरिक्त बर्मन लाल जी नारायण प्रसाद जी से गायन, उस्ताद नत्थू खाँ साहब और उस्ताद कादर बख्श से तबला तथा नाने बाबू से हारमोनियम की शिक्षा लिये। रायगढ़ में ये गुरु लच्छू महाराज जी के विशेष शिष्य के रूप में प्रसिद्ध थे।

सन् 1936 में ये इलाहाबाद और कानपुर कांफ्रेंसों में अपना अभिनय प्रदर्शन किये। सन् 1941 में अखिल भारतीय कांफ्रेंस, जबलपुर में रायगढ़ दरबार की ओर से अपना नृत्य प्रस्तुत कर वाह-वाही लूटे। इनके अतिरिक्त "हरिहर क्षेत्रीय मेला", बिहार और अन्य अनेकों स्थानों पर अपना नृत्य प्रदर्शन कर रायगढ़ दरबार और गुरु लच्छू महाराज का नाम रोशन किये। सन् 1986 में इंदिरा कला संगीत विश्वविद्यालय द्वारा आयोजित परिसंवाद एवं उस्ताद अलाउद्दीन खाँ संगीत अकादमी, भोपाल द्वारा आयोजित सेमिनार व कई कांफ्रेंसों में इन्होंने अपना नृत्य प्रस्तुत कर अमूल्य योगदान दिये। सन् 2004 में रायगढ़ इनका देहावसान हो गया। मध्यप्रदेश सरकार द्वारा इन्हें 'शिखर सम्मान' से सम्मानित किया गया था।

श्रीमती सितारा देवी

सितारा देवी का जन्म वाराणसी के एक सुसंस्कृत ब्राह्मण परिवार में पं० सुखदेव महाराज के यहाँ धनतेरस के दिन हुआ। (चित्र नं. 54) धनतेरस के दिन पैदा होने के कारण इनका नाम धनलक्ष्मी रखा गया। घर में इन्हें प्यार से धन्नों कहा जाता था।

इस शताब्दी के तीसरे दशक में बम्बई में गुरुदेव रविन्द्रनाथ टैगोर के सम्मान में एक सांस्कृतिक कार्यक्रम का आयोजन किया गया जिसमें एक कमसिन लड़की का कत्थक नृत्य का कार्यक्रम रखा गया जिसे देखकर दर्शक मंत्रमुग्ध हो गये थे। कार्यक्रम के अंत में उस लड़की को गुरुदेव रवीन्द्र नाथ टैगोर ने आर्शीवाद दिया और "नृत्य श्याम रागिनी" की उपाधि से प्रोत्साहित किया। ये कमसिन लड़की "धन्नो" थी जो भविष्य में नृत्य के क्षेत्र में कत्थक क्वीन सितारा देवी के नाम से विश्वविख्यात हुई।

सितारा देवी की माँ नेपाल की थी। पिता सुखदेव महाराज एक अच्छे गायक और संस्कृत के विद्वान थे। भरत के नाट्यशास्त्र का उनको अच्छा अध्ययन था। सुखदेव महाराज जी इस बात से काफी दुःखी थे कि उन दिनों संगीत और नृत्य केवल तवायफों की कला समझी जाने लगी थी, इसीलिए उन्होंने इन कलाओं को बनारस के ब्राह्मण परिवारों में प्रचलित करने के ध्येय से अपने बच्चों को संगीत और नृत्य की शिक्षा देने लगे। जिससे समाज से बहिष्कार के साथ-साथ कई बार अपमानित भी होना पड़ा।

पं॰ सुखदेव महाराज नाट्य शास्त्र एवं अभिनय दर्पण के आधार पर शास्त्रीय संगीत एवं नृत्य की शिक्षा सितारा देवी एवं उनकी बड़ी बहनें अलखनन्दा और तारा देवी को दिये। इस प्रकार सितारा देवी की नृत्य की प्रारम्भिक शिक्षा तो उनके पिता सुखदेव महाराज द्वारा हुई। उसके पश्चात् लखनऊ घराने के महान् नर्तक अच्छन महाराज, लच्छू महाराज एवं शम्भू महाराज से उन्होंने शुद्ध कत्थक नृत्य की शिक्षा ली। पं॰ सुखदेव महाराज एवं उनके परिवार के सभी सदस्य इन तीनों गुरुओं का बहुत सम्मान करते थे, इसलिए जब जी में आये ये तीनों गुरु सुखदेव महाराज के यहाँ आते, कुछ दिन रहकर उनके बच्चों को नृत्य की शिक्षा देते थे।

लच्छू महाराज जी से सितारा देवी को बचपन से ही नृत्य सीखने का अवसर मिला। अच्छन महाराज जी, शम्भू महाराज जी आते

थे, सिखाते थे और चले जाते थे लेकिन लच्छू महाराज जी सन् 1936-37 में जब बम्बई आये तब से उनकी मृत्यु तक सितारा देवी का संपर्क उनसे बना रहा एवं नृत्य की शिक्षा भी किसी न किसी रूप में वे लेती रहीं। आज वे लच्छू महाराज जी की अग्रगण्य एवं प्रमुख शिष्या के रूप में जानी जाती हैं। लच्छू महाराज जी सितारा देवी की गुरु भक्ति से प्रसन्न रहते थे एवं सब के सामने उनकी गुरु भक्ति का उदाहरण देते हुए प्रशंसा करते थे। सन् 1951 में पहली बार सितारा देवी ने तराना पर नृत्य किया।

लखनऊ घराने की परम्परागत चीजें एवं गुरु लच्छू महाराज जी की नवीन रचनाओं की कोमलता सितारा देवी की नृत्य प्रस्तुति में स्पष्ट रूप से झलकती है। ये जटायुमोक्ष गतभाव का प्रदर्शन अत्यंत रोमाञ्चकारी ढंग से प्रस्तुत करती हैं। ऐसा प्रदर्शन अन्यत्र दिखाई नहीं देता।

सितारा देवी कई फिल्मों मे नायिका की भूमिका सफलता पूर्वक अभिनीत कर चुकी हैं, जिनमें "उषा हरण", "वतन", "फूल", "होली", "रोटी", "धीरज" एवं "हलचल" आदि मुख्य हैं। लेकिन सितारा देवी का मुख्य रूझान कत्थक की ओर रहने के कारण वे फिल्मों में अधिक समय तक नहीं रह सकीं। जल्द ही उन्होंने फिल्मों की रंगीन जगत को त्याग कर कत्थक नृत्य के लिए अपना सम्पूर्ण जीवन अर्पित कर दिया। एक बार नृत्यकला को अपनाने के बाद उन्होंने पीछे मुड़कर नहीं देखा।

भारत के अतिरिक्त लंदन, ग्लासको, पेरिस, जर्मनी, अमेरिका, मध्य पूर्व एवं आफ्रीकी देशों में अपने नृत्य प्रदर्शन कर इन्होंने यश प्राप्त किया।

सितारा देवी को राष्ट्रपति पुरस्कार, संगीत नाटक अकादमी पुरस्कार (1971) उत्तर प्रदेश शासन पुरस्कार (1971) महाराष्ट्र सरकार द्वारा प्रदत्त उपाधि "नृत्यविलास" (1973) पद्मश्री (1974) के अतिरिक्त इंदिरा कला संगीत विश्वविद्यालय, खैरागढ़ द्वारा डाक्टरेट की मानद उपाधि (1978) से सम्मानित किया गया। सन् 1992 में इन्हें सुर

सिंगार संसद मुंबई द्वारा रसेश्वर अवार्ड से सम्मानित किया गया। सन् 1993 में कुतुब समारोह दिल्ली में सफल नृत्य प्रदर्शन कर इन्होंने दर्शकों का मन मोह लिया।

सितारा देवी की ढलती उम्र उनकी नृत्य साधना में बाधक नहीं बन सकी। "बिरला मातश्री सभागार", बम्बई में संगीत महफिल के तत्वाधान में तेरह घंटे तक लगातार नृत्य करके इन्होंने दर्शकों की सहानुभूति और आर्शीवाद प्राप्त किया। लोगों ने कत्थक नृत्य की शुद्ध रूप की रक्षा करने और प्रचार करने के लिए उन्हें बधाईयाँ दीं।

सितारा देवी के लड़के का नाम रणजीत है जो एक अच्छे 'रिदमिस्ट' हैं। सितारा देवी अपने भाई चौबे महाराज की दो लड़कियाँ प्रिया माला एवं जयन्ती माला को कत्थक नृत्य की अच्छी शिक्षा दी है। इनकी जीवनी के ऊपर फिल्म डिवीजन द्वारा एक वृत्त चित्र भी बनाया गया है। इनके पास इनके पिता स्वं पं० सुखदेव महाराज द्वारा लिखित बहुमूल्य ग्रंथ जीर्णशीर्ण अवस्था में है इसी ग्रंथ के प्रकाशन के लिए सरकार द्वारा इन्हें एक लाख की राशि प्रदान की गई है। इसके प्रकाश से कत्थक जगत अवश्य लाभान्वित होगा।

सुश्री दमयन्ती जोशी

दमयन्ती जोशी स्व० गुरु लच्छू महाराज जी की मुख्य एवं पुराने शिष्याओं में से एक थीं। इनके कलाकार बनने में मेडम मेनका का महत्वपूर्ण योगदान रहा है। मेडम मेनका के गुरु पं० सीताराम प्रसाद, जो लखनऊ घराने के थे, दमयन्ती जोशी के पड़ोस में डांस सिखाने के लिए आते थे। मेडम मेनका उनसे कह रखीं थीं कि "आप इतनी जगह जाते हैं। कोई लड़की दिखे जो योग्य हो तो हमकों बताइयेगा।" सीताराम जी जब सिखातेथे तो दमयन्ती जोशी वहीं पास में बैठ जाती थीं और हाथ से ताल दिया करती थीं। सीताराम प्रसाद जी ने सोचा इस बच्ची को नृत्य में बहुत रुचि है और जाकर बताया, "एक लड़की है।" दमयन्ती जोशी जब एक वर्ष की थी तभी उनके पिता जी का स्वर्गवास हो गया

था। मेडम मेनका ने कहने से उनकी माता जी को बुलवाया गया। पहले तो उनकी माता जी ने मना किया लेकिन मेडम मेनका के बहुत समझाने पर कि घबराने की कोई बात नहीं है, उनकी माता जी ने कहा, "ठीक है।" दमयन्ती जोशी और उनकी माँ मैडम मेनका के साथ ही रहने लगीं। मेडम मेनका उन्हें अपने साथ हर जगह ले जाती थीं। यूरोप भी ले गईं, जहाँ पर मेडम मेनका अपने बैले के लिए तीन इनाम जीती थीं।

दमयन्ती जोशी मेडम मेनका के बैले में काम करती थीं। मेडम मेनका ने उनकी माँ को सलाह दिया कि इन्हें एकल नृत्य करना चाहिए, क्योंकि इसमें ज्यादा लोगों पर निर्भर नहीं रहना पड़ता। इसके लिए मेडम मेनका ने व्यक्तिगत रुचि लिया। कभी-कभी तो मैडम उनके घर जाकर सिखाया करती थीं।

इस बीच इनका परिचय लच्छू महाराज जी से हुआ। बंबई में लच्छू महाराज जी इनके घर के नज़दीक ही रहा करते थे। इसलिए घर आकर नृत्य सिखाया करते थे। महाराज जी ने इन्हें कभी मेडम मेनका के यहाँ देखा था और देखकर बोले थे कि यह लड़की अच्छी नर्तकी बन सकती है। लच्छू महाराज जी के अतिरिक्त इन्होंने अच्छन महाराज जी से लखनऊ में रहकर सीखा, शम्भू महाराज से सीखा किन्तु सबसे ज्यादा लच्छू महाराज से ही सीखीं। महाराज जी जब बंबई में थे तब उनके निकट आने और बहुत कुछ सीखने का उन्हें अवसर मिला। इस प्रकार इन तीनों भाईयों की शैली उनके पास थी।

कत्थक के अतिरिक्त इन्होंने कथाकली, मोहिनी अट्टम एवं भरतनाट्यम की भी शिक्षा ली थी। श्री गोपाल पिंगे एवं महादेवन जी से इन्होंने भरतनाट्यम की विधिवत शिक्षा ली एवं भरतनाट्यम के बहुत कार्यक्रम भी दिये। लेकिन बाद में इन्होंने अपना विशेष ध्यान कत्थक की ओर ही लगाया और कत्थक में विशेषज्ञता अर्जित कीं।

दमयन्ती जोशी ने एकाधिक एकल बैले भी कीं, जिनमें "ऋतुसंहार", "विक्रम उर्वशी" तथा "खजुराहो" प्रमुख हैं। इन्हें सन् 1968 में "संगीत नाटक अकादमी अवार्ड" एवं सन् 1970 में राष्ट्रपति

द्वारा 'पद्मश्री' से विभूषित किया गया। इन्होंने कई देशों की कला यात्रा की। भारत सरकार के फिल्म डिवीजन ने दमयन्ती जोशी पर एक डाक्यूमेंटरी फिल्म का निर्माण भी किया है।

दमयन्ती जोशी इंदिरा कला संगीत विश्वविद्यालय, खैरागढ़ में अतिथि प्राध्यापक का भी कार्य कर चुकी हैं व कई महत्त्वपूर्ण परिसंवादों में आलेख पठन एवं प्रयोगात्मक प्रदर्शनों से कत्थक नृत्य में काफी योगदान दी है। मैडम मेनका की जीवनी पर इन्होंने एक पुस्तक की रचना कर महत्वपूर्ण कार्य किया है। दमयन्ती जोशी लखनऊ कत्थक केन्द्र में अपने गुरु स्व० लच्छू महाराज के स्थान पर कुछ दिनों तक कार्य कीं।

नृत्यनाटिकाओं के कार्यक्षेत्र में एकल नृत्यनाटिकाओं का सफल प्रदर्शन कर दमयन्ती जी ने अपनी एक अलग विशिष्टता निरूपित की हैं। सन् 1962 में इन्होंने "खजुराहो" नामक एकल नृतयनाटिका की रचना की, जो भारत-संगीत सभी के तत्वाधान में निष्पन्न हुआ। खजुराहों के अतिथिगृह में विशेष अनुमति लेकर रहती हुई और भोजन आदि की अनेक समस्याओं का सामना करती हुई दमयन्ती जी ने अपनी माताजी एवं संगतकारों के साथ आदिवस मंदिर बंद होने तक इस नृत्यनाटिका के लिए कठोर परिश्रम किया। इस नृत्यनाटिका की एक-एक वेशभूषा का मूल्य उस समय 2000 रुपये थे।

"अष्टनायिका" पर भी इन्होंने एक नृत्यनाटिका बनायी। इसमें कत्थक की विशेषता के अनुसार एक पंक्ति पर कई प्रकार के भाव व्यक्त किये गये हैं। यह नृत्य नाटिका लगभग 45 मिनट की है।

मेनका-पार्टी में रहने के कारण इन्हें संगीत का अच्छा अनुभव था। इन्होंने 3 वर्ष तक पंखीकर बुआ से ख्याल गायन की विधिवत शिक्षा भी ली थी। कत्थक के अपने एकल कार्यक्रम में दमयन्ती जी एक ही प्रकार के लहरे का प्रयोग नहीं करतीं थी। भिन्नता एवं रोचकता लाने के लिए रचना के अनुरूप उनके द्वारा प्रयुक्त लहरों में विविधता हुआ करती थी।

संगीत के ध्रुपद, ख्याल, टप्पा, तिरवट और धमा आदि अंगों पर नृत्य रचना कर इन्होंने विशेष कार्य किया है। "संगीत-नाटक-अकादमी" और "गीतिका" संस्था के सहयोग से आयोजित "टप्पा, ठुमरी सम्मेलन" में दमयन्ती जी ने टप्पा पर नृत्य प्रदर्शन किया। जिसे देखकर सम्मेलन के मुख्य अतिथि ठाकुर जयदेव सिंह एवं अन्य दर्शकों ने उनकी बहुत प्रशंसा की और कहा कि पहली बार टप्पा पर नृत्य प्रदर्शन देखा। अर्थात् टप्पा में नृत्य प्रदर्शन कत्थक क्षेत्र में दमयन्ती जी की विशेष देन है।

दमयन्ती जी का ताल पक्ष पर भी विशेष अधिकार था। सन् 1983 में इन्होंने खजुराहो नृत्य समारोह में 64 मात्रा में नृत्य किया था, जो सहृदयों के द्वारा अत्यंत प्रशंसित हुआ। सन् 1992 में "सुर सिंगार संसद, बम्बई" द्वारा इन्हें रसेश्वर अवार्ड से सम्मानित किया गया। सन् 2005 में इनकी मृत्यु हो गई।

श्रीमति पद्मा शर्मा

पद्मा शर्मा, गुरु लच्छू महाराज की प्रमुख शिष्याओं में एक हैं। लखनऊ विश्वविद्यालय से स्नातक की उपाधि प्राप्त की है। भातखण्डे विद्यापीठ लखनऊ से श्री मोहनराव कल्याण पुरकर के मार्गदर्शन में कत्थक मे नृत्य निपुण की उपाधि प्राप्त की है, जिसमें उन्होंने-लखनऊ के लोक नृत्यों पर निबंध भी प्रस्तुत किया था। उन्हीं दिनों में लखनऊ में इन्होंने शम्भू महाराज, सुंदर प्रसाद जी एवं बिरजू महाराज से भी नृत्य की शिक्षा प्राप्त की।

एक बार लखनऊ में इन्हें गुरु लच्छू महाराज का भाव प्रदर्शन देखने का अवसर मिला। जिसे देखकर वे बहुत प्रभावित हुईं और इनके मन में महाराज जी से नृत्य सीखने की प्रगाढ़ इच्छा हुई। सौभाग्य वश विवाह के उपरांत इन्हें बम्बई में रहना पड़ा जिससे महाराज जी से उनके सीखने की इच्छा की पूर्ति हुई और वे पन्द्रह वर्ष तक लगातार महाराज जी से विधिवत शिक्षा प्राप्त की। महाराज जी द्वारा निर्देशित कई नृत्य नाटिकाओं ने मुख्य भूमिका भी निभायी हैं।

ये एन.सी.पी.ए., बंबई की कलाकार हैं। बल्लभ संगीत विद्यालय, बम्बई में कुछ समय के लिए नृत्य शिक्षिका का कार्य भी कर चुकी हैं। आजकल पदमा शर्मा नृत्य के उभरते हुए युवा कलाकारों को शिक्षा प्रदान कर रही हैं।

ये बचपन से ही नृत्य कार्यक्रम दे रही हैं और देश-विदेश के कई सांस्कृतिक कार्यक्रमों में अपना नृत्य प्रस्तुत कर चुकी हैं, जैसे—युवा उत्सव, दिल्ली, कल के कलाकार, राग रंग, रस गंगा एवं स्वामी हरिदास सम्मेलन आदि। "आम्रपाली", "मीराबाई", "वासव दत्ता", "चित्रांगदा", "उषा स्वप्न", "गोकुल की गली संकरी" और "राधा प्रिय प्यारी" आदि नृत्य नाटिकाओं में मुख्य भूमिका निभायी हैं।

पद्मा शर्मा अभिनय पक्ष में निपुण होने अतिरिक्त लयकारी में भी दक्ष हैं। सुर सिंगार संसद, बम्बई द्वारा इन्हें प्रथम शृंगार मणि की उपाधि दी गई। इनका नृत्य कार्यक्रम कई रचनाओं से समृद्ध होता है। ये लगभग 20 वर्ष से युवा कलाकारों को शिक्षा देते हुए नृत्य गुरु का कार्य कर रही है। कई विश्वविद्यालयों की परीक्षक हैं एवं कई नृत्य संकायों के चयन समितियों की सदस्या भी हैं। नृत्य के परिसंवादों एवं कार्यशालाओं में भाग ले चुकी हैं। और आलेख पठन भी कर चुकी हैं। इनकी पुत्री गौरी शर्मा भी आज के उदीयमान कत्थक कलाकारों में अपना स्थान बना चुकी है। (चित्र 55)

डॉ॰ शेवनी पंड्या (दलाल)

डॉ॰ श्वेनी पंड्या स्व॰ गुरु लच्छू महाराज जी की गंडा-बंध शिष्या हैं। चित्र नं. (56) भातखंडे संगीत विद्यापीठ, लखनऊ से इन्होंने नृत्य विशारद की परीक्षा उत्तीर्ण की, उसके उपरांत सन् 1967 से 1969 तक गुरु लच्छू महाराज से नृत्य सीखने के लिए केन्द्र सरकार द्वारा उन्हें राष्ट्रीय छात्रावृत्ति प्रदान की गई। इन्होंने नृत्य की प्रारंभिक शिक्षा जयपुर घराने के स्व॰ गुरु मथुरा प्रसाद जी और श्री बद्री प्रसाद जी से प्राप्त की। इस प्रकार इन्होंने लखनऊ और जयपुर दोनों घरानों की

नृत्य प्रदर्शन कर रही हैं। उन्होंने बम्बई, नौसारी, सूरत, बरोड़ा अहमदाबाद, भाव नगर, कोटा, उदयपुर, देहली, लखनऊ आदि प्रमुख नगरों में अपना नृत्य प्रदर्शन देने के साथ-साथ विदेशों में अमेरिका एवं इंग्लैंड आदि देशों में भी अपना सफल प्रदर्शन कर चुकी हैं।

"नृत्य बोध" भाग एक एवं भाग दो किताबों की रचना कर इन्होंने कत्थक नृत्य शिक्षा में अपना महत्त्वपूर्ण योगदान दिया। प्रथम भाग को 1979 में हिन्दी भाषी पुस्तक का राष्ट्रीय पुरस्कार प्राप्त हुआ, इसके पश्चात द्वितीय भाग को भी राष्ट्रीय पुरस्कार प्राप्त हो चुका है।

इन्होंने बम्बई विश्वविद्यालय से संस्कृत में एम.ए.,पी-एच.डी. की उपाधि अर्जित कीं। "संस्कृत नाटकों की अभिनय पद्धत्ति" नामक इनका शोध प्रबंध भी प्रकाशित होने जा रहा है। कंठ संगीत में भी इन्होंने अलंकार की परीक्षा उत्तीर्ण की है। बम्बई में "श्रीमती बी.एम. रुइया महाविद्यालय" में प्राध्यापिका है तथा "देवधर्स स्कूल आफ इण्डियन म्यूज़िक" और "संगीत महाभारती" में नृत्य की प्राध्यापिका हैं। आजकल वे अपनी स्वयं की भी एक नृत्य संस्था चला रही है जिसमें वे कत्थक नृत्य की शिक्षा देती हैं। अपनी संस्था के छात्राओं द्वारा हर वर्ष अपने गुरु जी को श्रद्धांजलि देने के लिए वे बहुत बड़ा नृत्य कार्यक्रम आयोजित करती हैं।

इन्होंने महाराज जी से प्राप्त अपनी कला के आधार पर कई नृत्य नाटिकाओं की रचना भी की है, जिसमें "कृष्ण लीला", "शबरी", "उर्वशी" आदि मुख्य हैं। सम्प्रति वे भारतीय विद्याभवन के शोध विभाग में भी कार्य करती हैं। उनकी लड़की समता उनके मार्गदर्शन में कत्थक नृत्य की साधना कर रही हैं।

श्रीमती कपिला राज

गुरु लच्छू महाराज जी का नाम लेते ही डॉ० कपिला शर्मा (जो आजकल श्रीमती कपिला राज हैं) का स्मरण आना अवश्यम्भावी है। वे

अंतिम क्षणों तक महाराज जी के साथ रहकर उनकी सेवा की इसके लिए भी वे कत्थक इतिहास में हमेशा याद की जाएंगी। (चित्र 57, 58, 59)

कपिला शर्मा महाराज की पत्नि श्रीमती रमा देवी मिश्र की बुआ की लड़की अर्थात् महाराज जी की साली हैं। महाराज जी को "जीजा जी" कहकर ही सम्बोधित करतीं थीं। महाराज जी भी उनसे बहुत प्यार करते थे और अपनी सारी कला पूंजी धरोहर के रूप में उनको ही दे गये हैं।

महाराज जी बम्बई में ही कपिला शर्मा को सात वर्ष की उम्र में ही गंडा बांधकर उन्हें विधिवत शिक्षा देने लगे थे। कपिला शर्मा में नृत्य कला की अद्‌भुत प्रतिभा थी। उनमें लय और अभिनय दोनों गुण समान रूप से विद्यमान थे, जिन्हें पहचानकर महाराज जी ने उन्हें अपने घराने की सभी पहलुओं की शिक्षा दिये। कुछ ही वर्षों में उनके आशिर्वाद एवं अपनी साधना से वे युवावस्था में ही एक अच्छी उभरती कलाकार के रूप में प्रख्यात हो गयी थी। बंबई के "सुर सिंगार संसद" में महाराज जी के निर्देशन में अपना नृत्य प्रदर्शन कर कपिला शर्मा ने "सिंगार मणि" की उपाधि प्राप्त की थी, उसके बाद उनकी रंगमचीय यात्रा निरंतर आगे बढ़ती रही है।

सन् 1972 में जब महाराज जी लखनऊ आकर कत्थक केन्द्र की स्थापना किये, उन्होंने कपिला शर्मा को अपने पास लखनऊ बुला लिया। आरंभ में उन्हें महाराज जी के पास सीखने के लिए केन्द्रीय सरकार द्वारा शिष्य वृत्ति मिलने लगी, उसके बाद कत्थक केन्द्र में वे महाराज जी के साथ सहायक निर्देशिका के पद पर कार्य करने लगी।

लखनऊ में वे महाराज जी की अग्रगण्य शिष्या थी। कलाकार के रूप में इनकी ख्याति लखनऊ आने के बाद ही अधिक हुई। भारत के कई प्रमुख शहरों में समारोहों में सफल कार्यक्रम प्रस्तुत कर चुकी हैं।

इनके नृत्य प्रदर्शन में तांडव और लास्य दोनों का सामंजस्य रहता है। गुरु लच्छू महाराज जी की कला का शुद्ध रूप कपिला राज के नृत्य प्रदर्शन में दृष्टि गोचर होता है। महाराज जी के अधिकांश नृत्य नाटिकाओं में इन्होंने कई प्रकार की मुख्य भूमिकाएं निभायी हैं। कई कान्फ्रेंस और सेमिनारों में महाराज जी की पारम्परिक कला एवं नवीन प्रयोगों का प्रदर्शन कर चुकी हैं।

दक्षिण भारत के प्रमुख शहर मद्रास में कपिला राज का नृत्य हुआ। वहाँ की जनता की ये धारणा थी कि कत्थक नृत्य में केवल पैर पटकना रहता है। वहाँ की जनता इस नृत्य के प्रति इतने मायूस हो चुके थे कि उनका कार्यक्रम देखना ही नहीं चाहते थे। लेकिन जब उन्हें यह ज्ञात हुआ कि कपिला राजगुरु लच्छू महाराज जी की विशेष शिष्या हैं, उनका कार्यक्रम देखें। वहाँ दर्शकों की रूचि के अनुसार कपिला जी ने महाराज जी के अभिनय पक्ष को ही प्रस्तुत किया जिसमें "दक्षयज्ञ", "अर्धनारीश्वर" और "द्रौपदी वस्त्रहरण" आदि प्रमुख थे। जिन्हें देखकर वहाँ के दर्शकों को कत्थक की विशालता का दर्शन हुआ और वे उनके अभिनय की बहुत सराहना करते हुए उनकी तुलना दक्षिण की अभिनय सम्राज्ञी बाला सरस्वती से करने लगे।

महाराज जी की अन्य शिष्याओं की तरह कपिला शर्मा ने भी "बड़े हुजूर", "यहूदी की लड़की" आदि कई नाटकों में मुख्य भूमिकायें निभायी थीं। दूरदर्शन की ये राष्ट्रीय कलाकार भी हैं। महाराज जी की मृत्यु के बाद उनके बताये हुए मार्ग पर उन्होंने कत्थक केन्द्र की ओर से "अमीर खुसरो", "बाग बहार", "रस भरी कजरी" आदि नृत्यनाटिकाओं का सफल निर्देशन किया है।

जैसा कि पहले कहा जा चुका है महाराज जी ने अपने जीते जी कपिला शर्मा की सगाई प्रसिद्ध पखावज वादक पं० राज खुशीराम के साथ कर अपने कर्त्तव्य से विमुक्त हो चुके थे। कपिला राज एवं उनके पति पं० राज खुशीराम जी ने महाराज जी की स्मृति में लखनऊ में ही "लच्छू

महाराज कत्थक अकादमी" की स्थापना किये हैं जहाँ पर कपिला राज अपने अतिरिक्त समय में महाराज जी की शैली की शिक्षा देती हैं।

सम्प्रति ये लखनऊ कत्थक केन्द्र में निर्देशक के पद पर कार्यरत हैं।

श्रीमती रोहिणी भाटे

महाराष्ट्र के पूना शहर का नाम लेते ही कला जगत में सहसा ही रोहिणी भाटे जी का ध्यान आता है। महाराष्ट्र में कत्थक के प्रचार एवं प्रसार में इनका महत्वपूर्ण योगदान रहा है। नृत्य में इनकी प्रारम्भिक शिक्षा स्व॰ पं॰ मोहनराव कल्याणपुरकर जी से लगभग पन्द्रह वर्ष तक हुई, तदुपरांत स्व॰ गुरु लच्छू महाराज से इन्होंने बारह वर्ष तक विधिबत शिक्षा प्राप्त कर कत्थक में पूर्ण दक्षता प्राप्त की। महाराज जी से शिक्षा प्राप्त करने के लिए वे बारह वर्ष तक प्रति सप्ताह पूना से बम्बई आती थी और दादर में स्थित महाराज जी के निवास स्थान पर जाकर गुरु शिष्य परम्परा के अनुसार नृत्य सीखती थीं। (चित्र 60)

पूना में "नृत्य भारती कत्थक नृत्य अकादमी" नामक संस्था स्थापित कर रोहिणी जी कई वर्षों से इस कला की शिक्षा दे रही हैं। और कई उत्कृष्ट कलाकार भी तैयार की हैं, जिनमें शमा भाटे, प्रणति प्रताप एवं प्रभा मराठे आदि प्रमुख हैं।

नई रचनाएं करने में रूचि रखती हैं। उनके द्वारा निर्देशित नृत्य नाटिकाओं में "ऋतु संहार" एवं "शकुंतला" प्रशंसनीय हैं। हिन्दी एवं मराठी के कई नाटकों का नृत्य निर्देशन कर चुकी हैं। कत्थक के प्रायोगिक पक्ष के साथ-साथ इनको शास्त्र पक्ष में भी गहरी रूचि है। नन्दिकेशवर द्वारा रचित "अभिनय दपर्ण" का इन्होंने मराठी में अनुवाद किया है। "मांझी नृत्य साधना" और "मी इसादोरा" मौलिक रचनाएं हैं। इनके अतिरिक्त कई लेख और आलेख भी इन्होंने प्रकाशित किया है।

कत्थक से सम्बंधित प्रायः परिसंवादों एवं कार्यशालाओं में इनकी सक्रिय भागीदारी रही है। भारत के प्रायः सभी नगरों में नृत्य

प्रदर्शन देने के अतिरिक्त इन्होंने चीन, श्रीलंका, अमेरिका, कनाडा, फ्रांस, इंग्लैंड आदि अनेकों देशों में अपना नृत्य प्रदर्शन कर प्रशंसा प्राप्त कर चुकी हैं।

भरतनाट्यम की प्रख्यात नृत्यांगना कलानिधि नारायणन के साथ मिलकर कत्थक और भरतनाट्यम के अभिनय का तुलनात्मक अध्ययन कर कई मुख्य स्थानों में उसका प्रदर्शन भी कर चुकी हैं।

नृत्य और संगीत में सृजनात्मक कार्य के लिए सन् 1977 में राज्य सरकार द्वारा इन्हें सम्मानित किया गया। उसी वर्ष "संगीत नाटक अकादमी का सम्मान भी इन्हें प्राप्त हुआ। कुछ दिनों पूर्व ही इन्हें महाराष्ट्र सरकार द्वारा सम्मानित किया गया। महाराज जी की शिष्याओं में रोहिणी भाटे जी एक चिंतनशील प्रतिभा सम्पन्न हैं।

महाराज जी की ख्याति प्राप्त शिष्याओं में श्रीमती रोहिणी भाटे का कत्थक के विकास में योगदान सर्वाधिक रहा है, जिसे पांच भागों में विभाजित किया जा सकता है :

1. सर्जनात्मक शिक्षण
2. साहित्यिक एवं सांगीतिक रचनाये
3. तकनीकी प्रयोग
4. नृत्यनाटिकायें
5. लेखन कार्य

रोहिणी जी की शिक्षण पद्धति प्रयोगवादी है। अर्थात् वे अपने अनुभवों के आधार पर नये-नये प्रयोग करके अपने शिष्यों को सिखाती हैं। उनका कहना है कि किसी प्रयोग को अपरिवर्तनीय एवं अन्तिम नहीं मानना चाहिए अपितु अनुकूल परिणाम न मिलने पर उसमें परिणाम मूलक परिवर्तन कर देना चाहिए। रोहिणी जी रुढ़ि से ग्रस्त नहीं हैं वे किसी अन्य गुरु द्वारा प्रयुक्त ग्राह्य नृत्य प्रयोगों को अपनाती हैं एवं अपने

शिष्यों को सिखाती भी हैं। उनकी शिक्षण पद्धति के अध्ययन से यह भी पता चलता है कि वे अपने गुरु लच्छू महाराज के सिद्धांतों के अनुसार विद्यार्थियों के व्यक्तित्त्व एवं योग्यता के अनुरूप शिक्षा प्रदान करती हैं।

साहित्यिक रचनाओं में उन्होंने कई लम्बी (लमछेड़) एवं छोटी कविताओं की रचना कीं हैं जिसमें प्रह्लाद की कथा, कालिया-दमन, छेड़-छाड़, अनेक शिव परन एवं दुर्गा स्तुति आदि प्रमुख हैं।

इन्होंने दस वर्ष तक पंडित बसंत राव जी देशपांडे से गायन की शिक्षा ग्रहण की है तथा उसमें विशारद की उपाधि भी प्राप्त की हैं, परिणाम स्वरूप वे कत्थक नृत्य में प्रयोज्य तराना, ठुमरी एवं भजन आदि की रचना स्वयं करती हैं।

तकनीकी प्रयोग के अन्तर्गत वे नये-नये तालों का अविष्कार कर उस ताल के अनुरूप ही तोड़े, परन एवं ततकार आदि की रचना करती हैं। उनका मानना है कि ताल की प्रकृति एवं गति के अनुसार ही उसमें प्रयुक्त होने वाले बोलों की रचना होनी चाहिए। इसी सिद्धांत के आधार पर वे रूपक, एक ताल, गज झम्पा, फरोदस्त, धमार, लक्ष्मी तथा गणेश आदि तालों में नृत्य रचना की हैं जिन्हें उनकी शिष्यायें कुशलता पूर्वक प्रस्तुत करती हैं। प्रचलित तालों के अतिरिक्त वे कई नवीन तालों की भी रचना की हैं। जिनमें से कतिपय तालों का विवेचन निम्नांकित है–

निम्न लोभ (साढ़े छः मात्रा)

इस ताल का ठेका रोहिणी जी के गुरु स्वर्गीय कल्याणपुरकर द्वारा रचित है। इसके नाम की निरुक्ति से ऐसा प्रतीत होता है कि यह ताल लोभ का निवारक है।

नील (साढ़े सात मात्रा)

इस ताल का ठेका रोहिणी जी द्वारा बनाया गया है। उनका कहना है चूंकि नील के प्रयोग से साढ़े साती शनि का प्रभाव नष्ट होता है, इसलिए इसका नाम नील रखा गया।

बैज मोहन (साढ़े आठ मात्रा)

रोहिणी जी ने इस ताल के अन्तर्गत अपने दोनों गुरुओं (स्वर्गीय पं॰ बैजनाथ मिश्र एवं स्वर्गीय श्री मोहन राव कल्याणपुरकर) का स्मरण किया है।

चित्र रूपक (साढ़े दस मात्रा)

इस ताल का ठेका उनके गुरु स्व॰ मोहन राव कल्याणपुरकर द्वारा रचित है।

रोहिणी जी ने अनेक सफल नृत्यनाटिकाओं की रचना की हैं जिनमें से कुछ प्राचीन संस्कृति एवं कुछ आधुनिक विषयों पर आधारित है। रोहिणी जी द्वारा निर्मित कतिपय नृत्यनाटिकाओं का विवेचन निम्नांकित है–

1. उषा सूक्त

प्राचीन संस्कृति से संबंधित विषयों के अन्तर्गत उन्होंने ऋग्वेद में वर्णित उषा सूक्त के आधार पर इस नृत्यनाटिका की रचना की है।

2. पावस

पावस में उन्होंने वेदों के वर्जन्य सूक्त द्वारा यह बताया है कि वैदिक युग में ऋषि मुनि पावस को किस रूप में देखते थे। कजरी के माध्यम से उन्होंने ग्राम-वासियों का वर्षा के प्रति सख्य-भाव दर्शाया है। अन्त में तराना के माध्यम से वर्षा के स्वरूप एवं प्रभाव को चित्रित किया है।

3. उद्गार

आधुनिक युग उर्जा प्रधान है। मनुष्य पहले ऊर्जा की अराधना करता है। सम्प्रति विविध प्रयोगों के द्वारा वह उसी ऊर्जा पर अपना

अधिकार स्थापित करना चाहता है। परिणामतः विश्व में हाहाकार मच जाता है। अन्ततः बाध्य होकर अशान्ति के निवारण हेतु पुनः उसे उर्जा के स्रोत देवताओं की अराधना करनी पड़ती है। यही तथ्य उद्गार नामक नृत्यनाटिका से व्यक्त होता है।

4. मल्हार

यह पूर्णतः पावस ऋतु पर आधारित है।

5. बिन्दा कहे

बिन्दादीन महाराज द्वारा रचित ग्यारह ठुमरी एवं भजनों का शृंखलाबद्ध प्रयोग करके इस नृत्यनाटिका की रचना की गई है।

6. कविताली

इसमें तीन अलग-अलग विषयों पर आधारित कविताओं का प्रयोग किया गया है। पहली कविता है-"कठपुतली", यह स्त्री के जीवन पर आधारित है। कठपुतली की तरह ही नारी भी पूरे जीवन किसी-न-किसी के इशारे पर नाचती रहती है, किन्तु वह चाहे तो अपने बंधनों को तोड़कर स्वतंत्र रूप से जीवन यापन कर सकती है। यह सत्य है कि इसके लिए उसे कई विषम परिस्थितियों का सामना करना पड़ता है। यह विचार उन्होंने कठपुतली नामक नृत्यनाटिका के माध्यम से व्यक्त करने का सफल प्रयास किया है।

दूसरी कविता है "सूरज के खिलाफ" इसमें उन्होंने दो विपरीत घटनाओं को साथ-साथ रखकर यह दर्शाया है कि सकारात्मक परिस्थितियों की सदैव जीत होती है।

तीसरी कविता है 'हाइपो" (यह केवल तीन पंक्तियों की होती है।) इसमें यह बताया गया है कि शीत के प्रभाव से सम्पूर्ण जंगल निष्प्राण सा हो गया है। वहाँ एक कोयल आती है। उसके पंख एकदम बलहीन हो गये हैं। कोयल की अंतिम कूक से पूरे जंगल को यह

आभास होता है कि बसंत आ गया और पूरा जंगल अनुप्राणित हो उठता है। जिसे देखकर कोयल स्वयं भी बहार का मौसम सोचकर उड़ने का प्रयास करती है और गिर प्राण-त्याग देती है।

7. तनमात्र

मनुष्य का शरीर पंच महाभूतों से बना है। यह नृत्यनाटिका उसी पंच महाभूतों पर आधारित है। इसका प्रथम प्रदर्शन सन् 1993 जनवरी में इंदिरा गांधी नेशनल सेंटर फार परफार्मिंग आर्ट एवं द्वितीय प्रदर्शन भण्डारकर शोध संस्थान पूना में हुआ।

लेखन के अन्तर्गत इन्होंने "मांझी नृत्य साधना" नामक पुस्तक की रचना की है। इशाडोरा डंकन की जीवनी पर आधारित "माई लाईफ" का मराठी में अनुवाद किया है, जिसका नाम है "मी इझाडोरा"। "मी आणि इझाडोरा" शीर्षक से प्राक्कथन के रूप में इनका महत्वपूर्ण लेख भी प्रकाशित हुआ है।

रोहिणी जी का कत्थक जगत को सबसे महत्त्वपूर्ण योगदान उनकी प्रख्यात संस्था "नृत्य भारती" है। जिसकी स्थापना उन्होंने सन् 1947 में की। इससे अनेक विद्यार्थी लाभान्वित हुए एवं हो रहे हैं। कत्थक नृत्य की शिक्षा की दृष्टि से यह संस्था प्रशंसनीय कार्य कर रही है। पूना में इस संस्था की चार-पांच शाखाएं हैं, जो इनके विद्यार्थियों द्वारा संचालित हैं। पूना के अतिरिक्त इंदौर, टोकियों एवं अमेरिका में भी नृत्यभारती की शाखायें हैं।

सुप्रसिद्ध नृत्यांगना के रूप में रोहिणी भाटे जी स्वयं एवं अपने दल के साथ देश के अनेक स्थानों में सफल नृत्य प्रदर्शन कर चुकी हैं। भारत के अतिरिक्त वे स्वयं स्वीटजरलैंड, इंग्लैंड, जापान, चीन, पूर्वी एवं पश्चिमी जर्मनी, अमेरिका तथा कनाडा आदि देशों में अपना कार्यक्रम प्रस्तुत कर चुकी हैं। अपने शिष्यों के साथ श्रीलंका, पूर्वी अफ्रीका, अमेरिका, कनाडा, हालैंड, बेल्जियम एवं पूर्वी यूरोप आदि देशों में भी इनके कार्यक्रम प्रशंसित हुए हैं।

इस प्रकार महाराज जी की शिष्य परम्परा में श्रीमती रोहिणी भाटे का कत्थक के उन्नयन में सर्वाधिक एवं महत्वपूर्ण योगदान है।

पं॰ ओम प्रकाश मिश्र

महाराज जी के शिष्यों में पं॰ ओम प्रकाश मिश्र का नाम भी उल्लेखनीय है। चित्र नं. (61) ये अयोध्या के एक सुसंस्कृत कत्थक परिवार से सम्बंध रखते हैं। बाल्यकाल में इन्होंने अपने पूर्वजों से कथावाचन की कला का अध्ययन किया। बाद में लखनऊ भातखंडे महाविद्यालय में कत्थक नृत्य की शिक्षा गुरु विक्रम सिंह से लिए, साथ ही साथ शास्त्रीय संगीत एवं तबला वादन में भी दक्षता प्राप्त किये और स्नातकोत्तर उपाधियाँ भी अर्जित किये।

सन 1972 में महाराज जी के लखनऊ पधारने एवं कत्थक केन्द्र के निर्देशक का पद संभालने के बाद ओम प्रकाश जी ने कत्थक केन्द्र में प्रवेश लिया और उत्तर प्रदेश शासन की छात्रवृत्ति प्राप्त कर 1977 तक महाराज जी के पास नृत्य की शिक्षा प्राप्त किये। सन् 1977 में छात्रवृत्ति समाप्त हो जाने के बाद वे अपने निवास स्थान अयोध्या चले गये। महाराज जी की मृत्यु के बाद अयोध्या में वे उनकी आत्मा की शांति के लिए बहुत बड़ा आयोजन किये।

आजकल वे कलकत्ता में ओम प्रकाश महाराज ने नाम से बहुत ख्याति प्राप्त किये हैं। कलकत्ता में इन्होंने बहुत से शिष्य तैयार किये जिनमें अमिता दत्त एवं मालविका मित्रा प्रमुख हैं।

ओम प्रकाश मिश्र ने महाराज जी के जीते जी और उनकी मृत्यु के बाद भी कई सेमिनार, वर्कशाप और कान्फ्रेंस में अपना उच्चकोटि का नृत्य प्रदर्शन कर लच्छू महाराज जी का नाम रोशन किये।

वे एक अच्छे गायक एवं तबला वादक होने के साथ-साथ एक योग्य गुरु भी हैं। अपने शिष्यों के कार्यक्रमों में स्वयं गाते एवं बजाते हैं। कहीं-कहीं पर वे अपनी पारम्परिक कथावाचन भी प्रस्तुत कर दर्शकों

का मल मोह लेते हैं। एक अच्छे लयकार होने के कारण और कठिन रियाज़ के कारण इनका ततकार बहुत प्रशंसनीय है।

सन् 1986 में इंदिरा कला संगीत विश्वविद्यालय, खैरागढ़ द्वारा विश्वविद्यालय अनुदान आयोग, दिल्ली के सहयोग से "कत्थक नृत्य की पुरानी परम्पराएं" विषय पर सेमिनार का आयोजन किया गया जिसमें भारत के लगभग पचास कत्थक कलाकार भाग लिये थे। उस समय ओम प्रकाश जी ने कत्थक नृत्य के अतिरिक्त अपने कथावाचन से पूरी रात दर्शकों को रस विभोर कर दिया।

श्रीमती कुमकुम आदर्श

कुमकुम आदर्श भी लच्छू महाराज जी की शिष्य परम्परा की एक महत्वपूर्ण सदस्या हैं। नृत्य में इनकी प्रारंभिक शिक्षा भातखण्डे संगीत महाविद्यालय, लखनऊ में गुरु विक्रम सिंह के द्वारा हुई। उसके पश्चात् 1972 के जनवरी महीने में वे लखनऊ कत्थक केन्द्र में प्रवेश ली और महाराज जी के अंतिम समय तक उनसे शिक्षा प्राप्त करती रहीं।

लखनऊ कत्थक केन्द्र में निर्देशक बनने के बाद कुमकुम श्रीवास्तव का आना भी महाराज जी के लिए काफी सहायक रहा। प्रारंभिक दिनों में जब महाराज जी का जीवन व्यवस्थित नहीं हुआ था, तब इन्होंने और इनके परिवारजनों ने महाराज जी की बहुत सेवा की। इनकी माता जी अच्छे-अच्छे पकवान बनाकर महाराज जी के मध्यान्ह भोजन के लिए टिफिन लेकर स्वयं कत्थक केन्द्र आती थीं और महाराज जी को भोजन कराके वापस जाती थीं। महाराज जी भी उनके घर अकसर लाटुस रोड, स्थित मकान में मिलने जाया करते थे।

एक बार महाराज जी बहुत बीमार हो गये थे। तब कुमकुम श्रीवास्तव उनके घर में रहकर उनके स्वस्थ होने तक तीमारदारी करती रहीं, जिसे महाराज जी अकसर याद किया करते थे।

सभी शिष्याओं की तरह कुमकुम श्रीवास्तव ने भी महाराज जी से सभी चीजों की शिक्षा प्राप्त की। महाराज जी के जीते जी व उनकी मृत्यु के बाद भी देश के कोने-कोने में उन्होंने अपना कार्यक्रम प्रस्तुत किया। इस संबंध में एक विशेष घटना का उल्लेख किया जा रहा है :

मध्य प्रदेश के छत्तीसगढ़ अंचल कवर्धा नामक छोटे से शहर में एक संगीत महाविद्यालय के तत्त्वावधान में कुमकुम श्रीवास्तव का नृत्य कार्यक्रम आयोजित किया गया था। चित्र) उनके साथ धर्मनाथ मिश्र जी गायन में, श्री बहादुर खाँ साहब सारंगी में, श्री इलमास खाँ साहब तबले पर और पं० राज खुशीराम पखावज पर संगत कर रहे थे। खुला रंगमंच था। कवर्धा राजपरिवार के श्री यशवन्त कुमार और स्व० राजा चक्रधर सिंह की पत्नि छोटी राजमाता, कई संगीत के विद्वान और आसपास के गांवों से आए कई दर्शक वहाँ उपस्थित थे। इस अवसर पर लच्छू महाराज जी के शिष्य एवं इंदिरा कला संगीत विश्वविद्यालय के नृत्य संकाय के अधिष्ठाता डा० पी०डी० आशिर्वादम भी वहाँ उपस्थित थे। जैसे ही उद्घोषक ने कुमकुम श्रीवास्तव का परिचय समाप्त करके उन्हें रंगमंच पर आमंत्रित किया, बिजली गुल हो गई। पांच दस मिनट प्रतीक्षा के बाद मंच के चारों कोनों पर चार पेट्रोमैक्स रख दिये गये और बिना माइक और बिजली के कार्यक्रम चलने लगा। वे लगातार चार घंटें तक नाचती रहीं और सारे दर्शक मंत्रमुग्ध होकर वाह वाही देते हुए उनका नृत्य देखते रहे।

महाराज जी की अन्य शिष्याओं की तरह इन्होंने भी कई नाटकों में अभिनय किया और महाराज जी द्वारा निर्देशित नृत्य नाटिकाओं में भी भाग लिया।

कुमकुम धर

कुमकुम धर स्व० गुरु लच्छू महाराज जी की प्रमुख शिष्याओं में से एक हैं। (चित्र नं. 62) इनके पिता श्री टी.एन. धन रिटायर्ड सीनियर आइ.ए.एस. आफिसर होने के साथ साथ एक अच्छे साहित्यकार और कला प्रेमी व्यक्ति हैं।

निरन्तर पाँच वर्षों तक अपने श्रद्धेय गुरु लच्छू महाराज के संरक्षण में इस नृत्य शिल्पा ने महाराज जी के उस सपने को साकार करने का प्रयत्न किया जिसमें इस नृत्य की कोमलता और कमनीयता को प्रधानता दी गई थी। इनकी प्रतिमा में गायन, नृत्य और अभिनय का दुर्लभ सामंजस्य है, इसी आधार पर महाराज जी ने इनकी अभिनय शिक्षा पर अधिक बल दिया। कुमकुम धर आज कत्थक नृत्य के अभिनय शिक्षा पर अधिक बल दिया। कुमकुम धर आज कत्थक नृत्य के अभिनय अंग की गिनी चुनी नृत्यांगनाओं में एक हैं।

अर्थ शास्त्र में एम.ए. हैं। इन्होंने शोध कार्य भी किया है। सन् 1977 में गुरु लच्छू महाराज के पास सीखने के लिए केन्द्र सरकार से इन्हें राष्ट्रीय छात्रवृत्ति भी प्राप्त हुई। सभ्रान्त पारिवारिक परिवेश, उच्च शिक्षा और कलात्मक वातावरण ने इस नवोदिता की प्रतिभा को निखारा। गजल, ठुमरी, गतभाव, कवित्त परन तथा मनहरण छंदों पर कुमकुम धर का नितांत स्वभाविक, सटीक और स्पष्ट अभिनय प्रदर्शनीय ही नहीं दर्शनीय भी है। महाराज बिन्दादीन की ठुमरियाँ, इकबाल के कते, अमानत लखनवी की गज़लें एवं आचार्य लच्छू महाराज के कवित्त आदि को नयनों की भाषा और आकर्षक भावों से दर्शनीय बनाने की सिद्धता, कुमकुम धर ने हासिल की है।

कुमकुम धर अपने गुरु लच्छू महाराज से सीखे हुए परम्परागत बंदिशों के अतिरिक्त समय और स्थान की मांग के अनुसार अनेक नवीन रचनाओं का सृजन भी करती है। तांडव एवं लास्य दोनों विधाओं में दक्ष हैं। लेकिन उनका लास्य पक्ष अधिक प्रबल है।

गुरु लच्छू महाराज जी की कत्थक नृत्य नाटिकाएं "इन्द्रसभा", "चन्द्रवली" और "गौत्तम बुद्ध" में इन्होंने मुख्य भूमिकायें निभायीं। महाराज जी की मृत्यु के बाद उत्तर प्रदेश संगीत नाटक अकादमी द्वारा प्रथम प्रस्तुति "पुष्प वाटिका" का स्वतंत्र निर्देशन का कार्य कुमकुम धर को सौंपा गया था जिसे इन्होंने बखूबी निभाया।

इनको प्रयाग संगीत समिति द्वारा उच्च कोटि के प्रदर्शन के लिए स्वर्ण पदक प्रदान किया गया। मुम्बई के "सुर सिंगार संसद" ने इन्हें "सिंगार मणि" की उपाधि से विभूषित किया। कुमकुम धर आकाशवाणी और दूरदर्शन की टाप ग्रेड की पंजीकृत कलाकार हैं।

उत्तर प्रदेश के विभिन्न नगरों के अतिरिक्त केरल, मध्य प्रदेश, हिमाचल प्रदेश, हरियाणा आदि राज्यों के प्रमुख नगरों में वे अब तक पचास से अधिक नृत्य प्रदर्शन कर चुकी हैं। इन्होंनं न केवल देश के भीतर बल्कि सरहदों के पार अमेरिका, कनाडा, इंग्लैंड, अदन, कुवैत तथा मिश्र आदि देशों में भी अनेक सफल प्रदर्शन कर अपना एवं अपने गुरु का नाम रोशन किया है। ये कार्यक्रम अधिकांशत: आई.सी.सी.आर. के तत्त्वावधान में ही आयोजित किये गये।

कत्थक नृत्य एवं गायन के साथ साथ कुमकुम धर मशहूर नाट्य संस्था "दर्पण" से नृत्य निर्देशिका एवं अभिनेत्री के रूप में जुड़ी रही हैं। एवं "हम वदन", "आबू हसन", "गुफाएं", "यहूदी की लड़की" और "हरीशंचन्नार की लड़ाई" आदि प्रमुख नाटकों में मुख्य चरित्र भी निभाई हैं।

सम्प्रति भातखंडे डीम्ड विश्वविद्यालय, लखनऊ में कत्थक नृत्य विभाग में प्रोफेसर के पर कार्यरत हैं।

सुश्री मालविका सरकार

मालविका सरकार भी स्व० गुरु लच्छू महाराज जी की प्रमुख शिष्याओं में से एक हैं। (चित्र नं. 63) इनके पिता श्री के.के. सरकार मध्य रेलवे के रिटायर्ड उच्चाधिकारी हैं। मालविका सरकार को बाल्यकाल से ही नृत्य कला में असीम रुचि थी। इनकी माता वाणी सरकार भी रविन्द्र संगीत में नृत्य करती थीं। इस प्रकार मालविका सरकार को बचपन से ही संगीतमय वातावरण मिला। उनकी नृत्य की प्रारम्भिक शिक्षा गुरु प्रेमशंकर जी द्वारा हुई। ग्यारह वर्ष की उम्र में ही प्रयाग संगीत

समिति, इलाहाबाद द्वारा इनको नृत्य प्रतिभा के लिए सम्मानित किया गया। उसके बाद मालविका सरकार निरन्तर नृत्य साधना में आगे बढ़ती रहीं।

लगभग 1973 में जब महाराज जी लखनऊ कथक केन्द्र में नृत्य निर्देशक पद पर कार्यरत थे, मालविका सरकार के पिता जी अपनी लड़की को महाराज जी से नृत्य की शिक्षा दिलाने के लिए अपना स्थानांतरण गोरखपुर से लखनऊ करा लिये। जब वे मालविका सरकार को महाराज जी के पास नृत्य सिखाने के लिए लाये, तो महाराज जी सहर्ष स्वीकार कर लिए। मालविका सरकार महाराज जी के अंतिम समय तक उनसे नृत्य की शिक्षा लेती रहीं। महाराज जी के जीते जी उन्होंने नृत्य के कई कार्यक्रम दिये। "सुर सिंगार संसद" मुम्बई द्वारा आयोजित "कल के कलाकार सम्मेलन" में भाग लेकर "सिंगार मणि" की उपाधि भी प्राप्त की।

उत्तर प्रदेश पत्रकार संघ द्वारा भी उन्हें सम्मानित किया गया। प्रयाग संगीत समिति द्वारा उनको रजत एवं स्वर्ण पदक भी प्रदत्त किये गये हैं। वे नृत्य में विशारद एवं राजनीति शास्त्र में एम.ए. की डिग्री भी प्राप्त कर चुकी हैं। महाराज जी ने अपने जीते जी गुलिस्तां कालोनी में "गुलिस्तां वेलफेयर असोसियेशन" के सहयोग से "गुरु लच्छू महाराज नृत्य निकेतन" की स्थापना कर मालविका सरकार को उसमें शिक्षा देने का दायित्व सौंप दिया था। उन दिनों उस संस्था ने काफी प्रगति की थी।

इन्हें मध्य रेलवे के कई संस्थाओं द्वारा सम्मानित किया गया। सन् 1981 में भोपाल कत्थक सेमिनार में इन्होंने कत्थक नृत्य का एक अनोखा प्रदर्शन प्रस्तुत कर अपने गुरु स्व० लच्छू महाराज जी का नाम रोशन किया। सन् 1982 में आल इंडिया दिल्ली कत्थक समारोह में भी मालविका सरकार ने कत्थक का सफल प्रदर्शन किया। हैदराबाद में अपनी उत्कृष्ट प्रदर्शन से इन्होंने दक्षिण वासियों को कत्थक का सही रूप से परिचय कराया। इनके अतिरिक्त कलकत्ता, रायपुर, बम्बई, पटना

आदि अनेक प्रमुख नगरों में मालविका ने गुरु लच्छू महाराज का नाम रोशन किया।

मालविका सरकार कुशल नर्तकी होने के साथ साथ सुंदरता की प्रतिमूर्ति हैं। सन् 1977 में "मिस यू.पी." और सन् 1978 में "मिस फोटोजनिक" के लिए चुनी गईं।

मालविका सरकार कई रंगमंच और दूरदर्शन के नाटकों में भाग लीं, जैसे–"पगला घोड़ा", "जब भी चाहो", "बड़े हुजूर", "सबसे बड़ा सवाल", "महारारत में रामायण" और "वह भी जमाना था लखनऊ में नवाबों का" आदि। "फिल्म फेयर माधुरी आल इंडिया टेलेन्ट कान्टेस्ट" में भी वे अभिनय क्षेत्र में सफलता प्राप्त की। आई. सी.सी.आर. की ओर से विदेशों में भारत का प्रतिनिधित्व करने के लिए जुलाई 1982 में जिनीवा समर फेस्टीवल में भेजी गई। सन् 1985 में पूर्वीय यूरोपीय देशों में बर्लिन फेस्टीवल में इनका नृत्य कार्यक्रम हुआ। रूमानिया में कई स्थानों पर इनके कार्यक्रम हुए। सन् 1988 में कनाडा के कई शहरों में लंदन में भी इनके कत्थक के कार्यक्रम हुए।

मालविका सरकार दूरदर्शन में भी राष्ट्रीय कार्यक्रम प्रस्तुत करती हैं और अपने गुरु के बताये उसूलों के अनुसार हिन्दू और मुगल पिरीएड्स को अलग-अलग प्रस्तुत करती हैं एवं नयी-नयी संरचनाएं भी करती रहती हैं। इन्होंनें कत्थक के अतिरिक्त भरतनाट्यम की भी विधिवत शिक्षा ली है। जैसा पूर्व में कहा गया है महाराज जी द्वारा लखनऊ में निर्देशित नृत्य नाटिकाओं की मालविका सरकार मुख्य नायिका रही हैं, जिसमें चन्द्रावली की भूमिका में वे हमेशा याद की जाएंगी।

शशि भारद्वाज

महाराज जी की शिष्य परम्परा में शशि भारद्वाज का नाम भी उल्लेखनीय है। (चित्र नं. 64) ये एक सुंदर, मेधावी एवं प्रतिभावान

कलाकार हैं। इनके पिता भी रेलवे में डिप्टी डायरेक्टर के पद पर कार्यरत थे। बाल्यावस्था में ही इनकी नृत्य के प्रति रूझान को देखते हुए इनके माता-पिता ने पं० प्रेमशंकर जी के मार्ग दर्शन में इन्हें नृत्य की शिक्षा दिलाई, जिनके पास लगभग 14, 15 वर्ष की आयु तक निरन्तर नृत्य की शिक्षा लेती रहीं। साथ ही साथ इन्होंने भरतनाट्यम की भी विधिवत शिक्षा ली। बाल्यावस्था से ही नृत्य प्रतियोगिताओं एवं कार्यक्रमों में भाग लेती रहीं और कई पुरस्कार अर्जित कीं।

सन् 1974 के आसपास शशि भारद्वाज गुरु लच्छू महाराज जी से शिक्षा प्राप्त करने के लिए लखनऊ आईं, कत्थक केन्द्र में प्रवेश लीं और महाराज जी की मृत्यु तक उनसे विशेष शिक्षा लेती रहीं। उनकी अंतर्निहीत प्रतिभा को देखते हुए महाराज जी इन्हें भी विशेष रुचि लेकर शिक्षा दिये। इनके ऊपर कई नृत्य प्रयोग भी महाराज जी ने किया, जैसे-- भरतनाट्यम में कत्थक और कत्थक में भरतनाट्यम, लखनऊ के बॉटानिकल गार्डन में राज्यपाल के सम्मुख प्रस्तुत किया गया था, जिसे देखकर राज्यपाल बहुत प्रसन्न हुए थे।

शशि भारद्वाज के पैरों की तैयारी के कारण महाराज जी ने ततकार के बांट आदि में उन्हें विशेष शिक्षा दी। सन् 1978 के दिल्ली सेमिनार में इनके द्वारा महाराज जी ने ततकार के बांट आदि प्रस्तुत कराये जिन्हें सभी लोगों ने बहुत सराहा। "मोहे छेड़ो न नंद के सुनहूँ छैल" ठुमरी को भी महाराज जी ने पहले इन्हें ही सिखाया और उसमें पग संचालन का भरपूर प्रयोग किये।

महाराज जी को इंदिरा कला संगीत विश्वविद्यालय, खैरागढ़ द्वारा डाक्टरेट की मानद उपाधि देने के समय महाराज जी के साथ अन्य शिष्याओं कुमकुम धर एवं कपिला शर्मा के साथ शशि भारद्वाज भी आई थीं। कपिला शर्मा, कुमकुमधर और शशि भारद्वाज ने मिलकर 3-4 घंटे तक महाराज जी की कला का निचोड़ प्रस्तुत किये, जिसमें शशि भारद्वाज का भी प्रबल योगदान रहा।

कत्थक जगत को इनसे बहुत आशाएं थीं, लेकिन महाराज जी की मृत्यु के बाद उनकी शादी हो गई। और कत्थक के क्षेत्र से लगभग दूर हो गई।

डा॰ पी.डी. आशिर्वादम

डा॰ पी॰डी॰ आशिर्वादम स्व. गुरु लच्छू महाराज के अंतिम गण्डाबंध शिष्य हैं (चित्र नं. 65) हैदराबाद राज्य के एक छोटे से गांव में 12 जून सन् 1929 को इनका जन्म हुआ। इनके पिता स्व. श्री देवनादम जी एक अच्छे गायक थे और हारमोनियम एवं तबला भी बजाते थे। बाल्यकाल से ही संगीतमय वातावरण मिलने के कारण उनकी रुचि लोकनृत्य एवं संगीत की ओर आकृष्ट हुई। ये स्वयं आंचलिक गाने गाकर नृत्य भी करते थे। युवावस्था में कालेज की पढ़ाई के लिए उन्हें हैदराबाद जाना पड़ा। वहाँ "फ्रेंड्स असोसिएशन" नामक एक संस्था में श्री एस.के.एस. प्रकाशराव से इन्होंने कत्थक की प्रारंभिक शिक्षा ली साथ ही साथ वहाँ के कुछ प्रसिद्ध नर्तकों का ओरियेन्टल नृत्य, जैसे– सपेरा नृत्य, किसान नृत्य, मछुआरा नृत्य और शिकारी नृत्य आदि देखकर वे स्वयं भी नृत्य करने लगे थे। हैदराबाद शहर एवं आस-पास के छोटे-छोटे शहरों में इनके कई कार्यक्रम हो चुके थे।

सन् 1952 में हैदराबाद में "म्युजिक एण्ड डांस स्कूल" की स्थापना हुई। शम्भू महाराज के शिष्य पं॰ रामकृष्ण शुक्ला जी उस स्कूल में कत्थक नृत्य शिक्षक नियुक्त हुए। डॉ॰ आशिर्वादम उस स्कूल में तीन चार वर्ष तक शुक्ला जी से लखनऊ घराने के कत्थक की शिक्षा प्राप्त किये। उसके उपरांत गांधर्व महाविद्यालय द्वारा संचालित परिक्षाओं में सम्मिलित होकर नृत्य विशारद एवं नृत्य अलंकार की उपाधियाँ अर्जित कीं।

सन् 1962 में कमला देवी संगीत महाविद्यालय, रायपुर (म.प्र.) के नृत्य विभाग में व्याख्याता के पद पर नियुक्त हुए। इस संस्था में इन्होंने सैकड़ों विद्यार्थियों को नृत्य की शिक्षा दिये। साथ ही साथ उन्होंने

अंग्रेजी साहित्य में एम.ए. भी किया। सन् 1962 में लेकर 1970 तक की अवधि में इन्होंने कई नृत्यनाटिकाओं की रचना की। जिनमें से "खंडित ऋतु चक्र", "कृष्ण लीला", "चीनी आक्रमण", "कोइना भूकम्प", "गौत्तम बुद्ध", "पंचतंत्र की कहानियाँ", "कत्थक का क्रमिक विकास" आदि प्रमुख हैं।

सन् 1970 से 1973 तक वे गोंदिया (महाराष्ट्र) के एन.एम.डी. कॉलेज में अंग्रेजी के व्याख्याता पद पर कार्यरत रहकर वहाँ के महाविद्यालयीन छात्र छात्राओं द्वारा कई अच्छे लोक नृत्य कराये। जिनमें से आंध्र प्रदेश का 'आदिवासी नृत्य" बहुत प्रसिद्ध हुआ।

सन् 1973 में वे इंदिरा कला संगीत विश्वविद्यालय, खैरागढ़ (म.प्र.) में अंग्रेजी साहित्य के व्याख्याता पद पर नियुक्त हुए। इस पद पर रहते हुए वे विश्वविद्यालयीन छात्र छात्राओं द्वारा कई लोकनृत्य प्रस्तुत कराये और भारत के अन्य विश्वविद्यालयों के युवा उत्सवों में भाग लेकर पुरस्कार भी प्राप्त किये। विश्वविद्यालय के विदेशी छात्रों को कत्थक नृत्य की शिक्षा भी देते थे। इसी दौरान अर्थात् 1973 के दीपावली की छुट्टियों में लखनऊ जाकर गुरु लच्छू महाराज जी से कत्थक नृत्य की परम्परागत शिक्षा लेना प्रारंभ किये और महाराज जी की मृत्यु तक उनसे एक शिष्य एवं भक्त के रूप में जुड़े रहे। (चित्र नं. 66) एक सितम्बर 1977 को महाराज जी के जन्म दिवस के अवसर पर महाराज जी ने इन्हें गण्डा बांधा। (चित्र नं. 68)

सन् 1981 में वे इंदिरा कला संगीत विश्वविद्यालय के नृत्य विभाग में रीडर के पद पर नियुक्त हुए और विभागाध्यक्ष एवं अधिष्ठाता नृत्य संकाय बन गये। सन् 1984 में इन्होंने "रायगढ़ के राजा चक्रधर सिंह की जीवनी एवं नृत्य में योगदान" विषय पर शोध प्रबंध प्रस्तुत कर पी.एच.डी. की उपाधि प्राप्त किये। सन् 1984 में इंदिरा कला संगीत विश्वविद्यालय में कुछ समय के लिए उप-कुलपति के पद पर भी कार्यरत रहे। सन् 1986 में नृत्यविभाग में प्रोफेसर के पद पर नियुक्त हुए।

सन् 1986 में विश्वविद्यालय अनुदान आयोग के सहयोग से नृत्य विभाग में एक अखिल भारतीय परिसवांद का आयोजन कियां। विषय था "कत्थक नृत्य की पुरानी परम्पराएं"। इस परिसंवाद का निर्देशन डा० पी०डी० आशिर्वादम ने किया। देश भर के वृद्ध कलाकारों को इस परिसंवाद के अवसर पर सम्मानित किया गया। देश के लगभग पचास कत्थक कलाकार इसमें सम्मिलित हुए। इस परिसंवाद में लच्छू महाराज जी की पत्नि श्रीमती रमा देवी मिश्र, श्रीमती पदमा शर्मा, श्रीमती कपिला राज, श्रीमती कुमकुमधर, श्री ओमप्रकाश मिश्र और उनकी शिष्या मालविका मित्रा और लच्छू महाराज जी के रायगढ़ दरबार के शिष्य श्री बर्मन लाल जी आदि भी लच्छू महाराज जी की परम्परागत शैली को प्रस्तुत करके दर्शकों को महाराज जी की कला से सराबोर कर दिये।

विश्वविद्यालय के कत्थक विभाग में कार्य करते हुए डॉ० अशिर्वादम ने महाराज जी की नृत्य शैली में लगभग एक दर्जन शिष्याओं को नृत्य में एम.ए. की परीक्षा उत्तीर्ण कराये जिनमें अधिकांश शिष्यायें म०प्र० के अन्य शहरों के संगीत महाविद्यालयों में नृत्य शिक्षक के पद पर कार्यरत रहकर महाराज जी की परम्परा का प्रचार कर रहीं हैं। इनके मुख्य शिष्यायें डॉ० मांडवी सिंह, डा० वंदिता सिंह एवं कु. स्वपनिल कर्महे हैं जिन्होंने देश के अनेक स्थानों पर इस का सफल प्रदर्शन किया है।

कत्थक के क्षेत्र में इनके अपूर्व योगदान के लिए छत्तीसगढ़ शासन ने इन्हें सन् 2004 में चक्रधर अवार्ड से सम्मानित किया। 18 दिसम्बर सन 2005 को इनकी मृत्यु हो गई।

महाराज जी की शिक्षण पद्धति

महाराज जी की शिष्य परम्परा को देखने से ऐसा प्रतीत होता है कि उनके शिष्य या तो अच्छे गुरु बने हैं या अच्छे राष्ट्रीय कलाकार, ये दोनों प्रतिभायें उनमें विद्यमान हैं। तात्पर्य यह हुआ कि महाराज जी एक अच्छे गुरु थे और उनकी शिक्षण पद्धति में एक आकर्षण था।

सितारा देवी के अनुसार महाराज जी का सिखाने का ढंग भिन्न ही था। जैसे– यदि बताना है, कि तुम कहाँ जा रहे हो? तो महाराज जी कहते कि "कल आकर बताना कि कितने तरीके से तुम कहा जा रहे हो" कह सकती हो। अलग-अलग नायिका में, जैसे खंडिता में, गणिका में, मुग्धा में, स्वकीया में किस प्रकार से कहोगे? गलत होगा तो मैं बताऊंगा। सितारा देवी कहती हैं कि इसीलिए उन्हें फिल्मों में काम करना छोड़ना पड़ा क्योंकि महाराज जी को सिखाने का ढंग देखकर उनको नृत्य से लगाव हो गया। उन्होंने सोचा दोनों ओर कार्य करने से नृत्य परिपूर्ण नहीं होगा। वे कहती हैं कि उनके नृत्य में जो रस है सुंदरता है, स्थिरता है, सुकून है, वो सब महाराज जी की देन है।

कपिला शर्मा भी कहती हैं कि महाराज जी शिष्यों को स्वयं करने के लिए प्रोत्साहित करते थे। जैसे कोई गतनिकास सिखाये तो कहते "कल इसका जोड़ा बनाकर दिखाना। दूसरे दिन सब के सामने पूछते थे, कराते थे और प्रशंसा भी करते थे।

सितारा देवी एवं कपिला शर्मा के उपर्युक्त कथनों से यह ज्ञात होता है कि महाराज जी अपने शिष्यों में विद्यमान अभिनय प्रतिभा को स्वाभाविक ढंग से उभारने का प्रयास करते थे। जब कोई कमी दिखती, वे उसे सुधारते थे। यह विधि उनकी मनोवैज्ञानिक शिक्षण पद्धति का द्योतक है। आधुनिक युग में भी विश्वविद्यालयीन स्तर पर नवीन शिक्षण पद्धति के अंतर्गत इसी को अपनाने का प्रयोग किया जा रहा है। इसमें विद्यार्थियों को स्वयं सोचने का अवसर मिलता है। इस प्रकार के मनोवैज्ञानिक तरीकों का महाराज जी अकसर प्रयोग करते थे।

महाराज जी की एक शिष्या श्वेनी पंड्या उनके प्रायोगिक शिक्षण पद्धति के बारे में कहती हैं कि एक बार वे महाराज जी के पास बैठीं थीं। महाराज जी उन्हें "मुरली की उछाल" गत सिखाना चाहते थे। उनके पास माचिस का एक डिब्बा था, उसे उन्होंने उछाला और श्वेनी पंड्या से पकड़ने के लिए कहा, श्वेनी पंड्या ने उसे पकड़ा। उस समय

माचिस के डिब्बे पर श्वेनी पंड्या की जो नज़र गई उसे देखकर महाराज जी बोले–"बस इसी तरह से तुम्हें मुरली पकड़नी है।" इस तरह के कई उदाहरण उनके शिष्य बताते हैं।

अधिकांशतः ऐसा होता था कि महाराज जी अपने शिष्यों के साथ खड़े हैं और कोई स्त्री उधर से गुजर रही है; वे अपने शिष्यों से कहते थे कि उन्हें ध्यान दें, फिर बतायें कि उनकी चाल कैसी है, इनमें कौनसी नायिका के लक्षण हैं, गत में इनकी चाल को कैसे चल सकते हैं आदि। उनकी शिष्या श्रीमती पदमा शर्मा बताती हैं कि एक बार सड़क पर बहुत सुंदर दुबली-पतली लड़की जा रही थी। उसके बाल बहुत लंबे थे, जिसके कारण उसकी चुटिया बहुत लंबी थी और वे ऐसे घूम रही थी मानों कोई नागिन हो। उसकी चाल भी वैसी ही थी। दूसरे दिन महाराज जी गत में वही चाल करके बताये कि कैसे उसकी चाल झूम के होगी। स्वाभाविक रूप से जिनके बाल लम्बे होते हैं, उनकी चाल थोड़ी अलग झूम या लोच के साथ होती ही है।

इसी संदर्भ में एक और घटना इस प्रकार है–एक बार महाराज जी अपने शागिर्द डॉ॰ आशिर्वादम को छोड़ने के लिए मालविका सरकार एवं कपिला शर्मा के साथ लखनऊ स्टेशन गये थे। गाड़ी थोड़ी देर से छूटने वाली थी। महाराज जी की नजर एक खूबसूरत स्त्री पर पड़ी जो किसी को विदा करने आई थी और अन्य महिलाओं के साथ "प्लेटफार्म" पर खड़े रहकर अपनी मस्ती में प्रसन्न लग रही थी। कभी डिब्बे के अंदर बैठे अपने रिश्तेदार से और कभी अपने साथियों के साथ हँसते हुए बातचीत में मग्न थी। उनका खड़े रहने का अंदाज इतना खूबसूरत था कि महाराज जी की दृष्टि उन पर पड़ी और वे उसके शारीरिक संतुलन पर गौर करने लगे, और अपने शिष्यों को बताने लगे कि उस औरत का खड़े रहने का अंदाज इसलिए खूबसूरत लग रहा है कि उसने अपने शरीर का सारा वजन एक पैर पर डालकर गर्दन को उसी के अनुरूप झुकाकर खड़ी है। उसके शरीर से त्रिभंगी भंगिमा बनी थी। रंग गोरा था और साड़ी का रंग हल्का पीला। कुल मिलाकर उस स्त्री का

अंदाज बहुत आकर्षक था। **इस प्रकार कई बार महाराज जी अपने शिष्यों को जीवन के मिसालों से नृत्य की बारीकियों और गहराइयों को समझाते थे। कहते थे कि यह सब गतनिकास एवं अभिनय में काम आते हैं।**

उपर्युक्त घटनाओं से ज्ञात होता है कि महाराज जी का "आबजर्वेशन" बहुत सटीक और लाभदायक रहता था। जब वे बगीचे में हवाखोरी या किसी रेलवे स्टेशन में घूमने जाते तो किसी खूबसूरत लड़की, महिला या छोटे बच्चे ऊपर उनकी नजर जाती है। वे उनके आकर्षण का कारण जानने का प्रयास करते और यदि कोई शिष्य साथ में हो तो उनको भी समझाते।

महाराज जी नृत्य शिक्षण के समय बहुत गंभीरता सिखाते। अपने शिष्यों से कहते हैं कि यदि तुम भी गंभीर हो सीखो तो नहीं तो मेरा समय मत खराब करो। वे चाहते कि उनके शिष्य बहुत अभ्यास करें। किस बोल को किस पैर से और कैसे निकालना है? बहुत सूक्ष्मता से बताते थे। उनका कहना था कि ऐसा नृत्य करो जो सामने वाले को खूबसूरत लगे। सुंदरता की ओर वे बहुत ध्यान देते थे। हाथ उतना ही जाए जितना तुम्हारा घुमाव हो सके, ज्यादा नहीं। शिष्यों को उनके शारीरिक बनावट के अनुरूप नृत्य सिखाते थे। जैसे लम्बी लड़की है तो कहते कि हाथ बहुत ऊंचा न ले जायें, गोलाई के साथ झुकाकर लें।

रोहिणी भाटे जी को महाराज जी के पास सीखते समय कुछ भ्रम होता था। जैसे, उन्होंने एक चाल बतायी। रोहिणी भाटे जी ने उसे किया तो महाराज जी कहने लगे कि बहुत ही सुंदर है, "जैसा मैंने सिखाया वैसा ही है"। लेकिन जब दूसरी लड़की ने किया तो रोहिणी भाटे को लगा कि वह उसी चाल को थोड़ा अलग ढंग से चलती है, लेकिन उस चाल का नाम भी वही है। महाराज जी कहते कि हर एक का बदन अलग, हर एक का जिस्म अलग, हर एक की रूह अलग। इसीलिए नृत्य ऐसा नहीं होता कि एक को जो शोभा दे वो दूसरे को भी शोभा दे। महाराज जी उनसे कहते, "तुम बिल्कुल चिंता मत करो, बस

नाचती जाओ। यदि कुछ गलत होगा तो मैं बता दूँगा"। इसी लिए रोहिणी भाटे जी कहती हैं कि वे यह नहीं कह सकती कि आज वे जो नाचती हैं, वो महाराज जी ने जैसा सिखाया बिल्कुल वैसा ही है, क्योंकि महाराज जी कुछ सिखाये तो उसमें उनका स्वयं का कुछ जुड़ जाता था, तो भी महाराज जी कभी मना नहीं करते थे। वे कहती हैं कि महाराज जी के पास जाने से पहले ही वे काफी दिनों से दूसरे गुरुओं से सीख रही थीं, लेकिन उन्हें लगता था कि उनकी शैली में कुछ कमी है या उसमें सुधार की आवश्यकता है। महाराज जी के पास सीखने के एक डेढ़ महीने बाद ही उन्हें यह विश्वास हो गया कि उनका अंग ठीक हो गया है, उनको जो कमी लग रही थी वो सुधर गया है। उन्हें ऐसा लगता है कि उनकी जो पद्धति है, उनका जो अंग है, वह सब महाराज जी का ही है।

उनकी शिक्षण पद्धति की एक और विशेषता यह थी कि **सिखाते समय स्वयं करके बहुत बताते थे।** किसी शिष्य को यदि कुछ समझ में नहीं आ रहा है तो पूछने पर या स्वयं भी तुरंत उठकर खड़े होकर बताते थे। ये नहीं कहते थे कि बाद में बताएंगे या बैठे-बैठे ही थोड़ा समझा दिये। रोहिणी भाटे जी कहती हैं कि इसीलिए महाराज जी की अनुभूति उनकी आँखों के सामने बहुत है, दूसरे गुरुओं की ज्यादा नहीं। उन के अनुसार एकाग्रचित होने पर महाराज जी नृत्य करते हुए उनकी आँखों के सामने फिल्म के समान दिखने लगते हैं।

महाराज जी की शिक्षण पद्धति प्रयोगात्मक थी। किसी चीज को सिखाने के बाद उसे कई तरह से बदल-बदल कर कराते हुए उसका प्रभाव देखते थे। उसमें नये-नये प्रयोग करते रहते थे। उसमें दूसरों के विचार भी सुनते थे और यदि उचित लगे तो अपनाते भी थे। उनका प्रयास यही रहता था कि कैसे उसमें और खूबसूरती आ सकती है?

एक बार, जब डॉ॰ आशिर्वादम महाराज जी से गतनिकास सीख रहे थे, पल्टा लेते समय जब हथेली को ऊपर घुमाया जाता है, वे उसी ओर देखने लगे। क्योंकि अभिनय दर्पण के अनुसार–"यतो हस्तस्तो

दृष्टि" का वे पालन करते थे। महाराज जी देखते ही समझ गये तुरन्त उन्होंने कहा, "बेटा तुम शास्त्र को छोड़ो, "पल्टा" में हाथ घुमाते समय जिस हाथ को घुमा रहे हो उसी की तरफ गर्दन मोड़कर नीचे की ओर देखते हुए हाथ घुमाओं तो खूबसूरत लगेगा, उन्होंने वैसा ही अभ्यास किया और यह पाया कि महाराज जी द्वारा बताया गया "पल्टा" ही खूबसूरत लगता है। तात्पर्य यह है कि नर्तक को वही करना चाहिए जो खूबसूरत लगे। शास्त्र तो केवल मार्गदर्शन के लिए हैं, सच्चा शास्त्र तो वहीं है जो नृत्य को खूबसूरत बनाता है। महाराज जी के यही विचार थे और अपने शिष्यों को शिक्षा देते समय वे इन्हीं बातों का ध्यान रखते थे। महामुनि भरत ने भी अपने नाट्य शास्त्र में कई स्थानों पर यही कहा है कि प्रयोक्ता को समाज और लोक जीवन से भी कई चीजें ग्रहण करना चाहिए।

महाराज जी की शिक्षण पद्धति की एक और विशेषता यह भी थी कि जिस लड़की को जो प्रस्तुति ज्यादा जंचे पहले उसी को सिखाते थे और दूसरे शिष्य देख-देखकर ही सीख लेते थे, क्योकि शुरू से लेकर अंत तक वे कई बार दोहरा दोहरा कर सिखाते थे। कार्यक्रमों में भी वह प्रस्तुति उसी लड़की से कराते थे। इसी कारण प्रत्येक प्रस्तुतियाँ सफल होती थी। जैसे गज़ल की शिक्षा कुमकुम धर को, "मोहे छेड़ो न नंद के सुनहूं छैल" शशि भारद्वाज को, "उठी है घनघोर" मालविका सरकार को। चूँकि शशि भारद्वाज के पैर अच्छे तैयार थे, उनसे ततकार, लय बांट आदि अधिक अभ्यास कराये।

महाराज जी सबसे अधिक महत्व अपनी रचनाओं को देते थे। जिस प्रकार एक माँ अपने बच्चों से प्यार करती हैं उसी प्रकार महाराज जी अपनी रचनाओं से प्यार करते थे। उनको खूबसूरत बनाना ही उनका एक मात्र ध्येय होता था। नृत्यनाटिकाओं में पात्र चयन भी निष्पक्ष रूप से करते हर तरह से योग्य पात्र का ही चयन करते थे। ऐसे अवसरों पर वे अपनी भावना को नजर अंदाज करते थे। ये नहीं कि जिन्हें वो

अधिक चाहते हैं उन्हें ही मुख्य भूमिका दें। कथानक और नायक नायिका के गुणों के अनुसार जो व्यक्ति सर्वोच्च पात्रता रखता हो, उसी का चयन करते थे। इसलिए भी उनकी नृत्य नाटिकाएं या रचनाएं हमेशा सफल होती थीं।

महाराज जी कहते थे कि अभिनय मायनेदार होने चाहिए। नाच में मायने या अर्थ नहीं तो नाच बेकार है। हाथ पैर तो सब चला रहे हैं, चक्कर भी मार रहे हैं लेकिन जब हाथ उठे या निगाह जाये तो अर्थ होना चाहिए। महान विचारक भरत ने भी अपने नाट्यशास्त्र के छठवें अध्याय में यही बात कही है "न हि रसाधृते कच्चिशदप्यर्थः प्रवर्तते"। सच भी है बिना अर्थ की कला व्यर्थ और निरस होती है।

कत्थक नृत्य में दृष्टि डालने के संबंध में महाराज जी का कहना था कि थाट करते समय जो कटाक्ष किया जाता है उसमें आँखों को शून्य में नहीं रखना चाहिए। सामने जो भी वस्तु है उसको देखते हुए उसके रंग-रूप के सम्बंध में सोचते रहना चाहिए। तभी दृष्टि में प्रभाव आता है। सामने कोई चीज न हो तो वहाँ कल्पना करके अपने ईष्ट देव या किसी प्रियजन की मुखाकृति को साक्षात देखना चाहिए। तभी दर्शकों के ऊपर उन निगाहों का असर पड़ता है और दर्शक की निगाहें, नर्तक की निगाहों से एक रूप हो जाती हैं।

महाराज जी अपने शिष्यों से हमेशा कहते थे, "तुम्हारी दो आँखें है। इन दो आँखों से तुम हजार आँखों को अपनी तरफ आकृष्ट करोगी। एक जादूगर की तरह तुम्हें उनको आकर्षित करना चाहिए। यदि कोई अपनी कला से दर्शकों को आकर्षित नहीं कर पाता तो वो कलाकार नहीं।

आपका मंच पर आने का अंदाज ऐसा होना चाहिए कि लोग कहें, कौन आ गया है। और इस अंदाज से दर्शकों को देखो कि वे उठे नहीं। यानि अपने में इतना ठहराव लाओ कि वे आकर्षित हो जायें।

महाराज जी नृत्य शिक्षण के समय बहुत अनुशासन चाहते थे। लड़कियाँ जोर से बात भी नहीं कर सकती थीं, सिर्फ इशारे से काम चलता था। उनका स्वभाव ऐसा था कि गाली दे रहे हैं तो चुपचाप सुनते रहो, जब कुछ नहीं सिखा रहे हैं तो यह मत कहो कि महाराज जी हमें सिखाओ, जब उनका मन होगा तभी सिखाएंगे। सितारा देवी कहती हैं कि महाराज जी कभी-कभी उन्हें निकाल देते तो वे बाहर बैठी रहती थीं। जब उनका गुस्सा शांत होता, कहते, "देखों सितारा बैठी है क्या?" और उनको बुलाकर हंसकर गले लगा लेते, कहते –"ऐसी शिष्या कहाँ मिलेगी?" कितनी चालाक है, मेरे मन का करती है। ये मेरे से सीख पाएगी"। **इस प्रकार महाराज जी अपने शिष्यों की परीक्षा भी लेते थे। देखते थे कि गुरु एवं कला के प्रति कितनी आस्था है।** क्योंकि वे जानते थे कि कई लोग यूं ही शौकिया तौर पर नृत्य सीखने आते हैं और उनकी कला में रुचि केवल ऊपरी सतह पर है। ऐसे शिष्यों पर वे अपना अमूल्य समय गंवाना नहीं चाहते थे। जिस प्रकार मिट्टी का घड़ा खरीदने वाला ठोंक पीट कर खरीदता है, उसी प्रकार महाराज जी भी परख-परख कर शिष्य बनाते थे। एक बार उनकी शिष्य परम्परा में प्रवेश पाने के बाद जीवन भर के लिए शिष्य उनके स्नेह के बंधन में बंध जाते थे।

महाराज जी के अनुशासन के कारण कोई शिष्य सीमाओं को लांघकर नृत्य प्रस्तुत नहीं करते थे, अर्थात् उनके बताये अनुसार ही नाचना पड़ता था। वे हर भंगिमा एवं चाल को नाप तौलकर सिखाते थे। जिससे खूबसूरती पैदा होती थी। आवेश में आकर किसी चीज को प्रस्तुत करना उन्हें पसंद नहीं था।

महाराज जी द्वारा शिष्यों को कुछ सिखाने के बाद जब शिष्य उसे करने लगते तो वे इतनी सूक्ष्मता से उसकी जाँच करते थे कि छोटी-से-छोटी बात भी उनकी नज़र से छूटती नहीं थी।

यदि कोई संचालन, दृष्टि या भंगिमा त्रुटिपूर्ण हो तो तुरंत रोकर उसे ठीक करते थे।

लखनऊ कत्थक केन्द्र में नृत्याभ्यास प्रतिदिन चलता था। तब भी सारा समय महाराज जी सामने कुर्सी पर बैठकर ताल, लय एवं शिष्यों के नृत्य को पूरी तल्लीनता के साथ देखते थे। ऐसा लगता था कि शिष्य, संगतकार और गुरु तीनों एक ही सूत्र में बंधे हुए हों। शिष्यों में से यदि किसी की गर्दन का डोरा अच्छा चल गया, या कलाई की हरकत अच्छी लगी, या ऐसी कोई अच्छी बात दिखी तो महाराज जी तुरंत उसकी ओर देखते हुए वाहवाही देकर प्रोत्साहित करते थे।

नृत्य करते-करते अपने आप में कुछ उपज हो जाती है। वो उपज इतनी जल्दी महाराज जी की दृष्टि में आ जाती थी कि उस समय जो दाद महाराज जी से शिष्यों को मिलती थी, उससे उनका हौसला और बढ़ जाता था। इसी कारण महाराज जी के सामने अभ्यास करने में शिष्य कभी नहीं घबराते थे यदि वे किसी को अलग से नाचने को कहते तो शिष्य खुश हो जाते थे, क्योंकि उस दिन उस शिष्य को कुछ न कुछ नई बात सीखने को मिलती थी।

केन्द्र में सिखाते समय महाराज जी अपने शिष्यों पर हमेशा निगरानी रखते थे। शिष्यों के क्रियाकलापों का उन्हें पूरा अनुमान रहता था। श्रीमती पदमा शर्मा के अनुसार एक दिन वो अभ्यास कर रहीं थी। महाराज जी बोले कि तुम करती रहो मैं पान खाकर आता हूं। वे चले गये तो पदमा शर्मा ने सोचा कि अभी तो उन्हें आने में आधा घंटा लगेगा, और वो बैठकर गप्पे मारने लगी। जब किसी ने बताया कि महाराज जी आ रहे तो तुरंत उठकर अभ्यास करने लगीं। वे आकर पूछे कि क्या अभ्यास कर रही थी,? तो उन्होंने कहा कि हाँ कर रही थी। महाराज जी उन्हें जहाँ अभ्यास कर रही थीं वहाँ से हटाकर फर्श को छूकर देखे कि फर्श गर्म है या नहीं। क्योंकि 15-20 मिनट अभ्यास किया जाये तो फर्श गर्म हो जाता है। इस प्रकार महाराज जी अपने शिष्यों को बहुत ध्यान से शिक्षा देते थे ताकि भविष्य में वे कत्थक जगत में कुछ चिरस्मरणीय कार्य कर सकें।

महाराज जी प्रतिदिन एक घंटा पूरे पैर के ततकार का अभ्यास अपने शिष्यों को अवश्य कराते थे। दोपहर के अभ्यास और शाम के अभ्यास को अभ्यास नहीं मानते थे। कहते थे कि अभ्यास तो सुबह का ही है, बाकी तो खानापूर्ति है। कपिला जी जब सबेरे पांच बजे एक घंटा घर में ततकार करती थीं तो उन्हें लाइट जलाने और खिड़की खोलने को भी मना करते थे। उनका विचार था कि दूसरी ओर इससे ध्यान बंटेगा। वे कहते थे–"मैं चाहता हूं तुम्हें कुछ महसूस हो और तुम्हारे घुंघरू, तुम और तुम्हारी लय एकाकार हो जायें। दूसरी चीजों से तुम्हें कोई मतलब न रहे।

अभ्यास तो महाराज जी बहुत गंभीरता से कराते थे किन्तु मध्यान्तर में अर्थात दोपहर के खाने के समय में शिष्यों को थोड़ी देर के लिए छूट देते थे ताकि वे अपना मन बहलायें। दोपहर के भोजन के बाद वे केन्द्र के अभ्यास कक्ष से बाहर बराण्डे में निकल जाते और लड़कियां बाजू के कमरे में भोजन करके गपशप मारने में लग जाती थीं। कभी कभी फिल्मी गीत भी गातीं। अर्थ यह कि उस आधा पौन घंटे के लिए ही उन लोगों का ध्यान नृत्य से हट जाता था। महाराज जी यह जानते हुए भी वहां से चले जाते थे, ताकि वे लोग स्वेच्छा के साथ अपना समय मनोरंजन में बितायें और तरोताजा दिमाग से फिर अभ्यास करने के लिए आयें। लड़कियां यह समझतीं थीं कि महाराज जी उन्हें नहीं देख रहे हैं, मगर यह अनुमान गलत था। महाराज जी सब जानते हुए भी अनजान बनते थे। वे मनोवैज्ञानिक दृष्टिकोण से इन सब घटनाओं को लेते थे। शेक्सपियर के दुखांत नाटकों में 'कामिक रिलीफ' की तरह महाराज जी भी कठोर अभ्यास के दौरान कुछ मनोरंजन भी आवश्यक समझते थे।

महाराज जी चाहते थे कि उनके शिष्य नृत्य के साथ कुछ और अध्ययन न करें। आश्चर्य की बात तो ये थी कि उनके सभी शिष्य उनके जीवनपर्यन्त ऐसा ही चले। वे अकसर मनोविज्ञान की बातें करते थे। वे अपने शिष्यों की मानसिकता का मनौवैज्ञानिक अध्ययन किये थे।

ये उनका महत्वपूर्ण निष्कर्ष था कि मनुष्य के दिमाग में एक समय में एक ही कार्य को पूर्ण रूप से करने की क्षमता होती है, चाहे वह कला हो या विज्ञान। एक ही समय में अनेक ओर ध्यान देने से इंसान किसी में दक्षता हासिल नहीं कर सकता। गुरु शिष्य परम्परा की यह भी एक विशेषता है। यही कारण है कि आज नृत्य की शिक्षा का स्तर पतन की ओर अग्रसर है, क्योंकि आज नृत्य के विद्यार्थी को कई विषयों का अध्ययन करना पड़ता है। यही समय की आवश्यकता भी है। यदि किसी को कलाकार बनना है तो जहां तक हो सके अन्य विषयों से मुँह मोड़ना ही पड़ेगा। महाराज जी की यह धारणा अक्षरसः सत्य प्रतीत होती है।

किसी बोल की रचना करते समय वे ऊंगलियों के ऊपर ताल की गिनती नहीं करते थे। जब संगतकार बजाते रहते तो उस ताल के ठेके में बोलकर सम पर आ जाते थे। उनका सम कभी चूकता नहीं था। जिस काम को लोग कई बार ऊंगलियों पर गिनकर भी नहीं कर सकते उसे महाराज जी केवल सोच के द्वारा ही बना लेते थे। उनका लय और ठेका मन में ही चलते रहता था। लय कितना भी विलम्बित हो उसमें ताल देकर ही पढ़ना बताते थे ऊंगलियों से गिनकर नहीं। जो कि बहुत कठिन काम होता है।

पढन्त करते समय ज्यादा मुंह बनाना, सिर हिलाना, कंधे हिलाना, आंखे मटकाना और जरूरत से ज्यादा प्रदर्शन करने के वे बिल्कुल विरोधी थे। टुकड़े पढ़ते समय प्रसन्न चित्त होकर बोलों का उच्चरण सही ढंग से करते हुए एक संतुलित आवाज में पढ़ना उन्हें पसंद था, उन्हें पढ़न्त में कृत्रिमता बिल्कुल पसंद नहीं था।

महाराज जी अपने शिष्यों को एकदम स्वाभाविक रूप से शिक्षा देते थे। क्या सिखाना है या कैसे सिखाना है ये पहले से कभी तय नहीं करते थे। गतभाव में भी कथानक के अनुसार मौके पर ही कल्पना करते हुए तुरंत सिखाते थे, जैसे–कालियादमन गतभाव में गेंद खेलना है

तो उसे कहां से लाना है, किसको देना है, किससे लेना है, सिखाते समय ही कोरियोग्राफी करते थे। गतभावों में विविध पात्रों के प्रवेश एवं निष्क्राम और रंगमंच के ऊपर उनकी स्थिति एवं चलन आदि सारी बातों का ध्यान रखते हुए कोरियोग्राफी करते थे। गेंद को हवा में उछालने एवं पकड़ने के अभिनय की शिक्षा देने के लिए कागज का एक गोला बनाकर ऊपर फेंक देते और शिष्यों से पकड़ने के लिए कहते थे, फिर उसी क्रिया को बिना कागज के गोले के केवल अभिनय द्वारा प्रस्तुत करने को कहते थे। इस प्रकार हर अभिनय पूर्णतः स्वाभाविक लगने लगता।

गतभावों में मुद्राओं का प्रयोग वे पूर्वोक्त स्वभाविक विधि के विपरीत करते थे। अर्थात वे सांकेतिक भाषा का भी प्रयोग करते थे। इस संदर्भ में श्रीमती रोहिणी भाटे जी का यह अनुभव ध्यान देने योग्य है–'कालिया दमन का भाव बताते समय महाराज जी गेंद को मुष्ठि मुद्रा में पकड़ते थे। हर बार मेरे मन में यह विचार आता था कि उनसे पूछूं कि महाराज जी आप गेंद ऐसा क्यों पकड़ते हैं, गेंद ऐसा कहां पकड़ा जाएगा? लेकिन मैने उनसे कभी बोला नहीं क्योंकि मैं अधिक्षेप करना नहीं चाहती थी। लेकिन जब वे गेंद खेलने का भाव बताने लगते थे तो वही एकदम सजीव लगने लगता था। तब मेरी समझ में आया कि ऐसा जरूरी नहीं कि हूबहू करो, प्रतीकात्मक प्रयोग से भी सही अभिनय द्वारा प्रभाव डाला जा सकता है।

शागिर्द डा0 आशिर्वादम का कथन है कि महाराज जी जब किसी के द्वारा बिन्दादीन महाराज की किसी ठुमरी या भजन पर अभिनय देखते और उसमें अभिनय की कमी रहती तो बहुत नाराज हो जाते थे। तुरंत घर जाकर उसी ठुमरी या भजन पर कपिला शर्मा को घरानेदार पद्धति से अभिनय सिखाते थे। इतना ही नहीं बल्कि कोई प्रतिष्ठित व्यक्ति घर आते तो उनसे कहते, 'देखिये मैं एक नयी रचना किया हूं'। फिर कपिला जी से उसे प्रस्तुत करने को कहते। आशिर्वादम जी को गाना नहीं आता था और दूसरों के सामने गाने में संकोच करते

थे। महाराज जी मेहमानों के सामने ही गुस्सा करके उन्हें गाने पर मजबूर करते। उनके गले से कभी कभी आवाज भी नहीं निकलती थी फिर भी गाते। ठेका डग्गे पर महाराज जी स्वयं लगाते। निष्कर्ष यह है कि महाराज जी ऐसे समय पर गाने की आवाज की बिल्कुल परवाह नहीं करते थे। वे केवल नृत्य रचना दिखाने पर ही ध्यान देते थे। उनके मेहमान भी केवल दृश्य को ही देखते थे। इस प्रकार उन्होंने 'निरतत ढंग' और 'झूलत राधे नवल किशोर' के लिए गाया।

महाराज जी के सभी शिष्यों का कहना है कि वे कभी शिष्यों से या उनके माता पिता से फीस की बात करते ही नहीं थे और न कभी किसी से पैसा लेकर सिखाये। यदि कोई शिष्य कोई चीज, कपड़ा या खाने पीने की वस्तुएं स्वेच्छा से भेंट करते तो स्वीकार करते और बहुत प्रसन्न भी होते थे। वे शिष्यों के मन को देखते थे न कि उनकी दी हुई चीजों को। वे स्वयं शिष्यों के ऊपर बहुत खर्च करते थे और जैसा कि पहले ही कहा जा चुका है, शिष्यों के जन्म दिवस पर कुछ न कुछ उपहार भी देते थे। हां एक बात जरूर उनमें थी कि परम्परा के अनुसार जब किसी को गंडा बांधते तो एक हजार एक सौ एक रूपये दक्षिणा लेते थे। इसके पीछे उनका यह सोचना था कि जो शिष्य एक हजार एक सौ एक रूपये देने के लिए तैयार हो जाता है, वह निश्चित ही सीखने की इच्छा रखता है क्योंकि उन दिनों इतनी बड़ी रकम देना कोई मामूली बात नहीं थी।

महाराज अकसर अपने शिष्यों से कहते कि अपनी कला का स्तर कभी गिरने नहीं देना, बिना इज्जत के नाम नहीं कमाना तथा अपनी कला को स्तम्भ की तरह कायम रखना।

षष्टम अध्याय

उपसंहार

भारतीय संस्कृति में कत्थक परम्परा का एक महात्वपूर्ण स्थान है, इसे समृद्ध बनाने में स्व. गुरु लच्छू महाराज का योगदान चिरस्मरणीय रहेगा। महाराज जी का सम्पूर्ण जीवन आत्म बलिदान, त्याग और निष्ठा की कहानी है। इनका जन्म 01 सितम्बर 1901 को लखनऊ में हुआ। इनके पूर्वज कहाँ के थे, इस सम्बंध में कोई लिखित प्रमाण उपलब्ध नहीं है। प्रचलित धारणा यह है कि वे इलाहाबाद क्षेत्र में स्थित हंडिया तहसील के चुलबुला गांव के निवासी थें। बिन्दादीन महाराज के दादा, अर्थात गुरु लच्छू महाराज के परदादा, प्रकाश जी लखनऊ के नवाब आसिफुददौला के शासनकाल मे।लखनऊ आए और उनके दरबारी नर्तक बन गये। प्रकाश जी के पुत्र ठाकुर प्रसाद जी 19वीं शताब्दी में नवाब वाजिद अली शाह के शासन काल में प्रसि्द्ध दरबारी नर्तक थे, और नवाब के गुरु भी थे। उनके और नवाब वजिद अली शाह के प्रयत्नों से कत्थक नृत्य का लखनऊ घराना अस्तित्व में आया। हिन्दू और मुस्लिम संस्कृतियों का समायोजन भी इसी काल में हुआ। ठाकुर प्रसाद जी के छोटे भाई दुर्गा प्रसाद जी के पुत्र बिन्दादीन महाराज एवं कालिका प्रसाद महाराज थे। इनकी शिक्षा दीक्षा ठाकुर प्रसाद जी से हुई। नवाब वाजिद अली शाह के दरबार में बिन्दादीन महाराज और कालिका

प्रसाद जी भी युवावस्था में ही काफी प्रसिद्धि को प्राप्त हुए। बिन्दादीन महाराज और नवाब वाजिद अली शाह दोनों उच्च कोटि के कवि थे, अतः वाजिद अली शाह के शासनकाल में लखनऊ में कत्थक नृत्य का सर्वांगीण विकास हुआ। सन् 1856 में वाजिद अली शाह का शासन समाप्त होने के बाद बिंदादीन महाराज और उनके भाई भारत के कई दरबारों में रहे, जिनमें भोपाल और नेपाल दरबारों के सम्बंध में कुछ प्रमाण भी उपलब्ध है। इसके अतिरिक्त देश के कोने कोने में इन दोनों भाईयों के कार्यक्रम हुए। जव महारानी विक्टोरिया भारत आई, राजा महाराजाओं द्वारा कलकत्ता में उनका भव्य स्वागत किया गया। इस अवसर पर महाराज बिंदादीन जी का नृत्य कार्यक्रम का आयोजन किया गया था, देखकर महारानी ने उनको "महाराज" की उपाधि से विभूषित किया। बिन्दादीन महाराज एवं कालिका प्रसाद महाराज दोनों भाईयों ने मिलकर कत्थक नृत्य की प्रगति एवं प्रचार में अपूर्व योगदान दिये। इन्हें "राम लक्ष्मण"की जोड़ी कहा जाता था। बिन्दादीन महाराज ने सैकड़ों ठुमरी, भजन एवं अष्टपदी आदि की रचना किये एवं अनकों शिष्य भी तैयार किये। इन्होंने संगीत जगत में अपना अमिट स्थान बनाया। बिन्दादीन महाराज के सन्तान नहीं होने के कारण उन्होंने अपने छोटे भाई कालिका प्रसाद जी के तीनों पुत्रों, जगन्नाथ प्रसाद (अच्छन महाराज), बैजनाथ प्रसाद (लच्छू महराज), एवं शम्भू नाथ प्रसाद (शम्भू महाराज), को गंडाबांधकर अपने घराने के नृत्य की शिक्षा दी। बिन्दादीन महाराज की मृत्यु के समय शम्भू महाराज की उम्र बहुत कम होने के कारण उनको आगे की शिक्षा अपने बड़े भाई अच्छन महाराज जी से प्राप्त हुई। ये तीनों भाई अपने अपने समय के महान् नर्तक हुए और रामपुर,रायगढ़, हैदराबाद, पटियाला, बिकानेर, जयपुर, ग्वालियर तथ बड़ौदा आदि दरबारी नर्तकों के रूप में बहुत ख्याति प्राप्त किये। इन तीनों भाईयों ने सैकड़ों योग्य शिष्य तैयार किये और कत्थक परम्परा को जीवित रखने में अपूर्व योगदान दिये। अच्छन महाराज जी के एक मात्र पुत्र पं. बिरजू महाराज उन्हीं की तरह कत्थक जगत में अपूर्व योगदान देकर कत्थक का पर्याय बन चुके हैं।

बाल्यकाल में लच्छू महाराज जी बहुत शरारती थे। इसलिए उन्हें "लुच्चा"कहा गया और कालान्तर में वे लच्छू महाराज के नाम से प्रसिद्ध हुए। इनकी नृत्य शिक्षा पाँच वर्ष की आयु से ही बिन्दादीन महाराज एवं कुछ हद तक अपने बड़े भाई अच्छन महाराज जी से हुई। बारह वर्ष की उम्र से ही इन्होंने नृत्य का कार्यक्रम देना प्रारम्भ किया। युवावस्था में ये अपने बड़े भाई के साथ रामपुर दरबार गये, जहां वे नवाब हामिद अली के पुत्र नवाब रजा अली के ए.डी.सी.बन गये। लच्छू महाराज नृत्य को अपना व्यवसाय बनाना नहीं चाहते थे। नवाब साहब की इच्छा पर उनकी निजी महफिलों में ही नृत्य करते थे। नवाब साहब लच्छू महाराज जी के नृत्य शैली (लास्य) के बहुत प्रशंसक थे।

रायगढ़के राजा चक्रधर सिंह के शासन काल में तीन चार वर्ष लच्छू महाराज जी उनके दरबार में रहे। किन्तु नर्तक के रूप में कम दरबारी के रूप में अधिक। वे केवल बर्मन लाल को अपने घर पर ही अभिनय की शिक्षा देते थे। दरबार में जब विशेष अवसरों पर गुरुओं का नृत्य होता था, उसमें ही महाराज जी भाग लेते थे। राजा चक्रधर सिंह स्वयं उर्दु के अच्छे शायर थे। लच्छू महाराज जी भी शायर होने के कारण दोनों में मित्रता थी। रायगढ़ में होने वाले मुशायरों में. वे नियमित रूप से भाग लेते थे।

रायगढ़ से महाराज जी हैदराबाद गये। हैदराबाद के नवाब उस्मान अली के लड़के मौज़म जाह (वलीहद बहादुर) महाराज जी के दोस्त थे। उन्हीं के बुलानेपर वे हैदराबाद दरबार में कुछ दिनों तक रहे। उसके बाद वे बम्बई चले गये। महाराज जी अपने जीवन का लगभग आधा हिस्सा मुम्बाई महानगरी में बिताये। वे वहां लगभग सन् 1937 में गये और सन् 1972 में वापस लखनऊ लौट आये। बम्बई में वे पूर्ण रूप से नृत्य कला की सेवा मे।व्यस्त रहे। एक और उन्होंने कई योग्य शिष्यों को कत्थक नृत्य की शिक्षा दी और उन्हें राष्ट्रीय स्तर के कलाकार बनाये, जैसे-सितारा देवी, दमयन्ती जोशी,पदमा शर्मा, श्वेनी पंड्या और कपिला शर्मा; दूसरी ओर कई नृत्य नाटिकाओं की रचना कर कत्थक

परम्परा को एक नई दिशा प्रदान किये, जैसे –"नृत्य परिवर्तन","मौसमें बहार", "बापू की अमर कहानी",आम्रपाली",गोकुल की गली सांकरी","राधा प्रिय प्यारी"आदि। तीसरी ओर लगभग डेढ़ सौ फिल्मों में नृत्य निर्देशन कर फिल्म जगत में शास्त्रीय नृत्य को श्रेष्ठ स्थान दिलाये, जिनमे "एक ही रास्ता", "मुगल ए आजम", "काला पानी","जीवन मृत्यु","पाकीज़ा", "गाइड",एवं "मुझे जीने दो"आदि प्रमुख हैं। उपर्युक्त सभी दिशाओं में महाराज जी के किये हुए कार्य के अध्ययन से ऐसा लगता है कि मुम्बई की सांस्कृतिक क्रिया कलापों में कत्थक को महत्वपूर्ण स्थान दिलाने में वे सफल रहे। मुम्बई प्रवास के समय ही सन् 1954 में दिल्ली संगीत नाटक अकादमी, दिल्ली द्वारा "मालती माधव"नृत्य नाटिका के निर्देशन के लिए महाराज जी को दिल्ली बुलाया गया। यह नृत्यनाटिका बहुत सफल रहा। इसे जिन्होंने देखा है, उनका कहना है कि एक सामाजिक उपन्यास को जिसमें नृत्य की कोई संभावना नहीं थी, महाराज जी ने एक उत्कृष्ट एवं कलात्मक नृत्यनाटिका में रूपान्तरित किया। मुम्बई में उनका सारा समय नृत्य से सम्बंधित किसी न किसी रचनात्मक कार्य मे।ही बीतता था। दिन रात मेहनत करने के कारण उनको "प्लूरसी"हो गई थी। स्वस्थ होते ही वे अपने कार्यक्षेत्र में पहले जैसें ही डटे रहे। नृत्य कला उनके रोम रोम मे बसी हुई थी जिसके बिना वे जीवित नहीं रह सकते थे। जैसे जैसे उम्र बीतते गई., अपनी जन्मभूमि लखनऊ की याद उनमें ताजा होने लगी। लखनऊ जिसने नवाब बाजिद अली शाह एवं बिन्दादीन महाराज जैसे महान युग-प्रवर्तक तथा अच्छन महाराज, लच्छू महाराज, शम्भू महाराज और बिरजू महाराज जैसे उत्कृष्ट कलाकारों को जन्म दिया। जिसकी हर शाम घुँघरूओं की झनकार से गूंजता था जिसके नाम से कत्थक का लखनऊ घराना भी स्थापित हो गया था। वही लखनऊ उन दिनों में कत्थक के नाम से उदासीन होने लगा था। यह बात लच्छू महाराज के साथ साथ लखनऊ के गणमान्य एवं प्रतिष्ठित व्यक्तियों को भी खटकने लगा था। सन् 1972 में महाराज जी के अथक प्रयासों, लखनऊ के गणमान्य व्यक्तियों एवं उत्तर प्रदेश सरकार के सहयोग से संगीत नाटक

अकादमी द्वारा लखनऊ में कत्थक केन्द्र की स्थापना हुई। महाराज जी उसके निर्देशक बने। फिर शुरू हुआ कई प्रतिभावन शिष्यों का आगमन और गुरु शिष्य परम्परा में नृत्य की शिक्षा दीक्षा का प्रारम्भ। कपिला शर्मा, कुमकुम, श्रीवास्तव, कुमकुमधर, मालविका सरकार,शशि भारद्वाज,ओम प्रकाश मिश्रा, मंगला नाटू एवं महाराज जी के अंतिम गंडाबंध शिष्य डा.पी.डी.आशिवार्दम जैसे योग्य शिष्य महाराज जी की छत्रछाया में कत्थक नृत्य की घ्रानेदार शिक्षा ग्रहण किये। बर्तमान में ये सभी राष्ट्रीय एवंअन्तर्राष्ट्रीय स्तर पर किसी न किसी रूप में कत्थक के पुनरूद्वार एवं प्रचार मे पूर्ण रूपेण संलग्न है।

जैसा कि पहले ही लिखा जा चुका है महाराज जी की रचनाओं में नृत्य नाटिकाओं का एक महत्वपूर्ण स्थान रहा है। ये कहना अतिशयोक्ति नहीं होगी कि पूर्ण रूपेण कत्थक शैली में नृत्यनाटिकाओं का शुभारंभ लच्छू महाराज जी द्वारा ही हुआ। लखनऊ में भी महाराज जी ने कुछ उत्कृष्ट नृत्यनाटिकाओं की रचना की,जैसे "चंद्रावली" एवं "गौतम बुद्ध"। लखनऊ में रहते हुए महाराज जी दिल्ली में आयोजित प्राय: सभी कत्थक परिसंवादों में अपने शिष्यों के साथ सक्रिय रूप से भाग लेकर कत्थक नृत्य के पुनरूद्धार में अपना सराहनीय योगदान दिये। इस बात को लिखते हुए हर्ष की अनुभूति होती है कि 73से 78 वर्ष की उम्र मे अर्थात केवल पाँच वर्ष के अन्दर महाराज जी कई अन्तर्राष्ट्रीयस्तर के कलाकार पैदा किये। देश के कोने कोने में नृत्य के कार्यक्रम प्रस्तुत किये। कई नवीन प्रयोग भी किये और भारतीय संस्कृति मे कत्थक नृत्य की लुप्त होती हुई प्रतिष्ठा को पुनर्स्थापित किये। कत्थक जगत में महाराज जी के योगदान को देखते हुए शासन एवं समाज द्वारा समय समय पर उन्हें कई सम्मान भी दिये गये, जैसे.; संगीत नाटक अकादमी पुरस्कार, राष्ट्रपति पुरष्कार,सारंग देव फेलोशिप,नृत्य अवतार, खुदा ए रक्स़ एवं अंत में "डाक्टरेट" की मानद उपाधि। "पद्मश्री" की उपाधि को महाराज जी ने ठुकरा दिया था। फिल्मों में नृत्य निर्देशन के लिए भी उनको कई अवार्ड मिले। सन् 1978 के दिल्ली परिसंवाद में

अपना नृत्य प्रस्तुत करने के बाद उनको दिल का पहला दौरा पडा। 19जुलाई सन् 1978 को गुरु पूर्णिमा के दिन दिलके दूसरे दौरे से उनकी मृत्यु हो गई और कत्थक जगत का यह सितारा हमेशा हमेशा के लिए अस्त हो गया।

78 वर्ष के अपने लम्बे जीवन काल में महाराज जी ने भारत का कोना कोना भ्रमण किया; समाज के हर वर्ग के सम्पर्क में आये और कला के कई क्षेत्रों में कार्य किये। उनके बहुमुखी अनुभवों एवं चिन्तनशील प्रकृति के कारण ही कई नवीन विचार धाराओं का उद्‌भव हुआ, जिन्हें वे कत्थक नृत्य के संदर्भ में प्रयोग कर इस कला को एक नया जीवन देने का प्रयास किये।

कत्थक को अधिक अर्थमय बनाने के उद्‌देश्य से नृत्त में अभिनय का समावेश कर एक नई विधा का शुभारंभ किया। जिसे उन्होंने "भाव परन" की संज्ञा दी। परम्परागत गत निकासों को नवीन सौंदर्य प्रदान करते हुए कई नए गतनिकासों का निर्माण किये और कत्थक नृत्य की प्रस्तुति में गत निकास का एक विशेष स्थान निर्दिष्ट किये। कई खूबसूरत छंदों या कविताओं की रचना कर कत्थक नृत्य के अभिनय पक्ष को समृद्ध किये और उन्हें प्रस्तुत करने के लिए घरानेदार एवं परम्परागत मुद्राओं को प्रचार किये। सुंदर कविता की रचना तो बहुत लोग करते है और कत्थक के कई गुरुओं के पास ऐसी रचनाएं हैं, कि "नृत्योपयोगी कविता" जिसमें कवि पहले नृत्य की कल्पना करने के उपरान्त उसके अनुरूप कविता की रचना करता है, बहुत कम प्रचलित है। इसमें भाषा का अधिक महत्व नहीं रहता बल्कि कथानक और तत्सम्बंधी दृश्य का महत्व लेता है। उससे दर्शकों नृत्य के माध्यम से पडने वाले प्रभाव को ध्यान मे रखते हुए महाराज जी ने अपने कवित्तो की रचना की। ऐसे छदों को पढ़ने से ही नृत्य मुद्रायें या अभिनय अपने आप समझ में आने लगती हैं, बशर्ते नर्तक की सही शिक्षा हुई हो। रीतिकालीन कवियों एवं अन्य कवियों के दोहों को नृत्योपयागी बनाकर

उन पर अभिनय प्रस्तुत करने की विधि प्रशस्त किये। हिन्दी साहित्य के कवियों की सुंदर रचनाओं उनमें किंचित परिवर्तन करने नृत्योपयोगी बनाये। इस कार्य में महाराज जी बहुत सफल रहे और भावी कलाकारों को एक नये क्षितिज का संकेत दिये। इससे प्रेरणा लेकर कत्थक के कलाकार और चिन्तकों हिन्दी साहित्य की कविताओं से कत्थक नृत्य के अभिनय पक्ष को समृद्ध कर सकते हैं। आजकल कई नर्तक निराला, बिहारी और जायसी आदि कवियों की रचनाओं को संगीत बद्ध करके प्रस्तुत तो कर रहे है, किन्तु वे केवल अंग विन्यास बनकर ही रह जाते है। कत्थक परम्परा में बिन्दादीन महाराज, तुलसी, सूर एवं मीरा आदि की रचनाओं की तरह अपना स्थायी स्थान बना नहीं पाते है। बिन्दादीन महाराज उच्च कोटि के कवि होने के साथ साथ एक कुशल नर्तक भी थे। अतः उनके बाद कत्थक जगत में इस प्रकार की कविता लिखने वाले पैदा नहीं हुए। बिन्दादीन महारज जी के बाद इसी घराने में गुरु लच्छू महाराज जी कवि होने के कारण कुछ अच्छे छंद एवं गीतों की रचना कर इस दिशा में नया मार्ग प्रशस्त किये। किन्तु ये रचनाएं उनके शिष्य शिष्याओं तक ही सीमित हो गई आज आवश्यकता इस बात की है कि कत्थक के सभी नर्तक महाराज जी की इन रचनाओं को अपने कार्यक्रमों में समावेश करें, और उनके बताए हुए सिद्धांतो के आधार पर नवीन रचना भी करें। इसी उद्देश्य से इस शोध प्रबंध में महाराज जी की प्रायः सभी रचनाओं का संकलन और उनमें निहित विशेषताओं का भी विश्लेषण किया गया है। वर्तमान में पं. बिरजू महाराज पं. बिंदादीन महाराज और लच्छू महाराज के मार्ग पर अनेक उत्कृष्ट रचनाओं का निर्माण कर उसमें अपने शिष्यों को भाव प्रदर्शन की शिक्षा दे रहे हैं।

महाराज जी ने छोटे छोटे खूबसूरत टुकड़ों का निर्माण कर कत्थक नृत्य में एक अतिरिक्त आकर्षण लाने का सफल प्रयास किया। उन्होंने विविध लयकारियों एवं जाति, यति के प्रकारों का प्रयोग कर, एक ही टुकड़े के कई प्रकार बनाकर विविध ढंग से प्रस्तुत करने का मार्ग प्रशस्त किया। अलग अलग बंदिशें प्रस्तुत करने से दर्शकों को जो आनन्द आता है उससे भी अधिक एक ही बंदिश को कई प्रकार से

अलग अलग लयों में विभिन्न विशेषताओं के साथ प्रस्तुत करने से उससे अधिक आनंद की प्राप्ति संभव है।

'दक्षयज्ञ' जैसे बड़े एवं प्रभावशाली कथानकों को छंद या कवित्त के रूप मे प्रस्तुत करने का विशेष प्रयास किये, जो अत्यंत सफल हुआ। इस प्रकार के बंदिशों को कत्थक नृत्य का महाकाव्य कहा जा सकता है।

गुरु शिष्य परम्परा जो लुप्त होती जा रही है, उसको महाराज जी ने अपने जीवन काल के अंतिम क्षणों तक कायम रखा। उनके जीवन के अध्ययन से यह स्पष्ट होता है कि एक गुरु का व्यक्तित्व कैसा रहना चाहिए; शिष्यों में गुरु के प्रति भक्ति कैसी होनी चाहिए; गुरु और शिष्य के सम्बंध कैसे होने चाहिए; नृत्य का अभ्यास कैसे करना चाहिए तथा इस कला की पवित्रता एवं गरिमा को किस प्रकार बनाये रखना चाहिए। तात्पर्य यह हुआ कि महाराज जी का सारा जीवन ही कत्थक नृत्य को एक महान योगदान है।

नई रचनाओं से कत्थक नृत्य को सजाने एवं संवारने के अतिरिक्त उन्होंने कत्थक नृत्य के सम्पूर्ण प्रस्तुतीकरण को भी व्यवस्थित रूप प्रदान किया। स्वर एवं भाव प्रधान बनाया, जो कि पहले ताल प्रधान था।

मुगलों के भारत में आने के पूर्व कत्थक नृत्य की रूपरेखा कुछ और थी, जो मध्यकाल में मुस्लिम संस्कृति से मिल गई। इसे उन्होंने 'हिन्दू पीरिएड' और 'मुस्लिम पीरिएड' के नाम से पृथक पृथक रूप से प्रस्तुत करने का प्रयास किया। वे दोनों शैलियों को समान महत्व देते थे और दोनों की विशेषताओं का पृथक रूप से प्रदर्शित करते थे।

महाराज जी कत्थक के कर्मयोगी थे। अपने सिद्धांतों एवं विचारों के आधार पर वे राष्ट्रीय स्तर के कई कलाकार एवं गुरु तैयार किये। जो उनकी विशेष शैली का सतत प्रचार प्रसार कर रहे हैं इस दिशा में,

अधिक प्रयासों से, लखनऊ में कत्थक केन्द्र स्थापना करना भी एक प्रकार से उनका अमूल्य योगदान ही है।

लच्छू महाराज जी की अवधारणाओं का मूल्य समझ में आता है जब इन दिनों के प्रदर्शनों से हम कलाकार के अभ्यास एवं तैयारी प्रशंसा तो कर सकते हैं, किन्तु कत्थक के समग्र सौंदर्य पर प्रश्न चिन्ह लग जाता है। कभी कलाकार दर्शकों की तालियां लूटने के लिए नृत्य के अभ्यास साध्य अंगों के घेरे से ही नहीं निकल पाता; कभी सारा प्रदर्शन तबले का अनुगामी होकर रह जाता है, कभी नये प्रयोगों के नाम पर कुछ अटपटी बंदिशों को भी प्रस्तुत कर दिया जाता है। लगता है कि कलाकार दर्शकों को अपनी कला के साथ नहीं ले जा रहा है, बल्कि उसकी चमत्कार-प्रियता और उत्तेजना को जागृत कर उसकी चापलूसी कर रहा है–महाराज जी के शब्दों में "उसे बेवकूफ बना रहा है"।

आज का कत्थक नृत्य तबले की संगत करता हुआ प्रतीत होता है। पसीने से लथपथ हांफता हुआ कलाकार टूटती सांसों और असंयमित मुख मुद्राओं को लिये जैसे दर्शक से यह याचना कर रहा हो कि 'भाई मेरा पसीना तौल कर देखो'। स्पष्टतः यह व्यवसायिक युग का प्रभाव है जो अन्य कलाओं की तरह कत्थक को भी प्रभावित कर रहा है। उक्त चमत्कार प्रियता और अर्थ हीन श्रम में कला के मूल तत्वों के लुप्त हो जाने को क्या दुर्घटना से अधिक कुछ कहा जा सकता है? महाराज जी की नृत्य शैली से इस दोष का निवारण हो सकता है।

एक प्रचलित धारणा यह है कि कत्थक में भारत की अन्य शास्त्रीय नृत्य शैलियों की तुलना में मुद्राओं का प्रयोग कम होता है। किन्तु लच्छू महाराज ने यह निरूपित किया कि कोई ऐसा अर्थ, गति, संवेदना या भाव नहीं है, जिसकी अभिव्यक्ति कत्थक में मुद्राओं द्वारा नहीं की जा सकती हो। जैसा कि पहले ही कहा जा चुका है, कि महाराज जी ने अर्थहीन अर्थात शुद्ध नृत्त को भी कथानक के प्रदर्शन का माध्यम बनाया। इस अवधारणा को मूर्त रूप देने के लिए उन्होंने ताण्डव और लास्य विधाओं को ध्यान में रखते हुए, कथानक के मूल रूप के

अनुसार तोड़े और परनों का चयन किया। उदाहरण के लिए–लास्य के प्रस्तुतीकरण के लिए उन्होंने लखनऊ घराने की परम्परागत आमद 'ध त क थुं गा' को लिया और उसमें मुद्राओं के प्रदर्शन के उपयुक्त अंग तथा पद संचालन को प्रयोग किया। तांडव में उन्होंने एक परन 'धान धिकिट घेघे त्तान' का प्रयोग कर गंगावतरण का भाव प्रस्तुत किया।

कत्थक के समग्र सौंदर्य के सम्बंध में महाराज जी की अवधारणा पर प्रकाश डालने के लिए एक रोचक घटना का वर्णन करना उचित होगा।

एक बार मुम्बई में महाराज जी की पत्नि श्रीमती रमा देवी मिश्र ने महाराज जी से प्रश्न किया कि कत्थक नृत्य में जोर जोर से पैर पटकने का कहां तक औचित्य है? इस अवसर पर उनके शिष्यों में कपिला शर्मा, मालविका सरकार और डा0 आशिर्वादम वहां उपस्थित थे। महाराज जी कुछ देर तक सोचते हुए बैठे रहे, फिर आशिर्वादम जी से कहा–'अंदर से चादर ले आओ'। सब लोग आश्चर्य चकित होकर देखते रहे। सीमेंट के चिकने पर्श पर चादर बिछने के बाद महाराज जी खामोशी से उठे, चादर पर खड़े हुए, और एक आमद 'ध त क धुं गा' और 'किड़तक थुं थुं' आदि कुछ परन एवं कुछ गत–निकास का प्रदर्शन किया। और चुपचाप अपने स्थान पर बैठ गये। इस दौरान वहां उपस्थित लोगों की दृष्टि पहले उनकी मुखमुद्राओं एवं हस्त संचालन आदि पर ही टिकी थी। बाद में जब सबकी दृष्टि चादर पर गई तो उन्होंने देखा कि चादर पर एक सिलवट भी नहीं पड़ी थी। चादर यूं बिछी थी जैसे अभी अभी बिछाई गई हो। उक्त प्रश्न का उत्तर महाराज जी ने अपने प्रदर्शन द्वारा दिया, और यह निरूपित किया कि कत्थक प्रस्तुत करते समय अंगों का सम्यक संतुलन आवश्यक है। मध्य लय में प्रस्तुत किये जाने वाले तोड़ों की सफाई; गत निकासों में सही मुद्रा एवं चाल; कलास का सही प्रदर्शन और शरीर सौष्ठव को कायम रखते हुए परम्परागत विधियों का पालन करना उनकी नृत्य शैली की विशिष्टता थी। बिना आवेश में आये बोलों की बारिकियों को संयमित पद आघातों के माध्यम से जीवित

अनुवाद में परिणत कर देने पर वे हमेशा जोर देते रहे। इन बातों को शब्दों में व्यक्त करने के बजाय उन्होंने अपने प्रदर्शन से स्पष्ट किया।

नृत्त पक्ष में उनका मुख्य योगदान यह था कि उन्होंने अपने सौंदर्य बोध का अभिनव प्रयोग स्वतंत्र एवं मनोहर कत्थक भंगिमाओं की सृजनपूर्ण कल्पना में किया। शरीर के मात्र उर्ध्व भाग के माध्यम से कत्थक में गति प्रचार के नित नये नियमों की खोज में वे अद्वितीय थे।

आज कत्थक में बिरजू महाराज जी की शैली बहुत प्रचलित है जिसमें अंगों के सुंदर संचालन द्वारा विशेष आकृतियां बनती हैं। इसके साथ लच्छू महाराज जी के अभिनय का समावेश कर कत्थक नृत्य को संवारा एवं सजाया जाये तो यह एक उत्कृष्ट कला के रूप में अवश्य विकसित होगा।

अंत में यह कहना अतिशयोक्ति नहीं होगी कि गुरु लच्छू महाराज जी का सारा जीवन अपने आप में कत्थक नृत्य को एक अमूल्य योगदान है, कत्थक का एक ऐसा विश्व कोष है जिसमें हर शंका का समाधान कहीं न कहीं उपलब्ध है।

❑❑❑

चित्र-1 : लच्छू महाराज युवावस्था में

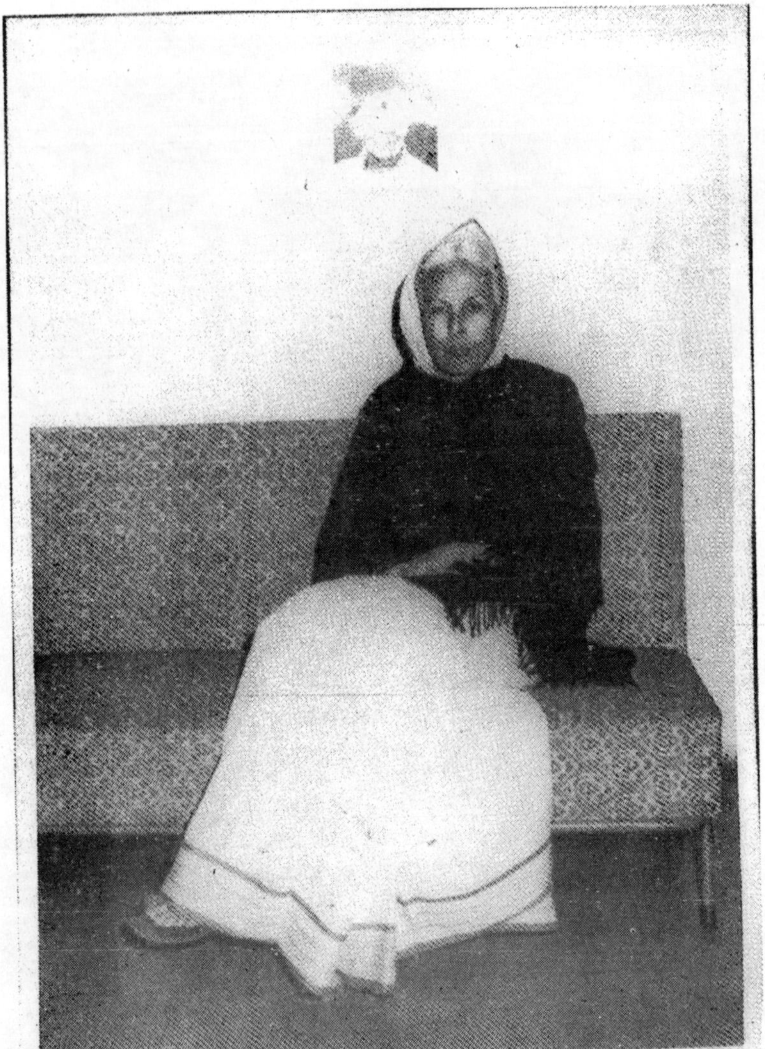

चित्र-2 : लच्छू महाराज की पत्नि श्रीमती रमा देवी मिश्र

चित्र-3 : मेनका पार्टी विदेश जाते समय

चित्र-4 : 'मौसमें बहार' नृत्यनाटिका की प्रदर्शन में दर्शक दीर्घा में रूखमणी देवी अरूण्डेल के साथ महाराज जी

चित्र-5 : आम्रपाली नृत्यनाटिका में 'श्रीमती पद्मा शर्मा'

चित्र-6 : नृत्यनाटिका 'राधा प्रिच प्यारी' में नव ज्ञात यौवना के दृश्य में पद्मा शर्मा एवं जय श्री वैद्य क्रमशः नायिका एवं कृष्ण की भूमिका में

चित्र-7 : नृत्यनाटिका 'राधा प्रिय प्यारी' में उत्कंठिता मध्या नायिका के दृश्य में प्रेमा एवं पद्मा शर्मा क्रमशः मुख्य सखी एवं राधा की भूमिका में

चित्र-9 : हरिदास सम्मेलन में बिरजू महाराज के नृत्य के उपरांत लच्छू महाराज, बृज नारायण, सुंदर प्रसाद जी, रमा देवी मिश्र, निशि एवं सितारा देवी आदि के मध्य बिरजू महाराज

चित्र-10 : महाराज जी द्वारा निर्देशित एक नृत्यनाटिका में श्रीमती रमा देवी मिश्र एवं कौशल्या देवी

चित्र-11 : गुरु लच्छू महाराज एवं श्रीमती कौशल्या देवी क्रमशः कृष्ण एवं राधा के रूप में

चित्र-12 : गुरु लच्छू महाराज एवं श्रीमती रमा देवी मिश्र क्रमशः कृष्ण एवं राधा के रूप में

चित्र-13 : बासु भट्टाचार्य के साथ गले मिलते हुए गुरु लच्छू महाराज

चित्र-14 : फिल्म मुगल-ए-आजम में नृत्य निर्देशन हेतु महाराज जी को प्राप्त पुरस्कार

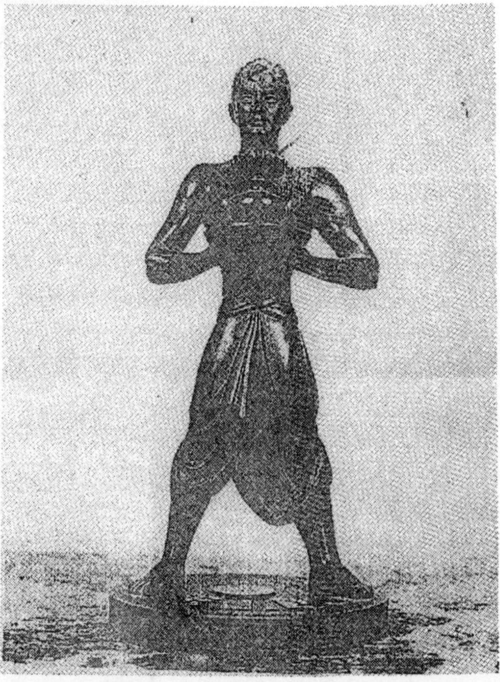

चित्र-15 : फिल्म 'मुझे जीने दो' में महाराज जी को प्राप्त सर्वश्रेष्ठ नृत्य निर्देशक पुरस्कार

चित्र–16 : फिल्म जगत में महाराज जी के पुरस्कार संग्रह

चित्र–17 : कल के कलाकार सम्मेलन 1967 में बांये से बनारस के एक पखावज वादक, महाराज जी का एक विदेशी शिष्य जोजफ लीविन, सितारा देवी, पद्मा शर्मा, लच्छू महाराज एवं ब्रजनारायण आदि

चित्र-18 : कत्थक केन्द्र लखनऊ में युवा पत्रकार शशि सिन्हा को साक्षात्कार देते हुए महाराज जी

चित्र-19 : पत्रकार सम्मेलन लखनऊ में प्रदर्शनात्मक व्याख्यान देते हुए महाराज जी साथ में युवा पत्रकार शशि सिन्हा

चित्र-20 : लखनऊ कथक केन्द्र कैसर बाग

चित्र-21 : लखनऊ कथक केन्द्र में लच्छू महाराज

चित्र–22 : लखनऊ कथक केन्द्र में बांये से डागर बंधु, संगीत नाटक अकादमी के सचिव नरेन्द्र मोहन मेहरोत्र, महाराज जी एवं गिरिजा शंकर

चित्र–23 : लखनऊ कथक केन्द्र के संगतकार बांये से सारंगी वादक बहादुर खां, गायक शीतल प्रसाद मिश्र एवं परवावज वादक पं० राज खुशीराम

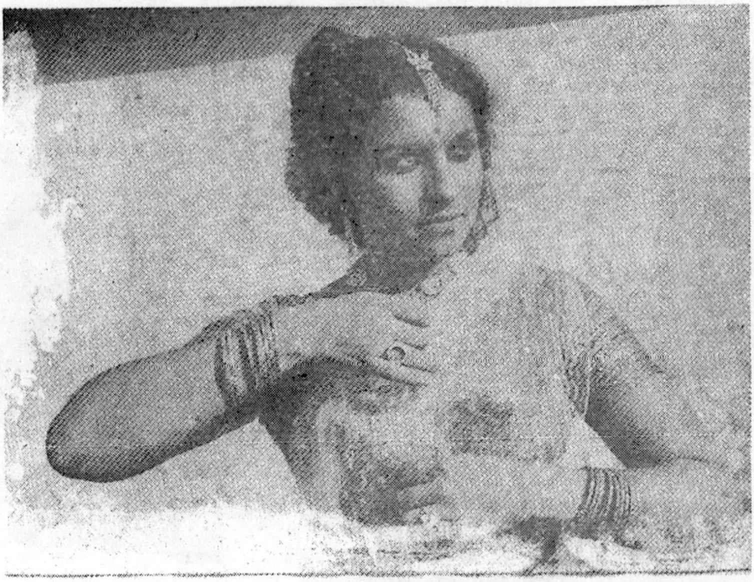

चित्र-24 : गुरु लच्छू महाराज द्वारा अपनी शिष्या पद्मा शर्मा की खींची गयी तसवीर

चित्र-24(a): रायपुर के कार्यक्रम में महाराज जी द्वारा भाव प्रदर्शन बांयें से-गायक धर्मनाथ मिश्रा, ओम प्रकाश मिश्रा, महाराज जी कपिला शर्मा एवं सारंगी वादक बहादुर खां

चित्र-25 : रायपुर के रंगमंदिर में कपिला शर्मा एवं लच्छू महाराज के भाव प्रदर्शन के पश्चात् लिया गया चित्र

चित्र-26 : रंगमंदिर, रायपुर कार्यक्रम के पश्चात् महाराज जी, कपिला शर्मा, डा. आशिर्वादम एवं अन्य

चित्र-27 : गुरु लच्छू महाराज नृत्य निकेतन की छात्राओं के साथ मालविका सरकार

चित्र-28 : उ0प्र0 के तत्कालीन राज्यपाल चेन्ना रेड्डी जी के साथ महाराज जी

चित्र-29 : राजभवन में भाव प्रदर्शन करते हुए महाराज जी

चित्र-30 : राजभवन में कार्यक्रम के पश्चात राज्यपाल चेन्ना रेड्डी के साथ महाराज जी एवं उनकी शिष्यायें

चित्र-31 : बुटैनिकल गार्डन लखनऊ में कार्यक्रम के पश्चात बांये से - पं. राज खुशीराम, श्री खुश साहब, पं. लच्छू महाराज, श्री जुनेजा, कपिला शर्मा, कुमकुम धर एवं कुमकुम श्रीवास्तव

चित्र-32 : 1 सितम्बर 1973 रविन्द्रालय लखनऊ में कथक केन्द्र लखनऊ के निर्देशक के रूप में अपने प्रथम जन्मदिवस समारोह में भाव प्रदर्शन करते हुए महाराज जी

चित्र-33 : महाराज जी अपने किसी मित्र का हाथ देखते हुए

चित्र-34 : इं.क.सं. विश्वविद्यालय खैरागढ़ के दीक्षांत समारोह (1978) में उपकुलपति डा. अरूण कुमार सेन के हाथों डाक्टरेट की मानद उपाधि प्राप्त करतें हुए गुरु लच्छू महाराज

चित्र-35 : इं.क.सं. विश्वविद्यालय, खैरागढ़ के दीक्षांत समारोह (1978) में भाषण देते हुए महाराज जी

चित्र-36 : डाक्टरेट की मानद उपाधि प्राप्त करने के उपरांत रानी पद्मावती (बांयें) एवं सितारा देवी (दांयें) के मध्य गुरु लच्छू महाराज

चित्र–37 : दीक्षांत समारोह (1978) के मंच पर उपस्थित गुरु लच्छू महाराज एवं श्रीमती सितारा देवी

चित्र–38 : गुरु लच्छू महाराज को माल्यार्पण करते हुए डा. अरूण कुमार सेन (1978)

चित्र-39 : खैरागढ़ विश्वविद्यालय के तत्कालीन उपकुलपति डा. अरूण कुमार सेन के साथ महाराज जी

चित्र-40 : इं.क.सं. विश्वविद्यालय खैरागढ़ में बिन्दादीन स्मृति समारोह का उद्घाटन करते हुए लच्छू महाराज साथ में डा. श्रीमती अनिता सेन (1978)

चित्र-41 : इं.क.सं. विश्वविद्यालय खैरागढ़ के दीक्षांत समारोह में कपिला शर्मा के नृत्य कार्यक्रम का संचालन करते हुए महाराज जी। बांयें से - परवावज वादक श्री राज खुशीराम, तबला वादक श्री इलमास खां, महाराज जी, शशि भारद्वाज, कुमकुम धर एवं गायक शीतल प्रसाद मिश्र

चित्र-42 : कथक सेमिनार, दिल्ली का प्रतिनिधित्व करते हुए महाराज जी

चित्र-43 : कत्थक सेमिनार दिल्ली बायें से – पं. गौरी शंकर, गुरु लच्छू महाराज, डा. कपिला वात्स्यायन, श्रीमती कमला देवी चटोपाध्याय एवं पं. बिरजू महाराज

चित्र-44 : कथक सेमिनार दिल्ली में नृत्य प्रदर्शन करते हुए महाराज जी

चित्र-45 : कपिला शर्मा एवं पं. राज खुशीराम के मध्य महाराज जी

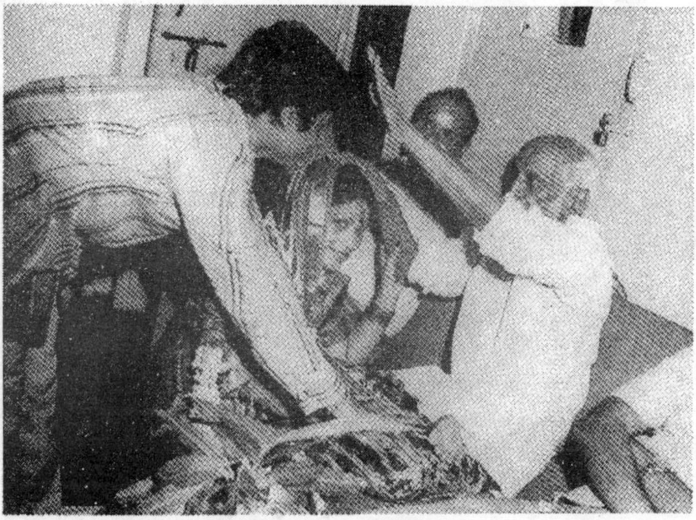

चित्र-46 : कपिला शर्मा एवं पं. राज खुशीराम को उनकी सगाई के उपरांत आशीर्वाद देते हुए महाराज जी

चित्र–47 : महाराज जी की मृत्यु से शोक मग्न उनका परिवार दांये से–श्रीमती रमा देवी मिश्र, सितारा देवी. पं.राज खुशीराम, बिरजू महाराज की माता अम्मां जी एवं मुन्ना शुक्ला आदि

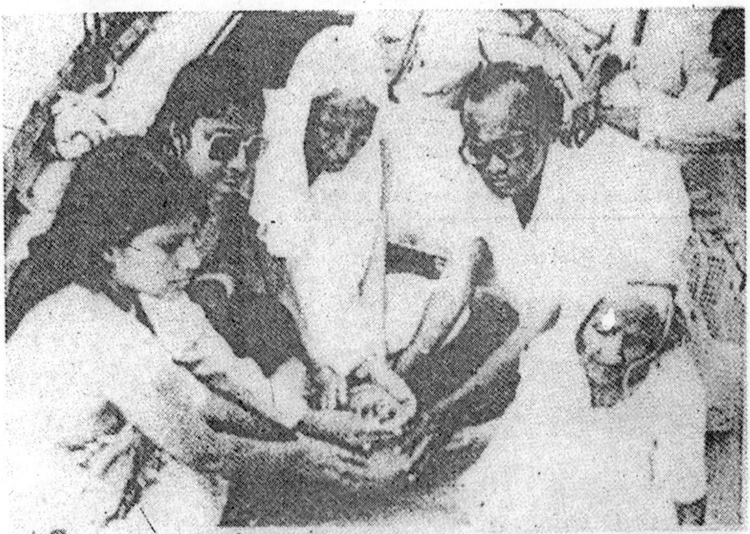

चित्र–48 : प्रयाग में महाराज जी का अस्थि विसर्जन करते हुए बांये से – कपिला शर्मा, मालविका सरकार, श्रीमती रमा देवी मिश्र, डा. आशिर्वादम एवं बिरजू महाराज की माता अम्मां जी

चित्र-49 : महाराज जी का अस्थिविसर्जन

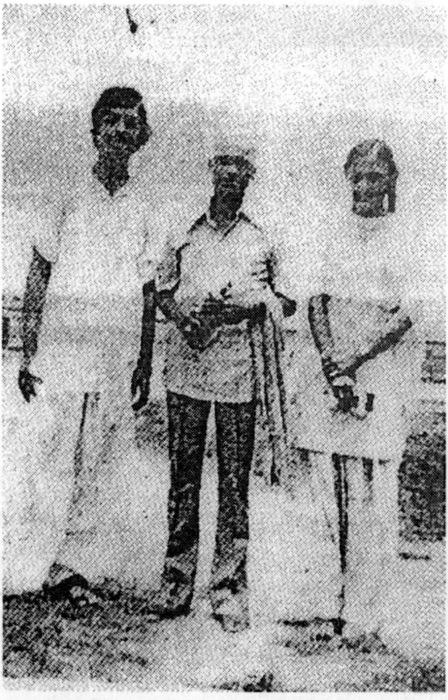

चित्र-50 : महाराज जी के दशगात्र के उपरांत लखनऊ के गोमती नदी में बांयें से – पं. राम मोहन, डा. आशिर्वादम एवं मालविका सरकार

चित्र-51 : महाराज जी की मृत्यु के उपरांत किसी चित्रकार द्वारा बनाया गया उनका पोर्ट्रेट, जिसे कथक केन्द्र लखनऊ में पूर्व में लगाये गये शम्भू महाराज, बिन्दादीन महाराज एवं अच्छन महाराज के चित्रों के नीचे लगाया गया।

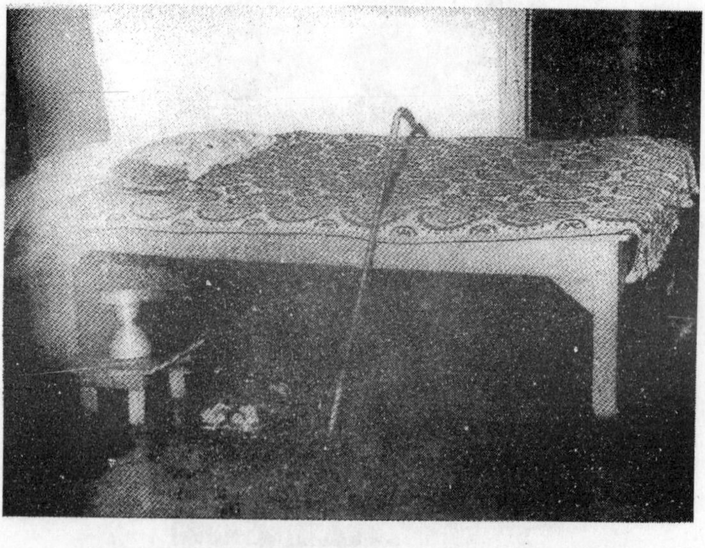

चित्र-52 : महाराज जी का पुराना चौक, बिस्तर, छड़ी, ऊंगलदान एवं चप्पल

चित्र-53 : महाराज जी के पूजा का स्थान एवं सामग्री

चित्र-54 : सितारा देवी

चित्र-55 : गौरी शर्मा

चित्र-56 : डा. श्वेनी पंड्या

चित्र-57 : कपिला राज

चित्र-58 : कपिला राज घूंघट की मुद्रा में

चित्र-59 : कपिला शर्मा गंगावरण की एक नृत्य भंगिमा में

चित्र-60 : श्रीमति रोहिणी भाटे

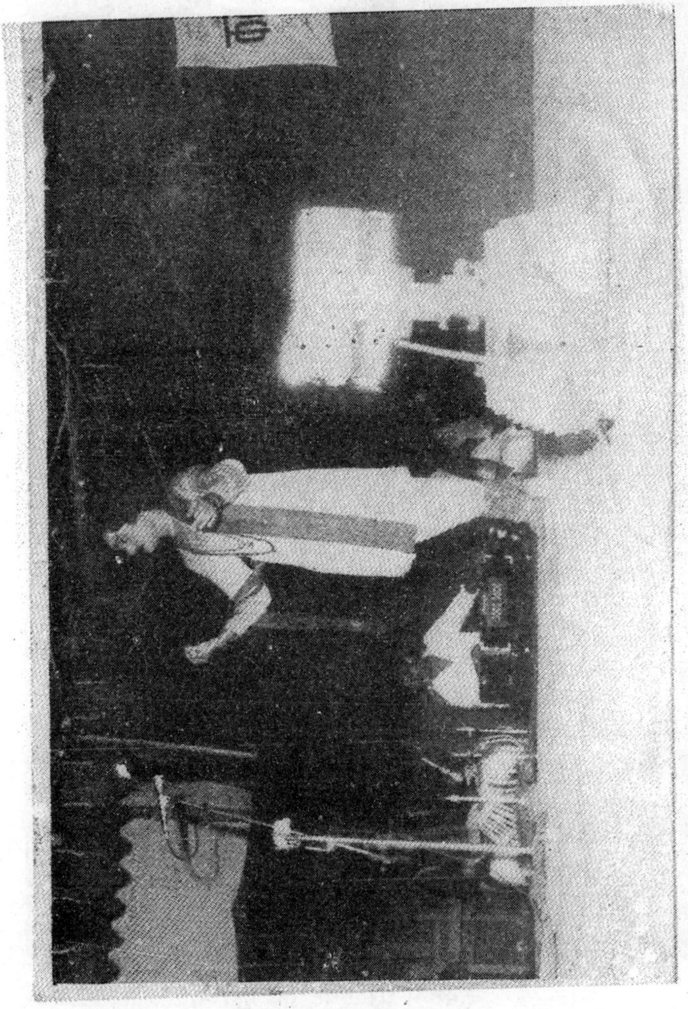

चित्र-61 : ओम प्रकाश मिश्र

चित्र-62 : कुमकुम धर घूंघट की मुद्रा में

चित्र-63 : मालविका सरकार

चित्र-64 : शशि भारद्वाज नृत्य की एक भंगिमा में

चित्र-65 : महाराज जी साथ में क्रमशः पं. कल्याण पुरकर पं. राज खुशीराम एवं आशिर्वादम जी

चित्र-66 : प्रो.पी.डी. आशिर्वादम परिसंवाद, दिल्ली में पत्रवाचन करते हुए

चित्र-67 : संगीत नाटक अकादमी समारोह (1975) बांये से–रामेश्वर प्रसाद मिश्र, श्यामू, राज खुशीराम, ठाकुर जयदेव सिंह, पं. लच्छू महाराज, गिरिजा देवी, एव प्रणाम करते हुए गोपी कृष्ण

चित्र-68 : डा० पी.डी. आशिर्वादम के गंडाबंधन के अवसर का चि.